心理与历史十五讲

胡波 著

SPM
南方出版传媒
广东人民出版社
·广州·

图书在版编目（CIP）数据

心理与历史十五讲 / 胡波著. —广州：广东人民出版社，2018.2（2023.7 重印）
ISBN 978-7-218-12503-9

Ⅰ. ①心… Ⅱ. ①胡… Ⅲ. ①心理学 Ⅳ. ①B84

中国版本图书馆 CIP 数据核字（2018）第 010616 号

XINLI YU LISHI SHIWU JIANG
心理与历史十五讲
胡 波 著

出 版 人：肖风华

责任编辑：柏 峰 张贤明
封面设计：彭 力
责任技编：吴彦斌 周星奎

出版发行：广东人民出版社
地 址：广州市越秀区大沙头四马路 10 号（邮政编码：510199）
电 话：（020）85716809（总编室）
传 真：（020）83289585
网 址：http://www.gdpph.com
印 刷：三河市华东印刷有限公司
开 本：787mm×1092mm 1/16
印 张：22 **字 数：**290 千
版 次：2018 年 2 月第 1 版
印 次：2023 年 7 月第 2 次印刷
定 价：68.00 元

目　录 | Contents

前　言

历史是人创造的，创造历史的人自然成为历史研究的重心。但是既往的历史研究关注的是重大事件和杰出人物，当下的历史研究感兴趣的是政治的、经济的、社会的和文化的热点问题，而人们精神层面和内心世界的特征却被政治的、物质的和社会文化的历史研究成果所湮没。直到19世纪末弗洛伊德精神分析学说诞生后，人们才开始认真审视历史人物的内心世界和集体社会心理。不过，心理史学真正得到快速发展还是在20世纪50年代后的美国，一大批具有影响的心理史学著作相继出版，给沉闷的史学界带来了崭新的气象。

诚如学者罗凤礼所言："史学研究无论如何都离不开对于人的心理的理解，因为人的任何行为的背后都有某种思想心灵的主使，即使对于人类行为经历的单纯记述，只要交代事情的来龙去脉，就必然涉及前因后果，就不能不暗含着对于行为者心灵动机的理解，这便进入了心理学的领域。但在系统心理学理论诞生之前的漫长时代，历史写作者只是不自觉地依靠想当然的'心理学'，即带有很大主观色彩的直观意会的心理常识，来理解和猜测历史人物的行为动机和心态。到19世纪末年，法国历史学家朗普勒西特才明确地将历史与心理联系起来，认为历史是研究社会心理的科学，是过去时代的集体心理学。朗氏虽然没有自觉去用那时已经出现了的某些研究人类心理的系统理论，且过分片面地强调社会心理的作用，但其主张仍不失为通向现代心理史学研究的一个初步阶梯。"[1] 事实上，心理史学在20世纪中后期开始在欧美迅速兴盛起来，出版了大量涉及心理与历史研究的论著，造就了一大批心理史学方面的专业人才。据统计，从20世纪初到1979年，西方用英语出版的各种心理史学作品有1723种，其中包括书457部，文章1131篇，博士论文135篇。除此之外，同时期还出版了41种有关心理史学的理论和方法论的著作。[2] 尤其在欧美国家，关于心理历史研究还成立了相关的学术机构和社团组织，如美国历史学学会下属的历史学应用心理学小组、政治心理学国际学会、心理史学研究所。由于心理学不断地向历史学之外的其他学科渗透，也由于其他学科对历史的关心和整个人文社会科学范围内跨学科研究的趋势日益加强，各学科的学者都不约而同地涉足心理史学，如政治学家借助心理学理论来研究某些历史政治现象，或者研究某位政治领袖的生平及其决策过程；宗教学家借助心理学研究历史上的宗教信仰或宗教领袖的个性心理；文学家借助心理学研究历史上的作家和作品所反映的时代心理和个人心理；经济学家甚至借助心理学研究历史上的商人心理和经商动机，他们的论著，既属于历史学，又属于政治学、宗教学、文学、经济学。这种跨界的学术研究，既扩大了心理学的应用范围和传播领域，而且也深化和拓宽了各自学科的发展空间。但诚如学者所指出的"这种无中心的分散状态对心理史学的发展是不利的"。[3]

其实，心理史学不仅仅由于多学科的参与、研究力量的过度

---

① 罗凤礼：《历史与心灵：西方心理史学的理论与实践》，中央编译出版社1998年版，第65—66页。

② 参见罗凤礼《历史与心灵：西方心理史学的理论与实践》，中央编译出版社1998年版，第70页。

③ 罗凤礼：《历史与心灵：西方心理史学的理论与实践》，中央编译出版社1998年版，第72页。

分散而难以形成学科体系，还由于心理史学自身理论、方法和研究的对象、范围等方面的多样性而限制了自身的发展。心理史学有的称为历史心理学，有的称为心理历史学，有的自称心态史学，这种因自身的研究对象、目的、任务和边界的不清晰导致外界的误解和排斥也是在所难免的。西方史学界一些人认为，心理史学的主要标志并不是它是否应用心理学理论，而是它独特的研究内容。根据罗凤礼先生的研究，目前西方史学界有四个不同的心理历史流派或四种不同的历史心理研究，即所谓的人格发展派、历史心理学、心理历史学和心态史学。人格发展派的研究重点是不同历史时期的人生多个发展阶段的情况与人生有关的各方面问题；费弗尔为了避免将适用于现代人的心理学应用于古人，便呼吁由心理学家与历史学家及其他有关学科的专家共同合作，建立历史心理学。但如罗凤礼先生所指出的那样："他们由于深信不同时代的人具有不同的心理，因而提倡历史心理学的研究。他们的最终目的尽管是研究历史，但他们所提倡的历史心理学的重点是研究心理，是研究历史上左右人的行为的心理规律，因此历史心理学大体应当归属心理学的范畴，而心理历史学的重点则是研究历史，是研究历史中的人物活动、事件等历史现象及其发展，属于历史学的范围。因此，历史心理学和心理历史学是含义不同的。但同时它们之间又有着密不可分的联系。首先，它们都是心理学和历史学互相渗透结合的产物。其次，它们之间在实际上往往并不存在将彼此绝对隔开的界线。一方面，历史心理学所研究的对象毕竟是历史的，其研究成果不仅可以为历史研究服务，而且在某种程度上本身就具有历史的性质；另一方面，有些心理历史学的著作也常常阐释甚至发挥心理学理论，因此也具有很强的心理学的性质。”① 至于心理历史学与心态史学和历史心理学之间的区别与联系，虽然比较复杂，但亦不难辨析。按罗凤礼先生的观察和分析，首先，心理史学与心态史学在研究内容和手段上不同。心态史学所研究的是历史上社会群众所共有的观念和意识，这种观念和意识在民间世代相沿，一般不因政权更迭而发生突变，因此不同于官方的意识形态，是人类社会精神文化乃至整个人类历史中最具相对稳定性的部分。心态史学就是以这一研究内容为主要特点的一个西方史学派别。心态史学虽然研究内容异常广泛，资料来源非常庞杂，与许多学科发生交叉，但大多仅以一般史学的常规方法来分析、解释其对象和内容，并不采用精神分析学说或其他心理学的理论。而心理史学则主要是以研究手段来划分的史学流派，其主要特征是应用精神分析理论或其他现代西方心理学理论为研究手段，其研究对象和内容既可以是人类群体，也可以是个人；既可以是心态，也可以是经济、政治、外交等多方面的行为。但心态史学为历史心理学的研究提供了大量资料和证据，在客观上有利于历史心理学的发展。②

尽管心理历史研究或历史心理学或心态史学在西方史学领域有了一席之地，大量的心理历史学或历史心理学、心态史学方面的研究成果也被先后译介到中国，但是人们对心理历史研究的认识依然十分肤浅，甚至抱有偏见，以为是唯心主义的产物。自20世纪80年代以来，虽然中国史学界也有诸如刘昶的《人心中的历史》，萧功秦的《儒家文化的困境》，乐正的《近代上海人社会心态（1860—1910）》，彭卫、孟庆顺的《历史学的视野》，彭卫

① 罗凤礼：《历史与心灵：西方心理史学的理论与实践》，中央编译出版社1998年版，第114页。

② 参见罗凤礼《历史与心灵：西方心理史学的理论与实践》，中央编译出版社1998年版，第114页。

的《历史的心境》，胡波的《历史心理学》，罗凤礼的《历史与心灵：西方心理史学的理论与实践》等有关心理历史研究论著的相继出版，但在学界并未引起足够的关注，心理史学的理论和方法也没有得到广泛的应用。近10年来，学术界也相继推出了一系列翻译出版的心理史学传记，甚至也有一些运用心理学的理论和方法研究历史人物或群体心理，发表或出版了相关的论著。表面上看，心理史学似乎进入了发展的快车道，但从总体上看，心理历史学或历史心理学在中国能够被广泛接受，目前仍然有较大的难度。

为什么心理史学在西方能够颇受关注，甚至备受欢迎，而在中国却反应冷淡？为什么心理史学传记进入中国后又意外地受到读者的青睐，而大多数中国文学或史学传记总是少人问津？这些固然与中国人的阅读兴趣和著作本身缺乏可读性有关，但也与史学研究的经验主义与教条主义，以及史学表达和文学叙述的简单化和格式化有着密切的关系。其实，中国人在日常生活中还是十分热衷于探究人的内心秘密，了解他人的内心生活，但在公开场合或学术层面，人们又在刻意回避这些似乎敏感的话题。学术界长期专注于政治、经济、文化和社会层面的探讨，而较少涉足历史上的个体或群体的心理研究，以至于面对历史上的个人或群体的心理问题时常常表现出局促和紧张，尽管法国学者勒庞的《乌合之众》等关于法国大革命时期的群体心理研究、埃里克森的心理史学传记《少年路德：精神分析和历史的研究》、弗洛伊德的《列昂纳多·达·芬奇及其对童年的一个记忆》等早已为多数中国历史研究学者所熟知，但由于对新观念、新理论、新方法缺乏学习的热情和采纳的勇气，因此至今大多数人仍然坚守着自己习以为常的理论、方法和熟悉的领域，不敢轻易涉足历史心理研究这块看似神秘的禁区。

改革开放快40年了，随着经济社会的高速发展和对外文化交流的日趋紧密，新问题、新挑战、新思想和新方法层出不穷，需要广大哲学社会科学工作者根据自己的专业特长作出积极的回应。作为史学工作者，更应立足当下，反思历史，面向未来，在借鉴吸收古今中外的思想精华基础上，推陈出新。心理史学的兴起，不仅为史学的繁荣发展增添了智慧和力量，而且也将会为社会的文明进步提供借鉴和参考。因为历史心理学关注的是个人和群体的心理，尤其重视文化传统和心理动机，强调对人的心理动机的把握，这恰恰是马克思主义和历史唯物主义的内在要求。马克思和恩格斯在强调“物质生活的生产方式制约着整个社会生活、政治生产和精神生活的过程，不是人们的意识决定人们的存在，相反，是人们的社会存在决定人们的意识”的同时，又坦诚地表示：“青年们有时过分看重经济方面，这有一部分是马克思和我应当负责的。我们在反驳我们的论敌时，常常不得不强调被他们否认的主要原则，并且不是始终都有时间、地点和机会来给其他参与相互作用的因素以应有的重视。”① 虽然在马克思、恩格斯的论著里未能专门讨论人们的心理动机，但他们对积淀已久的传统和个人意志影响历史发展的作用还是给予了一定的肯定。实际上，有史以来，历史研究者们就注意到了人的动机和个体心理的历史作用和影响，也从未离开过对于人的行为和动机的考察，只是没有利用心理学的方法想当然地意会而已。如果历史研究者们能够熟练地掌握心理学的理论和方法，并得心应手地运用于历史研究，相信会有益于更深刻、更正确地透视历史人物的行为与动机，以及个体与群体的心理，也将会有益于揭示马克思、恩格斯所说的“人们自己创造自己的历史”这一判断的正确性。由此可见，“重视研究人的行为与心理，以及应用现代心理学来从事

---

① 恩格斯：《恩格斯致约·布洛赫》，《马克思恩格斯选集》第4卷，人民出版社1995年版，第698页。

这种研究，不仅与马克思主义不相矛盾，而且恰是马克思主义史学题中应有之义，将会促进马克思主义史学的继承发展”。①

正是基于对西方心理史学的热情和中国心理史学发展动力不足，以及当代中国社会科学发展需要的考量，新世纪以来，中国史学界开始意识到心理学、文化学、人类学等学科的理论与方法对于历史研究具有借鉴和助力作用。早在20世纪80年代，章开沅先生就多次强调要加强对辛亥革命期间社会环境的研究，他自称：“80年代以来，我在辛亥革命的研究与教学工作中，非常强调社会环境、社会群体与社会心态的研究，也比较注意区域研究与个案研究。有些中外学者以为我可能是接受了美国同行学者的影响才有此变化。其实，历史唯物主义本来就重视社会环境的研究，而且我对辛亥革命的研究从一开始就以社会运动为整体对象，并没有局限于个别的人物与事件。”“我在运用社会学理论与方法时，也有自己的特点：一是比较注意分析个人、群体与社会环境之间的互动关系，二是把研究重点放在作为个人与阶级的中介——群体之上。”②

最近10年来，关于史学方法或新史学的讨论，也引起了大多数历史研究者的共鸣。笔者虽在20世纪90年代初就曾在多种场合呼吁并撰文提醒人们关注21世纪即将面对的智慧、心理、健康、环保等重大问题，却没有在这几方面深入研究，只是对心理问题、心理与历史问题、心理与社会问题等进行过一些粗浅的调查和研究，先后在《学习与探索》《武汉大学研究生学报》《学术研究》《广东社会科学》《中山学院学报》《广东文史》《中

① 罗凤礼：《历史与心灵：西方心理史学的理论与实践》，中央编译出版社1998年版，第123页。

② 章开沅：《辛亥前后史事论丛续编》，华中师范大学出版社1996年版，第7页。

山社会科学》等杂志上发表了一些相关研究的文章，也在一些国际性和全国性学术研讨会上与同行交流了个人关于心理与历史问题的思考和心得，得到了不少同行的赞成和支持。尤其是1993年出版了《历史心理学》这本个人的第一部专著，受到不少同行的好评。该书甚至曾于1995年在广东省1978年至1995年以来首次社会科学优秀成果评审中获优秀社科著作三等奖。由此也进一步激发了我对历史心理研究的兴趣和信心，并在历史研究中不断地深化和拓展。这本《心理与历史十五讲》就是近30年来笔者在历史心理研究方面发表的一些论文，虽然不免浅陋和片面，但毕竟是自己几十年来思考的结晶。在新的历史时期，出版这部论著，对自己应该是一种鞭策，对读者也许是一种呼唤。如今社会上流行一种“人人都是历史学家”的说法，我也真诚地期待更多的历史研究者能成为名副其实的历史心理学家，也热切地期盼更多的历史心理学家，写出读者喜闻乐见的通俗易懂的历史心理研究论著。

第一讲　社会心理与历史研究

一、社会心理与历史认识

凡是读过高乃依悲剧作品的人，大概都会有这种感觉：悲剧中的人物性格是以坚强、刚毅和英勇为特色的，他们更多地用头脑生活而很少用心肠生活，甚至在女子的性格中也很少有女性的东西。

普列汉诺夫对高乃依作品有过较深刻的分析与研究。他认为高乃依作品中出现的这种情况，不是偶然的和特殊的，当时法国长期剧烈的社会动乱和政党之间的残酷斗争，造就了法国一代人坚强而粗暴的性格和不屈不挠的斗争意志，而高乃依的文学作品正是当时“社会心理的这些突出的特点”的反映，“高乃依作品中人物的社会心理和那个时代现实的心理生活之间有一种惊人的和谐”，“是当时的社会环境的心理特性的真实的反映”。①

普列汉诺夫既看到了文学艺术对社会心理的再现和反映功能，又看到了社会心理对文学艺术的决定和影响作用。同时，普列汉诺夫还更进一步指出：“在一定时期的艺术作品中和文学趣味中表现着社会的心理，而如果我们像唯心主义历史家现在所作的那样，违反资产阶级历史科学的最好的遗训，继续抹杀相互的

---

① ［俄罗斯］普列汉诺夫：《论西欧文学》，人民文学出版社 1957 年版，第 116—117 页。

阶级关系和相互的阶级斗争的话，在划分阶级的社会的心理中，仍然会有许多东西是我们所不了解的和觉得离奇古怪的。”①

尽管普列汉诺夫所说的是文学艺术受制于社会心理和反映或表现社会心理，提醒人们要注意研究社会心理与文学艺术之间的相互关系，这似乎与历史研究没有太多的联系。但是，恰恰是他的这一独到的分析方法给了历史研究以有益的启示。

从表面上看，历史认识仅仅是少数历史学家的事情，再现的历史也是少数人闲情逸致或为了追求某种目的的产物，实际上每个历史学家都是特定时代的产儿，历史学家所记述的历史也是特定时代、特定群体的历史或观念的历史。E. H·卡尔在《历史是什么》一书中也有类似的说法：“我在这里的目的仅仅想说明两个重要的事实：第一，假如你没有首先掌握历史学家本人从事历史研究的立场，你就不能完全理解或鉴赏历史学家的著作；第二，历史学家的立场，其本身是根植于社会与历史背景之中的。正如马克思曾经所说的，不要忘记的是，教育者本人也必须接受教育；以现在的行话来说便是：‘洗脑筋的人，自己的脑筋也被洗过了。历史学家在开始撰写历史之前就是历史的产物。’”② 特定时代、特定性质的不同群体都有它自身的一套认知历史的标准、方式、方法，各个社会群体的喜、怒、哀、乐、爱、憎、恶的情感在程度上、力量上和外在表现上也各有特色，因而对历史的态度和价值取舍便大不相同，群体和社会的历史认知心理对历史研究的作用和影响是比较明显的。诸如为什么同一时期的历史学家们在研究主题、表达方式、评价标准等方面有着相同的倾

① 《普列汉诺夫哲学著作选集》第5卷，生活·读书·新知三联书店1984年版，第482页。

② ［英］E. H·卡尔著，陈恒译：《历史是什么》，商务印书馆2007年版，第127—128页。

向，尽管他们在个性上极不相同？为什么某一历史现象和该历史现象的研究者，在此一时期受到重视，而在另一个时代却又被彻底地否定？为什么某一历史现象在一个时期内几乎成了所有历史学家们热衷探讨的问题？所有这些问题，就不是单纯的个体认知心理分析所能解释的。诚然，个体认知心理因素与此种现象有一定的联系，但它只能是这种联系网络中的一部分，回答这些问题就有必要将我们的思维空间拓宽，就必须像普列汉诺夫分析文学艺术那样，注意研究无数个体组合而成的群体心理和整个社会心理与历史研究和撰写历史之间的相互作用和影响，从而在更全面、更深刻意义上认识历史。

二、社会心理与历史研究

社会心理，尤其是社会认知心理对历史研究、历史著述等都具有一定的影响。史家的认识、史家的情感，都不可能离开社会而产生，史家的心理不过是社会心理的具体化和个别化而已，史家作为人，除了具有“社会人”的共性这一面外，也不可否认还存在着个人属性和个人心理。但从总体而论，史家生活于社会之中，其心理总是必不可免地要受到种种社会心理现象，诸如社会情绪、风俗习惯、行为规范、价值观念等等的直接或间接的影响。

具体说来，社会心理对历史认知和历史撰述的影响表现为以下几个方面：

第一，社会心理影响历史研究的方向和课题的选择。

历史研究固然不像文学、艺术、哲学那样直接受制于社会心理，但并不是说历史研究丝毫不受社会心理的影响。从东西方史学发展演变的历史进程可以看出，历史学每向前跨进一步，都与其时的社会心理和时代思潮紧密地联系在一起。文艺复兴时期，追求自由、平等、权力和“人所具有的我也有”的人文主义思潮席卷西欧，人们从中世纪的“黑暗”中醒悟过来，那种强烈抨击封建制度和神学禁欲主义的精神与勇气，激励着人们对过去希腊罗马时代的历史文化传统重新进行评价和审视，希望借助灿烂的希腊罗马文化来论证当今社会发展的必然趋势和正确性。这种大众的历史反思意识和审美倾向折射到史学领域，引起了史学的新变革，一批卓越的人文主义历史学家应运而生。他们冲破了基督教神学的束缚，鄙弃那种虚妄的、禁锢人心的宗教史观，反对把《圣经》中那些荒诞无稽的传说当做历史，反对那种以犹太史和教会史为中心的世界史体系。人文主义历史学家用古代的传统来改变中世纪的传统，他们把古希腊、罗马的历史学家奉为楷模，到处搜寻波里比阿、李维、普鲁塔克、塔西佗等大历史学家的遗稿及其著作抄本，将之注释刊布，以广流传。同时研究古希腊罗马的历史，以及意大利佛罗伦萨城邦的历史文化一时成为史学家的主要任务和志向。而且由于人文主义历史学家代表新兴资产阶级的要求，着眼于“人”和“人的事业”，认为历史应当记载“人事”，应当探求社会现象的因果关系，应当以垂训为目的，因此他们特别重视政治史和军事史。这种研究趋向与当时的人文思潮和社会心理的关系由此可见一斑。

在中国史学发展过程中也有类似情形。对于学风与社会心理的关系，钱穆先生有过精当的分析：“清代学风的新趋势，集中到博学派。他们注意在已往历史文献中发掘实学，却疏忽了在当前现实社会中培植活人。满清政权不断高压，书院讲学精神再难复兴，而反政府的潜流，则仍隐藏在博学派之内心。晚期遗老都尚注意政治社会一切问题，求在过去历史中诊寝利病，定新方案，期待兴王，不幸而他们的理想时期，迟不出现，渐渐此希望黯淡迷糊，博学派遂转以古经籍之研索为对象。……他们的治学精神，其实有些近似元代，都在钻牛角尖，走向一角落。远离人生，逃避政治社会之现实中心。近人推崇清儒治学方法，认为接近西方科学精神，但他们已远离中国传统知识分子之旧路向。看轻了政治性、社会性、历史性、宗教性，而偏向于纯学术，换言之，则是脱离了人文中心，仅是为学术而学术了。”①

如果说在古代交通通讯等大众传媒尚不发达，社会尚处在封闭落后状态，史学的发展变化与社会心理的关系还不太密切的话，那么，到了近现代，情形就大大不同了。鸦片战争以后，中国面临着的种种危机造成了一种紧张的气氛。一方面民族危机日益加深，被宰割被瓜分的危机感笼罩在国人的心头；另一方面清政府腐败无能，既不能组织人民御敌于国门之外，又不能采取有效的自救措施以“自立”“自强”。愤怒、屈辱、自尊和要求自救自强的欲望成为普遍的社会情绪，在他们还没有找到合适的理论武器来表达自己的思想愿望之前，借历史以启迪人心、激发民智民情，成了“先知先觉者”的得力工具。整个民族、整个中国社会开始自觉地反思历史，社会群体的需要推动了历史学的发展。当时人们开始研究中国的边疆史、历代战争史、革命史、西方各国文明或发迹史……史学的范围扩大了，不仅有社会革命和变迁史，而且还有社会衰亡史、兴盛史；不仅有中外交通和关系史，而且还有各国政治、经济、文化思想发展史。历史研究不再局限于一人一事，一区一域，而是在更大范围内进行整体的历史考察，近代历史学开始向多样化、专门化、理论化和实用性方向发展。但由于中国近代是一个动荡的大变革时代，随着政治、经济、军事、文化各方面剧烈的震荡，中国近代社会思想在短短的几十年内，从封建主义到资本主义，像雷奔电驰般，越过了欧洲思想发生成熟的数百年行程。正如有些论者所说：“一方面就使整个思想带有浮光掠影的特征，对好些问题经常一掠而过，未能

---

① 姜义华、吴根梁、马学新编：《港台及海外学者论中国文化》（下），上海人民出版社 1988 年版，第 464—465 页。

得到广泛深入的开展，未能产生比较成熟、系统、深刻的思想体系，在理论领域显得肤浅、贫乏和杂乱；但是，另一方面这又使思想紧紧随着时代急迫课题迅速前进，密切联系了人民生活中的重大实际问题。”① 历史学也由于受到当时社会心理和社会思潮的影响而变得实际、肤浅、贫乏、武断，缺乏深度、力度和科学性。

第二，社会心理影响着历史研究者对历史的评价和审定。

每一个时期的社会心理中所含的对历史事件的价值衡定、道德评价、审美判断，常常被该时代的历史学家们自觉或不自觉地带到历史研究和历史撰述过程中来。史学史也一再证明：那种符合同时代社会心理的历史价值判断、审美倾向的历史研究和历史撰述，恰恰是那个时代最引人注目和深受欢迎的对象。俄国启蒙运动者 A. H·拉吉舍夫曾指出：“社会生活将它们的一种思想灌输给我们，促使我们把它认为的善称之为善……每个人虽然理解得不透彻，但是都比较清楚；我们之所以会得到某些人的青睐，是由于我们的思想和行为能与他们的思想和行为彼此相似。”② 社会对历史的认知、对历史的感情倾向，以及整个社会心理倾向，都直接或间接地影响着历史研究者对历史的理解、认识和判断。如对近代洋务运动的评价，就明显地与时代的心理有关。在“文化大革命”期间，人们对洋务运动的评价较低，基本上持否定态度，认为它于历史的发展不但没有进步作用，相反阻碍了中国民族资本主义的发展。但最近十年来，由于实事求是、解放思想和现代化追求在社会上成为普遍的风尚，再加上近几年来改革开放和经济建设成为社会共同要求，人们开始重新认识评价历史，也

---

① 李泽厚：《中国近代思想史论》，人民出版社 1986 年版，第 475 页。

② ［苏］B. M·舍佩尔著，韩进水译：《管理心理学》，南开大学出版社 1987 年版，第 17 页。

重新评价洋务运动。社会心理中讲实际，重科学，注重效用和鼓励创新，追求变革的心理倾向，在洋务运动史研究上表现为重其经济、科学技术、开风气和社会文化心理影响方面的积极作用，一改过去重道德、重阶级、重成功的评价原则，认为它是中国近代化的发轫，开近代西学风气之先，从而使洋务运动研究成为人们普遍关注的问题。再如近几年对中国传统文化的批判反省和文化史研究，曾经热了好一阵，现在还在持续，究其原因，正如甘阳所说："粗略说来，自十年动乱结束，现代化的任务被重新提出来，中国人走了三步才走到文化这个问题上来：首先是实行对外开放，引进发达国家的先进技术；随后是加强民主与法制并进行大踏步的经济体制改革，因为没有相应的先进管理制度，先进技术有等于无；最后，文化问题才提到了整个社会面前，因为政治制度的完善，经济体制的改革，都直接触及了整个社会的一般文化传统和文化背景、文化心理与文化机制。我以为，就是今日'中国文化热'和'中西比较风'的真正背景和含义。"① 另外还应与近年来人们强烈的主体意识和寻根心理有关。近几年史学界特别重视对历史人物的性格、气质、品格等心理的研究，更与社会上追求自我，完善自我，突出主体意识的心理现象密切联系。

第三，社会心理还影响历史学家的历史叙述模式和语言风格。

文学家有文学的形象生动的语言，哲学家有抽象概念化了的语言，科学家有规范模式化的语言，史学家则有史学内定的语言风格。自古以来，各学科不仅在研究对象、方法上与其他学科区别开来，而且还以其特殊的表达方式和语言风格保持着自己的魅力。历史学家亦是如此。他们于叙述历史或表述自己的研究成果

---

① 《文化：中国与世界（一）》，生活·读书·新知三联书店 1987 年版，第 3—4 页。

时，在严格遵循历史真实原则的前提下，大都注意语言的生动活泼，以争取拥有更多的读者。这种撰述不仅成了人们认识过去的媒介，而且也成为读者与历史撰述者相互沟通的桥梁。历史学家们这样做的时候，恰恰是在充分地考虑到大众心理需求和社会心理审美趣味之后所作的一种理性的选择。尤其是最近十几年，史学界明显地有种历史著述大众化、文学化和艺术化的趋势，研究者们在把最终的历史研究成果用文字表现出来的时候，都有意识地注意自己的行文方式、篇章结构、叙事议论的模式，以适应社会心理和广大读者的要求。历史著述的可读性，近几年来也一再被学者专家们所强调；形容词、副词、动词甚至虚词等在史学著作中出现的频率也比过去有所加强；感叹号、问号、省略号、破折号等也在历史著述中大量出现；句子的结构也趋向于西方式的双重或多重的定语和状语的语法结构，陈述中带有明显的逻辑思辨的色彩；祈使句、倒装句、疑问句也在当今的历史著作中不断出现；夹叙夹议，史论结合的叙事格式成为一种时尚，那种“我认为”、“笔者认为”、“我们的看法或结论”式的自我参与的表达方式在史学著作里已是屡见不鲜。“现在时态的使用标志着史学家的介入，或者标志着对史学家个人经验的任何谈论。”① 显然，这与时代心理有着千丝万缕的联系。“历史家越接近自己的时代，话语行为的压力就越大，而时间也就越缓慢：两种时间制不是等时性的。”②

社会心理影响史学家叙事陈述的模式和语言风格，在西方历史学中也有相同的例证。一位美国历史学家就意识到史学的这种

① 张文杰等编译：《现代西方历史哲学译文集》，上海译文出版社1984年版，第83页。

② 张文杰等编译：《现代西方历史哲学译文集》，上海译文出版社1984年版，第84页。

受社会心理和大众历史审美趣味影响的客观事实，指出：历史学家的另一个目的“不过是给读者带来愉快。历史编纂终究是一门艺术，是文学的一个分支，某些最伟大的文学艺术家就算是历史学家，偶尔，我们会看到像伯利这样的学者，否认他工作的一部分是给事件穿上‘文学外衣’，然而伯利本人却并不忽视用大众乐于接受的方式，写出他的研究成果。对大多数历史学家来说，以一种易被接受的文学形式来展现事实，是他们的任务的一个基本方面。……那些只在档案中开掘的人们，其耐力而恭顺的劳作，难得被恭奉历史编纂的称号。这些人是历史的研究者，而不是历史学家，他们的努力成果埋没于成千的学术刊物中，直至被真正的、艺术家式的历史学家那神来之笔发掘出来，并使之复生。……用笛卡尔的话说：‘甚至最忠实的史书，如果它们没有改变或提高事物的价值，以使它们更让人爱读，那它们至少差不多总是略去了相对说低级而不值得注意的事情。’……历史学家教导我们去感受和欣赏伊丽莎白时代的人们对华丽服饰和礼仪的趣味，但很少让我们知道他们宫殿的不适之处和茅棚的惨景”①。西方历史学家之所以将历史艺术化、文学化、通俗化，显而易见的是由大众的历史审美趣味和时代要求决定的。

三、历史研究离不开社会心理

历史认识、历史研究和历史著述，都不可能脱离特定的时代和社会，因而也不可避免地要受特定时代和社会心理、社会思潮的影响，诸如整个社会认知水平、认知定势、社会情感倾向、社会总体的意志特征和社会大众的历史审美趣味等，在历史研究和历史撰述过程中都会得到相应的体现。换句话说，也就是历史学

① ［美］菲利普·巴格比著，夏克、李天纲、陈江岚译：《文化：历史的投影》，上海人民出版社 1987 年版，第 51—52 页。

家的思维方式、价值观念、道德观念、审美趣味都根植于他所生活的社会、时代，因而他们对历史的认识，以及他们的历史著述也就从根本上属于他们的时代和社会。在阶级社会里，阶级心理又会直接或间接地波及历史学家的历史认知和撰述历史上来。毛泽东说："在阶级社会中，每一个人都在一定的阶级地位生活，各种思想无不打上阶级的烙印。"① 刘少奇更明确地指出："一定集团的人们，长期站在一定的阶级地位，即站在一定的社会生产地位，以一定的方式，长期地生产着、生活着与斗争着，即产生他们的特殊生活样式，特殊的利益，特殊的要求，特殊的心理、思想、习惯、观点和气派及其对其他集团人们与各种事物的特殊关系等等，而与其他集团的人们不同，或者相反。这就形成了人们特殊的性格，特殊的阶级性。"② 什么引起历史学家的注意，什么引起历史学家的情绪情感，经常思考研究什么问题，意志行为指向哪里，这都在很大程度上受着阶级意识的制约。任何一个历史学家，他们的历史认识过程当中，不可避免地会流露出本阶级特殊的感情，都会自觉不自觉地表白自己阶级的意愿，作出符合本阶级要求的历史价值判断。社会心理的阶级性无疑地影响了历史研究者的探索视角和评判立场。

可见，任何一种历史研究，不管研究者怎样客观和实事求是，都不可能脱离他所处的时代，因而这种研究也就不可避免地打上时代、特别是其时的社会心理的印记。因此，历史研究始终都具有强烈的时代特色。从这个意义上来说，史学史的研究也是我们认识人类社会发展史的一条有效的途径。普列汉诺夫强调："要了解某一国家的科学思想史或艺术史，只知道它的经济是不够的，必须知道如何从经济进而研究社会心理，对于社会心理若

---

① 《毛泽东选集》第 1 卷，人民出版社 1952 年版，第 272 页。

② 刘少奇：《论共产党员的修养》，人民出版社 1953 年版，第 91 页。

没有精细的研究与了解，思想体系的历史唯物主义解释根本就不可能。”① 如果普列汉诺夫所说的这一观点颇富真理，那么，我们也可以说，历史学在研究史学发展史时，也同样不能忽视社会心理对史学发展变化的作用和影响。也正是在这个意义上，卡尔认为“在研究历史学家之前，要研究历史学家的历史环境和社会环境。历史学家是个体，同时也是历史的产物、社会的产物；研究历史的人必须学会从这一双重的角度来看待历史学家”。②

---

① 《普列汉诺夫哲学著作选集》第 2 卷，生活 · 读书 · 新知三联书店 1961 年版，第 273 页。

② ［英］E. H · 卡尔著，陈恒译：《历史是什么》，商务印书馆 2007 年版，第 133 页。

第二讲 历史心理学及其研究对象

历史研究中，人们对历史主体的心理活动在历史发展中的地位与作用的重视，已不是一件特别新奇的事了。① 但是，把这种以研究历史主体心理运动对历史的作用的观点与方法发挥得淋漓尽致，运用得得心应手，并使之成为一门专门的历史心理学科的，还是20世纪以来的事情。② 虽然人们对心理学与历史学的结合是否恰当，心理的历史研究是否科学等问题不乏真知灼见，但是，迄今人们对这门学科的基本概念、性质、特征以及研究对象等关键性的问题，却一直没有形成一致的看法。本讲仅就历史心理学的基本定义和研究对象提出自己的看法，以求教于同行。

---

① 希罗多德认为历史解释的最终关键在于人的本性。维科则强调，人类历史是由人类自己创造的，推动历史发展的是人的共同意志。康德认为历史是一个理性过程，这表现在两个方面，一方面历史发展是一个可以理解的过程，另一方面历史的目标是道德理性的实现。赫尔德认为历史中有两个基本因素，一是外部的自然力量所构成的人类生存环境，一是内部的力量即人类的精神或民族的精神特性，而这后者是更为基本的东西。人类社会即在这两者的相互作用下演化，民族精神与地理环境的各各不同是造成千差万别的各民族、各地区历史的基本原因。黑格尔认为只有人类社会才有历史，因为只有人类才具有一种真正的变化的能力，而且是一种达到更完善的能力，一种达到"尽善尽美"的冲动。

② 参见［英］杰弗里·巴勒克拉夫著，杨豫译：《当代史学主要趋势》，上海译文出版社1987年版，第101—113页。

一、何谓历史心理学

所谓历史心理学，即历史心理学的定义、性质和特征是什么？对这一问题的回答是众说纷纭的。

法国是最早注意到历史上的心理问题的。被誉为法国历史心理学派创始人的迈耶逊一再强调“对于我们来说，行动自然要以行动者为前提，而所谓行动者也就是人物；行动者的品质是人物的重要特征，反之亦然。古代希腊思想正如古代印度思想一样，对行动和行动者的关系常作如是观：它们注重的是行动本身，行动的道德和形而上学根据；它们不倾向于把行动者个体化，因为它们认为行动者‘内在’于行动”①。但是，他并没有注意阐发历史心理学自身的理论。即使是年鉴学派的创始人费弗尔和布洛赫，也仅仅认为历史心理学主要是研究历史的深层结构——社会心态史的。“心理学作为精神职能的知识，必然应该同社会职能的知识——社会学建立各种密切的关系；它必然应该同那些并未下好定义而混在历史这个传统名词下面的学科保持多方面的关系”。“一种真正的历史心理学，只有通过心理学家和历史学家明白的协商，才有可能获得一致。”② 显然，年鉴学派的创始人把历史心理学仅仅看成是历史学与心理学的一种结合。而历史学与心理学的合作并不是简单地产生历史心理学或心理历史学，而是去开拓一个新的研究领域——社会心态史。

对历史心理学持不同意见的还有美国学者，这也是西方比较流行的一种观点。他们认为：心理历史学（或称历史心理学）从

---

① ［英］伊·谢·科恩著，佟景韩等译：《自我论》，生活·读书·新知三联书店 1986 年版，第 98 页。

② 费弗尔：《历史与心理学—— 一个总的看法》，载田汝康、金重远编：《当代西方史学流派文选》，上海人民出版社 1982 年版，第 49—64 页。

本质上说是精神分析方法与历史分析方法相结合，以历史上个人与群体生活为研究对象的一门边缘学科。这种把历史心理学看成是精神分析学与历史学相结合的方式对个人或集体所做的研究的观点，虽然道出了历史心理学的基本特征，然而，这个定义也是不能令人满意的。因为，就历史心理学的本体论而言，它在研究对象上，更侧重探讨历史上人们的不同动机、动机形成的原因及其对社会产生的各种影响，同时，它还包括心理对人们认识历史（制作历史）的作用因素。在其研究方法上，它包含了心理学理论的诸多分支，而不仅仅是精神分析学说。20 世纪以来，心理学科发展蔚为大观，其中与历史研究有密切关系的就有七种。[①]

除了西欧和北美各国的研究者对历史心理学的定义有所阐述外，在苏联，也开始了历史心理学的研究工作。他们认为：历史心理学是研究意识的形成及其发展，个人的心理习性，人的心理的社会制约性，人的心理发展对某一社会中形成的训练和教育系统的依赖性等问题的一门新学科。[②] 在他们看来，人的心理过程有其特殊的历史特点。这些特点产生了每一个历史时代独特的生产环境和社会实践，决定着社会关系的形式。

尽管人的心理特点不能解释人的全部社会行为，因为这些社会行为首先是社会经济因素决定的，然而，人的思想意识的历史特点无疑地在其全部行动中留下了明显的痕迹。只有注意到人的认识和思维的特点，才能更准确地理解他们在社会、经济以及政治、文化方面的行为。

在我国，“历史心理学”这个名词还是最近几年才被少数研

---

① 参见张玉法：《心理学在历史研究上的应用》，载康乐、彭明辉主编：《史学方法与历史解释》，中国大百科全书出版社 2005 年版。

② 参见于沛：《近二十年的苏联史学理论》，载《历史研究》1986 年第 4 期。

究者作为“心态史学”提出来的。[①] 尽管已有人对历史心理学的基本理论进行了一些富有启发性的探讨，然而，至今仍然没有人对历史心理学本身下一个比较科学的定义。目前，在西方和我国的港台也有人认为：对历史的心理学研究，就是用心理学和社会科学的部分思想、方法和结论对过去进行考察。[②] 这种观点比较科学地说明了历史心理学的特点、性质和方法，但仍没有准确、完整地把握历史心理学的实质。

那么，历史心理学的定义怎样界定呢？笔者认为，对一门学科下定义，应明确两点：一是必须指出该学科的研究对象，其次是必须明确地指出该学科的研究方法。尽管各学科的研究方法都有相通之处，但各学科毕竟还有该学科最基本的研究方法。前面所列举的对历史心理学的不同解释和分歧的主要原因就在于有的注意了研究的对象却忽视了研究的方法，有的强调研究方法却又置研究对象于不顾。

基于上面的介绍和分析，我认为：历史心理学是运用心理学的知识研究历史上的个体和群体的心理活动对于创造历史和认识历史的作用与影响的一门边缘学科。这一定义的意义在于：首先，它指出了历史心理学的研究对象是“历史上的个体与群体的心理活动”，暗示了心理活动的三个层面（有的认为只有两个层面）：社会心理、文化心理和认知心理。其次，提出了历史心理学的研究任务和目的，即主要研究心理活动对人们创造历史和认识历史（制作历史）的功用，或者说是研究心理活动对历史发展变化的作用与影响和心理活动对人们认识历史、研究历史、撰写历史所起的作用。再次，它也道出了历史心理学的研究方法的基

---

① 参见《史学理论》1987 年第 1、2 期；上海《社会科学报》1998 年 4 月 30 日第 3 版。

② 参见《史学理论》1987 年第 2 期，第 158—159 页。

本特征，即是运用心理学的方法和结论对历史进行考察，是心理学与历史学的结合，并要求研究者必须既具有历史学的理论与方法，又比较全面完整地掌握心理学的理论与方法。当然，这一定义，并非是对历史心理学的结论性的表述，它仅仅代表笔者个人的看法。

二、历史心理学的内涵及其特点

从上面对历史心理学的定义分析中，可以看出，无论是东方还是西方，历史心理学的研究对象都确定为个体心理和集体心理两个部分，而对这两种心理的研究也相应地分为两个部分：个性心理学和集体心理学。[①] 但我们决不能把历史心理学理解为历史学和心理学的简单结合，也不能解释为个性心理学和集体心理学的简单相加。因为必须明白两点：一是个性心理学和集体心理学与个性心理和集体心理是不能等同的，二者有一定的区别；二是个性心理与集体心理之间的关系问题，个体是集体中的个体，集体是个体组合而成的。集体心理与个性心理实际上可以归结为历史主体——人的心理。事实上，历史心理学就是以历史的创造者——人的心理为其研究对象的。

我们知道，“历史”这个词通常有两种含义，一方面，它指的是人类活动所创造的一切，指的是人类的全部过去；另一方面，历史指的是人类对自己过去的回忆和思考。这两方面，前者可以称之为历史的本体，后者可以称之为历史的认识。与历史的两个方面相对，历史理论也可以分为两个方面：关于历史本体的理论和关于历史认识的理论。一方面，历史是由人创造的，关于历史本体的理论可以归结为这样一个问题：人怎样创造历史？另

---

① 参见［英］杰弗里·巴勒克拉夫著，杨豫译：《当代史学主要趋势》，上海译文出版社 1987 年版，第 101—113 页。

一方面，人对历史的认识要通过语言特别是文字表述出来，所以关于历史认识的理论则可以归结为人怎样写历史这样一个问题。人怎样创造历史和怎样制作历史（撰写历史）乃是历史理论所要探讨的两大问题。①

因此，以历史主体——人的心理为其研究对象的历史心理学，也必须注意研究历史主体——人的心理对人创造历史和认识历史（撰写）的作用与影响这两个方面的问题。一方面，心理对人创造历史的作用与影响，实际上就是心理怎样影响人的行为，行为又怎样影响历史的问题，我们将之划入社会心理学研究范围。② 另一方面，心理对人们认识历史（制作历史）的作用与影响，就是研究个人的认知心理，是个性心理学研究的范围。这样，可以将历史心理学的研究对象从研究历史上的个体和群体心理具体化为社会心理和认知心理。

社会心理是人们自发形成的不系统、不定型、不具理论形态的社会意识，主要表现为人们的情感、情绪、动机、愿望、意志、信念、性格、审美情趣、风俗习惯等。它是人们对现实中的经济关系、政治关系和其他社会关系最直接的反映，是在特定历史时代、特定社会群体中，反映人们自身利益和要求的普遍的精神状态。社会心理既是一定社会生产力和生产关系、上层建筑的直接反映，又是社会意识形态的直接来源，是前者向后者转化的枢纽和中介；反过来，社会意识形态要实现对社会经济、政治的反作用，也必须转化为社会心理，形成巨大的社会思维，从而直接推动社会的政治、经济的变化和发展。在这里，社会心理又是

① 参见刘昶：《人心中的历史》，前言，四川人民出版社 1987 年版，第 1 页。

② 参见《普列汉诺夫哲学著作选》第 3 卷，生活 · 读书 · 新知三联书店 1961 年版。目前我国学术界均认为研究历史时代人的心理，就是研究历史上的社会心理。

意识形态向社会经济、政治转化的纽带和桥梁。[①]

历史心理研究中对社会心理的研究已是当代史学的主要发展趋势，“历史学家现在以完全不同于过去的方法来使用心理学的知识，不再把人的心理看作解释人类行为的始终一贯的、不变动的、永恒的、固定的基础，而是看作社会环境中的一个侧面，必须同历史背景下其他所有的侧面一样予以解释”。[②] 在许多年以前，亨利·贝尔就坚持认为，历史的综合“必将导致……社会心理学”，“导致对基本需求的认识，而一切制度及其变化形式都将以这些基本需求为转移”。[③] 法国年鉴学派的创始人费弗尔和布洛赫也对集体心理学发生兴趣，他们认为，最能体现历史的本质的是那些跨时空的历史现象，即社会结构和社会心态，两者既有区别又有联系，它们构成了他们研究的领域：经济社会史和社会心态史。它包括两个方面，一方面是地理环境与人类相互交往过程对历史所造成的强烈而持久的影响，以及在这种影响下所形成的人们的日常生活方式；另一方面是受前者影响又反过来影响前者的人们的精神状态、心理结构、思维习惯等。[④] 普列汉诺夫将社会心理具体分为四种：时代心理、阶级心理、民族心理、职业心理，并着重探讨了时代心理与阶级心理各自的内容及其相互关系。至于民族心理和职业心理的具体内容，关于它们彼此及其与上述两种心理的关系问题，普列汉诺夫还只是做了一些零星的、

---

① 参见《哲学研究》1987 年第 6 期。

② ［英］杰弗里·巴勒克拉夫著，杨豫译：《当代史学主要趋势》，上海译文出版社 1987 年版，第 101 页。

③ ［英］杰弗里·巴勒克拉夫著，杨豫译：《当代史学主要趋势》，上海译文出版社 1987 年版，第 104 页。

④ 参见刘昶：《人心中的历史》，四川人民出版社 1987 年版，第 267—312 页。

尝试的说明，远没有完整的理论系统。[①] 最近几年，国内很多人对社会心理在历史研究中的地位、作用产生了兴趣，并有不少人写出了他们的关于这方面问题的力作。[②] 然而他们并未注意区分社会心理的两种态势——静态和动态，这样，容易使我们的研究往往只是注意了社会心理的动态结构的性质、特点和功能，而忘却或忽视了社会心理的静态结构的存在和影响。尽管最近有人也注意到静态心理结构的作用与影响，但仍然没有在理论上加以系统地阐述。[③]

事实上，社会心理有动态和静态两种态势。前者指历史变革中出现的那些新的社会心理特征，它最终导致新的社会心理结构的形成，它的基础是社会结构系统诸要素的变动情况。正如普列汉诺夫所说："一切观念、看法、习惯都由当代的经济关系而产生。""只要社会关系不改变，社会心理也就不改变。人们习惯于当时流行的信仰、观念、思想方式以及那满足一定审美要求的方法。不过，如果生产力的发展在社会经济结构中引起了某种本质上的变化，因而在各个社会阶级的相互关系方面也引起了某种本质上的变化，那么这些阶级的心理也会发生变化，同时，'时代精神'和'民族性'，也就跟着变化。"总之，"历史的人的'特性'，他们的习惯和意向，他们的观点和理想，以及他们的同情和反感，都是随着社会发展进程而改变的"。[④] 而静态的社会心理结构，则是指相对稳定的社会文化心理结构。诚如李泽厚所说的：由思想文化积淀而成的一种文化——心理结构，"不管你喜

---

① 参见《高等学校文科学报文摘》1984 年第 3 期。

② 参见《哲学研究》1987 年第 6 期；《安徽史学》1987 年第 2 期，《历史研究》1986 年第 4 期；《中国社会科学》1986 年第 5 期等。

③ 参见《安徽史学》1987 年第 2 期。

④ 《普列汉诺夫哲学著作选集》第 2 卷，生活·读书·新知三联书店 1961 年版，第 177 页。

欢或不喜欢，这已经是一种历史的和现实的存在。它经历了阶级、时代的种种变异，却保有某种形式结构的稳定性。构成了某种民族文化和民族心理的特征，它有其不完全不直接服从、依赖于经济、政治变革的相对独立性和自身发展的规律。一方面，它不是某种一成不变的非历史的先验结构……另一方面，它既已成为一种比较稳定的心理形式和民族性格，就具有适应于各种不同阶级内容的相对独立的功能和作用。否认这一点，便很难解释一个民族的文化、心理、思想、艺术所具有的继承性、共同性种种问题”。[①] 可见，如果说每个社会都有“独特的心理结构”的话，这种“心理结构”至少部分是从共同的经历和态度中产生的。[②]有时也被称之为“民族性”或“民族精神”，它是在特定民族经济、政治和文化环境影响下所形成的共同的情趣、感情、习惯、风俗等心理因素的总和。在所有社会群体（集体）心理中，民族心理是最稳定、最保守、最难以变化的心理，它往往是那些稳定的心理成分如习惯、礼仪、风俗、迷信传说、民族自尊心、民族自豪感等的保存者。静态的社会心理——文化心理，对于历史主体的行动始终发生着作用，因而对整个历史的进步也不无影响。

但是，文化心理结构并不是固定不变的，我们之所以说它是静态的，主要是相对于那个“一部分由经济直接所决定”，“一部分由生长在经济上的全部社会政治制度所决定”的动态的社会心理而言的。它同认识一样，“既不能看作是在主体内部结构中预先决定了的——它们起因于有效的和不断的建构；也不能看作是在客体的预先存在着的特性中预先决定了的，因为客体只是通过

---

① 李泽厚：《中国古代思想史论》，人民出版社 1986 年版，第 34—35 页。

② 参见［英］杰弗里·巴勒克拉夫著，杨豫译：《当代史学主要趋势》，上海译文出版社 1987 年版，第 106 页。

这些内部结构的中介作用才被认识的。”① 静态社会心理和动态社会心理比较而言，则前者变化的速度缓慢，节奏性不强，对历史发展的作用也不那么明显。在法国年鉴学派看来，静态的社会心理是属于长时间的历史现象，“只有联系这种缓慢变动的历史背景，全部历史才能从它的基础上得到重新思考。只有面对这几乎静止的地心深处，历史时间的所有地层，成千上万的层次，成千上万的片断才构成可以理解的形式：它是所有一切的引力中心。”② 而动态的社会心理则变化迅速，对社会经济、政治、思想、文化等变动的轻波微澜，都会自发地、直接地、情不自禁地作出反映。

既然社会心理具有动态和静态两种态势，既然动态的社会心理结构与静态的社会心理结构具有不同的性质、特点和功能，我们就可以把历史心理学的研究对象之一的社会心理更进一步划分为：（动态的）社会心理和（静态的社会心理）文化心理两个部分。前者是社会存在在历史主体心理上的反映，属于心理的表层；而后者主要是历史和传统文化在人们心理深层次的反映。当然，严格地说，这二者之间并没有明显的界限，而是彼此相互渗透与包容。但这样划分，主要是为了有利于我们更准确、更迅速地把握心理的不同层次对于历史发展变化的作用与影响，同时也有利于我们更具体地分析历史心理的积极和消极因素，自觉地为历史进步创造有利条件。

---

① ［瑞士］皮亚杰：《发生认识论原理》引言部分，商务印书馆 1986 年版，第 16 页。

② ［法］费尔南·布罗代尔：《历史和历史科学：长时段》，参见［英］彼得·伯克著，刘永华译：《法国史学革命：年鉴学派 1929—1989》，北京大学出版社 2006 年版。或参见［法］费尔南·布罗代尔著，施康强、顾良译：《15—16 世纪的物质文明、经济和资本主义》第 3 卷，生活·读书·新知三联书店 1996 年版，第 722 页。

如前所述，历史心理学除了把（动态的）社会心理、（静态的社会心理）文化心理作为自己的研究对象外，还要研究人们的认知心理对“制作”历史所起的作用。克罗齐说：“一切历史都是当代史。”他认为“只有现在生活中的兴趣才能使人去研究过去的事实。因此这种过去的事实只要和现在生活的一种兴趣打成一片，它就不是针对一种过去的兴趣而是针对一种现在的兴趣的”。[①]《历史是什么?》一书的作者卡尔宣称：“历史是历史学家的经验。历史不是别人而是历史学家‘制造出来’的，写历史就是制造历史的唯一办法。”[②]

既然历史是由人“制作”出来的，则它自然不可避免地打上著作者的个性的烙印。任何研究历史的人，尽管他可以宣称他的观点是公允的，合乎历史实际的，是客观的，但他仍然不可能在研究过程中排除自己的思维和意识。事实上，无论形象思维还是抽象思维，都是创造出来的，结构出来的和想象出来的。思维就是创造，人的认识就是创造。人们研究历史，撰写历史，绝不可能排除自己的思维和意识等主观因素。如同费弗尔所言：“历史心理学家有一个特殊的问题。当心理学家在他们的论文集里，在他们的专著里向我们谈论‘人’的情绪、决心、推理的时候——实际上，他们所研究的是我们的情绪、决心、推理。”[③] 可见，心理不仅对创造历史起着作用，而且对人们“制作”历史也发生影响。心理对“制作”历史的作用有两层意思：一是指群体的历史意识或历史感对历史的制作所施加的作用力，因为群体的历史认

---

① ［意］贝奈戴托·克罗齐著，［英］道格拉斯·安斯利英译，傅任敢译：《历史学的理论和实际》，商务印书馆1986年版，第2页。

② ［英］E. H·卡尔著，陈恒译：《历史是什么》，商务印书馆1981年版，第106页。

③ 费弗尔：《历史与心理学—— 一个总的看法》，载田汝康、金重远编：《现代西方史学流派文选》，上海人民出版社1982年版。

识能力和历史感都在一定程度上影响历史的“制作”者的研究活动；二是历史学家的个性心理特征、认识能力等对其“制作”历史的影响。由于“每个历史学家都以自己为中心，根据他自己的角度来观察历史，因此，他看到别人所看不到的某些问题，而且每个历史学家都根据自己特有的观点，也就是从他特有的一个方面来观察每个问题。”① 所以，作为一个完整的学科——历史心理学，在研究心理对创造历史的作用同时，还应把研究心理对“制作”历史的影响包括进去，也就是要把历史的“制作”者的认知心理包括进去。

三、历史心理学是一门边缘学科

综上所述，历史心理学是以历史上的社会心理（动态的）、文化心理（静态的）、认知心理为其具体研究对象、以阐述这三种心理对人们创造历史和制作历史的作用与影响为主要任务的历史学与心理学自然结合的一门边缘学科。社会心理虽然有动态和静态之分，但它主要的仍然是动态的，静态的社会心理实际上是指文化心理，这两种心理是彼中有我，我中有你，是矛盾统一体的两个方面。文化心理有它自身的性质、特征和功能。社会心理和文化心理在各自不同的活动空间发挥着作用，因此，它们应单独成为历史心理学的研究对象。我们所说的“历史上的个体和群体心理”，实际上乃是社会心理、文化心理和认知心理的涵盖。

① 科林武德：《历史哲学的性质和目的》，载张文杰等编译：《现代西方历史哲学译文集》，上海译文出版社 1984 年版，第 166—167 页。

第三讲　历史心理学的价值与意义

20 世纪以来，尤其是最近几十年，运用其他学科的理论和方法研究历史的实践已被证明是很有意义的。各学科相互渗透也已成为当今科学研究的必然趋势，传统的历史学也因其他学科的强有力的渗透而增强了活力，不仅研究的深度和广度得到强化，而且由于新理论、新方法的引入，直接导致了新的历史理论和方法的产生。历史心理学就是在历史学与心理学的交融互摄过程中逐渐形成和发展起来的。历史心理学的产生和发展，不仅开拓了新的史学领域，而且也提供了一种有益的研究方法。因此，对历史心理学历程的科学审视，将给我们开展文化思想史、哲学史、文学艺术史、宗教史和心态史等意识形态发展变化的研究以更多的理性力量。

一、无法回避的思考：心理与历史

“心理与历史”，是一个既敏感又不新不旧的历史问题，许多人曾经为它们的关系辩护过，也有不少人对此采取了怀疑、否定和拒绝的态度，但问题仍然留给了我们。因为任何夸大或贬低心理因素在历史发展过程中的地位与作用的言论，都有脱离历史实际的可能。因此，每当涉及这一问题时，人们似乎都变得异常谨慎小心，甚至是谈虎色变，结果仍然失去了历史的本来面目。但是，历史就是历史，任何回避的态度和做法，都只能是走向历史科学的反面。正如马克思所言：“在科学的入口处，正像在地狱的入口处一样，必须提出这样的要求：‘这里必须根绝一切犹豫：这里任何怯懦都无济于事。’”① 真正的历史科学，就必须正视历史，就必须以科学的态度对待这一问题。

众所周知，在社会历史领域内进行活动的，全是具有意识的、经过思虑或凭激情行动的、追求某种目的的人，任何事情的发生都不是没有自觉的意图、没有预期的目的的。人们按照自己预定的目的去能动地改造自然、社会以及人本身，历史就在这种人的有目的的活动中形成和发展的。正是在这个意义上，恩格斯指出：“人们通过每一个人追求他自己的、自觉期望的目的而创造自己的历史，却不管这种历史的结局如何，而这许多按不同方向活动的愿望及其外部世界的各种各样影响所产生的结果，就是历史。”也就是说，“历史是这样创造的，最终的结果总是从许多单个的意志的相互冲突中产生出来的，而其中每一个意志，又是由于许多特殊的生活条件，才成为它所成为的那样。这样就有无数相互交错的力量，有无数个力的平行四边形，而由此就产生出一个总的结果，即历史事变，这个结果又可以看作一个作为整体的、不自觉地和不自至地起着作用的力量的产物”。显然，它与自然界的变化情况不同，在社会历史领域内，由于历史主体——个体和群体——是具有激情、愿望、意志和思想意识的，不管他们的历史创造活动和认识过程怎样受制于外在的事物和环境条件，但他们的行动和认识活动都不可避免地打上他们个性的烙印。人类社会发展史因而也就不可避免地带有一定的偶然性和随机性，所以，它不仅赋予人类社会发展史以神秘的色彩，而且也给人们的历史认识活动带来了困难。历史之所以令人心旷神怡、之所以令人迷惑并在有关历史的本质、历史的动力和规律上争论

① 《马克思恩格斯选集》第 2 卷（上），人民出版社 1975 年版，第 85 页。

不休，都是因为历史是人的历史，是具有激情、愿望、意志、性格和思想的人的生产劳动和社会交往史。

尽管在马克思、恩格斯以前就有许多哲人、历史学家对人的激情、情绪、意志、愿望、性格等心理因素在历史变动中的地位与作用有着浓厚兴趣和大胆的假设，但他们往往走向极端，片面地强调心理的、主观的、精神的因素的历史作用，把“心理因素”或“绝对精神”看作历史的推动力。诚如列宁所指出的，过去那种以唯心主义历史观为指导的历史理论有两个主要缺陷：“第一，以往一切历史理论至多是考察了人们历史活动的思想动机，而没有考究产生这些动机的原因，没有发现社会关系的根源；第二，过去的历史理论恰恰没有说明人民群众的活动，只有历史唯物主义才第一次使我们能以自然历史的精确性去考察群众生活的社会条件以及这些条件的变更。”① 夸大心理的、主观的因素的历史作用固然是以往的历史理论的最大缺陷，然而“矫枉过正”似乎又成了以后历史理论的通病。人们在运用唯物史观观察分析历史的过程中，又往往置人的心理、主观因素对历史产生这样或那样影响的客观事实于不顾，把历史主体的主观愿望、心理欲求、情绪状态、性格气质等非理性因素统统地排除在历史研究之外。对于这种倾向，恩格斯早就有所察觉，1893 年 7 月 14 日，在致梅林的信中，曾经表示：“……被忽略的还有一点，这一点在马克思和我的著作中通常也强调得不够，在这方面我们俩人都有同样的过错。这就是说，我们最初是把重点放在从作为基础的经济事实中探索出政治观念、法权观念和其他思想观念以及由这些观念所制约的行动，而当时是应当这样做的。但是我们这样做的时候为了内容而忽略了形式方面，即这些观念是由什么样的方

① 《列宁全集》第 21 卷，人民出版社 1963 年版，第 38 页。

式和方法产生的，这就给了敌人以称心的理由来进行曲解和歪曲”。[①] 他还明确地指出：“决不能避免这种情况：推动人去从事活动的一切，都要通过人的头脑，甚至吃喝也是通过头脑感觉到的饥渴引起的，并且是由于同样通过头脑感觉到的饱足而停止。外部世界对人的影响表现在人的头脑中，反映在人的头脑中，成为感觉、思想、动机、意志，总之，成为‘理想的意图’，并且通过这种形态变成‘理想的力量’。”[②] 显然，马克思和恩格斯在突出经济社会环境条件的历史决定作用的同时，还不失时机地提醒人们对主观的、心理的因素的历史作用不能等闲视之。他们自己“既能以非常科学的冷静的态度去分析客观形势和进化的客观进程，同时又能非常坚决地承认群众（当然，还有善于摸索到同某些阶级的联系，并实现这种联系的个人、团体、组织、政党）的革命毅力、革命创造力、革命首创精神的意义，并且把这两方面卓越地结合起来”。[③]

但是，作为历史的一部分，历史主体的激情、愿望、需要、意志、性格等因素在历史学界有相当长的时间被人们忽视了，甚至根本就不承认它的作用和影响。本来恩格斯已经指出过的不要“为了内容而忽略了形式”方面，不要因“一个人只是由于他追求”“‘理想的意图’并承认‘理想的力量’对他的影响”，就认为他是一个唯心主义者，历史研究必须从“现实的人”出发，不仅要探究“这许多个别的人所期望的是什么？”“在这些动机背后隐藏着的又是什么样的动力？”而且要探究在行动者的头脑中以这些动机的形式出现的历史原因又是什么？可是，在过去的历史

① 《马克思恩格斯选集》第 4 卷，人民出版社 1975 年版，第 500—501 页。

② 《马克思恩格斯选集》第 4 卷，人民出版社 1975 年版，第 228 页。

③ 《反对抵制》（1907 年 6 月），《列宁选集》第 1 卷，人民出版社 1975 年版，第 729 页。

研究中，这方面的工作似乎还没有太多的人去做，结果还是“为了内容而忽略了形式”，为了批判唯心主义历史观而拒绝对历史主体的心理因素进行唯物主义的说明。历史在结构上被分为政治、经济和文化三个部分，历史研究也一般地局限于政治、经济和思想文化的分析。这固然能使我们直接地认识和把握历史的主要环节，透过现象认识历史的本质，但也易于把历史简单化、模式化。在面对具体的历史事件或历史现象时，政治、经济和文化方面的解释或说明就很难有足够的说服力。如淝水之战，前秦兵称 90 万，还没有与力量弱小的东晋军队接战，就溃不成军，对这一问题的解释恐怕就不能简单地认为是政治、经济和文化三方面原因所致。拿破仑从厄尔巴岛出逃回到巴黎，受到沿路的卫兵和保皇党的士兵们的拥护和追随，不费一枪一弹，直趋巴黎，由一个囚徒重新变成了皇帝。在分析这样的历史事件时，如果完全不考虑拿破仑个人的威望、性格品质以及当时法国人和法国社会的个性心理和群体心理因素，就无法正确解释历史。还有在义和团运动时期，人们表现出来的强烈“排外”情绪，以及他们“撬铁道、把线砍、旋再毁坏大轮船”等举动，政治、经济和文化的原因固然重要，心理上的、感情上的因素也是极其明显的。

可见，政治、经济、思想文化固然是历史的主干，但它并不是历史的全部。必须在对历史进行政治、经济、思想文化分析的同时，连同人的心理因素一起考虑，这样才能在比较完全的意义上接近历史、再现历史。正是在这个意义上，普列汉诺夫明确地指出：“唯物主义如果不想永远像过去那样片面下去，如果不想由于不断地返回到唯心主义的见解而背叛自己固有的原则，如果不想因此承认唯心主义在一定范围内更强有力，就必须给人的生活的一切方面一个唯物主义的说明。人的生活的主观方面正是心理的方面，‘人的精神’，人的感情和观念。”①

二、新的综合：历史学与心理学之结合

既然每一个人追求他自己的自觉期望的目的而创造自己的历史，既然历史是许多按不同方向活动的愿望及其对外部世界的各种各样影响所产生的结果，既然心理因素在历史发展过程中也起着或大或小的作用，那么，如何认识历史主体的心理活动的历史作用、确立它们的历史地位以及给人的生活的主观方面一个唯物主义的说明，就成了当务之急。

事实上，运用心理学的理论来研究历史发展过程中的人的心理因素的历史作用已不是一件新鲜的事情。20 世纪初，随着精神分析学的产生和发展，历史学与心理学的结合成为一种不可避免的趋势。如美国学者埃里克森运用精神分析学派的理论和方法研究法国宗教改革领袖——青年路德，通过分析路德青年时期的心理变化，展现路德如何在解决自我同一危机的同时也找到了解决社会问题的途径。威廉兰格用心理分析和历史分析相结合的方法，分析 19 世纪末英帝国主义对外扩张的思想等所得出的结论，至今仍强有力地影响着历史研究。法国年鉴学派运用心理学的理论和方法，通过对社会心理、民俗民风、宗教信仰、流行观念等的研究来展示过去时代的精神生活，开辟了新的研究领域——社会心态史，其悉心研究和审慎态度及研究成果，都给我们留下了难忘的印象。而苏联的一些历史学家对苏联封建时代农民的社会行为及其心理特征的心理历史研究，更为历史学与心理学的结合提供了足够的证据。在国内，最近几年也有一些热心的研究者对此作了一些尝试性的探索，其影响正与日俱增。

---

① 《普列汉诺夫哲学著作选集》第 2 卷，生活 · 读书 · 新知三联书店 1961 年版，第 186 页。

但是，无论是国外还是国内的历史心理研究，都仍然没有形成完整的理论体系。他们大都根据研究的需要或个人特殊的偏好，采撷心理学的有关理论和方法来解释一些历史现象，这就难免生搬硬套和牵强附会。如前所说的埃里克森，他在医疗实践中发现人在青春期经常产生一种心理危机，青年人对于自己究竟是何许人产生了怀疑，以至严重地影响其行为，他称之为“同一”危机，并将它视为普遍的规律，硬是套在路德的身上，一味追寻路德发生这种危机的具体时间及它所产生的影响。但是，路德生活的时代与埃里克森本人生活的时代相差四百来年，青年人的心理危机即使在路德身上有所表现，又如何确认呢？这显然是埃里克森所没有解决的问题。他这种不顾时空差异、一味固守其理论模式，强调人的共同本能、忽视人的社会性、轻视社会环境对人的心理的决定性意义的作法，自然与客观历史相距甚远。再加上精神分析学本身的局限性，所以他们的研究结果自然不会令人满意。

由此可见，决不能把当代心理学的理论和方法简单地搬到历史领域中来。“历史学家在采用心理学（包括社会心理学）的概念体系、专门理论、方法和立场时，需要对其进行仔细的改造和变换，需要考虑客体本身的历史真实性。”① 更不能把历史主体心理的个别结论泛化为历史变化的普遍规律。历史学与心理学的结合绝不是两者简单的叠加，而是开辟新的研究领域，即把历史中个体和群体的心理作为研究对象，揭示历史心理活动和变化规律，说明心理因素在历史运动变化过程中的地位和作用，给人的心理方面以一个唯物主义的说明。同时，历史学和心理的结合，也不仅仅是一种新方法的介入，而是在此基础上形成一门新的学

---

① ［苏］米罗诺夫著，王清和译：《历史学家和社会学》，华夏出版社 1988 年版，第 141 页。

科——历史心理学。

历史心理学的最早、最有影响的倡导者是法国年鉴学派的创始人之一吕西安·费弗尔。他在 1933 年指出，由于时代、经济、技术、社会乃至饮食等生活条件的发展变化，不同时代的人的心理状态也因此而不同。如在中世纪，由于缺乏照明和取暖条件而与几乎不受昼夜、冬夏限制的现代生活迥然不同，因此，他反对把当代心理学的结论简单推广到历史中去。并且指出“一种真正的历史心理学，只有通过心理学家和历史学家明白的协商，才有可能获得一致”，这种合作不是对历史上的人物做简单的个体或群体的心理分析，而是要重建或再现过去时代精神生活的全貌，是一种历史研究，是历史学借助心理学的理论和方法去理解和把握历史的一种努力。

一般说来，费弗尔等人所提倡的历史心理学重点是研究心理，研究历史上左右人们行为的心理活动规律，属心理学的范围。他们的历史心理学强调以过去时代人类整体的心理——社会心理为研究对象，突出集体、社会环境和时代对心理的决定作用，具有历史唯物主义的倾向。但他们至少忽视了两个问题：一是社会心理有静态和动态之分，静态的社会心理即文化心理或民族心理在历史发展中的作用和影响是存在的，它作用和影响的方式、程度等都与动态的社会心理大不相同，只强调时代、社会环境条件决定下的动态社会心理层面的作用显然是不够的。二是他们在强调整体的心理历史研究时，却忽视了个体心理与群体心理之间的差异性及其历史作用。

相比之下，心态史学和心理历史学就有其独到之处。心态史学所研究的是历史上社会群众（或其中的一个部分或集团）所共有的观念和意识。这种观念和意识是在民间世代相沿、一般不因政权变更而发生突变，不同于通常所指的意识形态，而是人类社会精神乃至整个人类历史中最具相对稳定性的部分。显然心态史学所注重的是社会心理的静态层面，即文化心理或民族心理。心理历史学的研究对象极为广泛复杂，既可以是人类群体，也可以是个人，既可以是心态，也可以是经济、政治、外交各方面的行为，研究手段也主要是精神分析理论或其他现代心理学的理论。它的重点是研究历史，是研究历史中的人物活动、事件等历史现象及其发展，属于历史学的范围。① 显然，历史心理学、心态史学、心理历史学三者之间既有联系又有区别，在他们实际研究过程中，三者之间的区别就不那么明显了。因为它们都是心理学和历史学相互渗透、相互结合的产物，彼此之间在实际上也并不存在绝然的分界线。

但是，西方的历史心理学与我们所说的历史心理学仍然有很大的差别。首先，研究对象有一定区别。我们认为历史心理学除了研究历史上个体心理和群体心理的变化发展对主体创造历史的实践活动所起的作用和影响外，还应把历史主体的认知心理以及历史研究者的认知心理作为自己学科的研究对象。

作为一门学科，既要注意本体论意义上的探讨，又要包含认识论意义上的研究。因为历史一旦作为客体纳入主体的认知图式当中，就不可避免地要受到认知主体的个人经验、以往阅历、记忆能力、需要动机、兴趣爱好、性格特征、人生观、世界观、阶级立场、文化背景和时代氛围等的影响。西方历史心理学显然忽视了这个重要方面，其理论体系因而显得不很完整。

其次，在研究目的上也有所不同。西方历史心理学的目的主要在于揭示历史上不同时代人的心理特征，探究历史主体的变化发展规律，其研究结果无非是历史主体的心理发展史。我们所说的历史心理学的目的不限于此，而且还以说明历史主体心理在不同时期不同场合下对历史主体的实践活动和认识活动起何作用为

---

① 《史学理论》1989 年第 4 期，第 118—120 页。

其主要目的。

最后，在运用心理学的理论依据上，西方历史心理学比较重视社会心理学理论和精神分析理论，而我们所说的历史心理学则以个体心理学、群体心理学、社会心理学、文化心理学和认知心理学为基础，注重对人的表层心理、深层心理方面的理论探索，同时，在历史心理学的理论体系里自始至终贯彻着辩证唯物主义和历史唯物主义精神，即贯串着社会存在决定社会意识这个马克思主义原理；另一方面，历史心理学承认心理因素的历史作用，但它不是历史发展的直接推动力，心理因素的历史作用应是有限度的。

三、拨开历史的迷雾：历史心理学的价值与意义

历史心理学是在心理学广泛应用于历史研究的过程中产生的，其自身的性质和功能已注定了它的不可抗拒性。

首先，历史心理学的产生，有利于指导人们从事正确的心理历史研究和心态史研究。因为历史心理学本身就是历史理论的一部分。

其次，历史心理学的产生和发展，不仅拓宽了史学领域，而且使历史学向深层方向发展成为可能。历史，按伏尔泰的理解，它不仅是政治史、军事史和外交史，而且是经济史、人口史、技术史和习俗史；不仅是君主和伟人的历史，而且是所有人的历史；是结构的历史，不只是事件的历史；是有进化、有变革的运动着的历史，不只是停滞的、图表式的历史；是有分析、有说明的历史，不是纯叙述性的历史；总之，是无所不包的历史。以往的历史学虽然也注意到人的情绪、性格、意志、能力等方面的作用，但很少从心理学的角度直接探究它们的结构、功能和特征，历史心理学恰好可以弥补这一缺陷。如海外华人为什么在孙中山领导的民主革命过程中表现出巨大的热情和积极的支持？过去，

人们虽然也涉及华侨们的爱国感情和民族情绪，但大多语焉不详或泛泛而谈。有人从心理分析学角度认为海外华人在背井离乡的环境下，始终在内心理藏着民族主义情感。旅居海外第一代华侨，他们的人生态度、理想、恐惧、行为跟他们小时候在家乡的政治、社会、经济背景是息息相关的，他们根基仍深植于中华文化。他们少年时代在家乡经历无数的饥荒、天灾、瘟疫、战争，早在稚嫩的心坎刻下了永久的烙印，孩提时目睹双亲的苦境、遭遇，面对整个中国社会的痛苦，他们只能抑压内心的焦虑与恐惧。长大之后，他们漂洋过海，移居南洋、北美等地，在不同的文化生活中得到新的经验，他们的人生丰富了，可是内心也变得更加复杂。他们的生命得到更高一阶段的成熟，然而童年的种种感受和记忆却始终若隐若现地浮在心头。等到新的危机爆发或困境来临时，他们往往回眸顾盼、心潮澎湃，那一堆堆沉积在心底的童年感情一并涌上心头。此时矛盾更尖锐化，爱祖国更热烈、怀念家乡更深切、呼吁奔走救中国更积极，他们真正经验到一种"认同危机"。这一分析从更深层次指明了华侨爱国革命的心理原因，而且也为华侨史研究提供了有益的启示。

再次，历史心理学以它独特的理论和方法，把视角转向历史主体心理深层，这不仅使我们对历史主体心理变化规律、结构特征、功能作用等有了更进一步了解，而且以其特殊的研究方法对历史发展过程中的突发事件、偶然因素、个人作用等等的探索，为我们认识历史上的必然性与偶然性、个人与群体各自在社会变革中的地位与作用、社会存在与社会意识等问题提供了理论基础和认识法则。如武昌起义一举成功，表面看来它带有很大的偶然性，但历史心理学的研究表明，武昌起义成功与当时的社会心理，革命党以及清政府内部的心理状态、心理变化有关。"二次革命"，革命党人为什么没有作多大的抗争就失败了呢？军事上的，政治上的原因固不必说，然而其时社会心理倾向和平、安定，以及人们对旧制度、旧习俗持久的感情等亦是不利于孙中山等革命党人反对袁世凯的。历史心理学正是通过历史上特定时期的社会心理、文化心理、个性心理等的分析，为历史研究增添一些必要的注脚。

最后，历史心理学的产生，也使某些专门的意识形态史的研究走向深入。宗教、哲学、法制、文学、艺术等都与人的心理因素有关，这不仅因为“一切思想体系都有一个共同的根源，即某一时代的心理”，而且也与个人的心理状态和变化情况有着紧密的联系。文艺复兴时期人的解放的社会要求和作为时代特征的冒险精神，培育了达·芬奇、马基雅维里、路德这样一批杰出人物。只要读一下法国史和 18 世纪法国哲学，就会明白“全部法国哲学，在它的一切细节方面，受到当时反对僧侣和贵族的第三等级的心理的多大影响”①。理解一个时代的哲学、思潮、文学艺术等，除了考察当时的社会心理外，还必须对思想家、艺术家、文学家个人的性格、气质、能力、兴趣爱好、价值观、审美情趣等予以重视。历史心理学的出现，无疑会使这些专门史的研究增添活力。

但是，历史心理学毕竟是一门年轻的学科，它自身尚在不断探索和完善之中，局限性在所难免，由此引起争论和异议也是可以理解的。托马斯·A·科胡特在谈到“心理史学与一般史学”时总结说：“即使历史家以传统史学方法来处理历史的心理侧面，心理史学也会引起争论。但那争论将是范围更广的关于内容和方法的争论的一部分，这后一种争论使历史学界分化并获得生气。心理传记的研究将包括在关于个人在历史上的作用的争论中。……心理史学同其他史学相比较，其实证性或经验性不少，

① 《普列汉诺夫哲学著作选集》第 2 卷，生活·读书·新知三联书店 1961 年版，第 186 页。

其相对性不少，其逻辑性或其定义的明确程度则不强。”[①] 这一总结同样适合对历史心理学的评价。历史心理学局限性还表现在：第一，它所应用的心理学理论的非系统性决定了它的整体性、逻辑性等的缺陷。第二，它的研究方法上的局限性。因心理学的研究方法大多是以实证法、调查法、观察法等为主，而历史心理学研究就难以采用这种方法，它面对的是过去时代人的心理，不可能调查、实验，更不能观察，只能从间接中得到答案，这就多少带有片面性和主观性，容易脱离历史实际。第三，历史心理学所依靠的材料有限，历史上留下来的关于心理方面的直接材料很少，即使有某些材料可以参考，但材料本身也带有片面性。所以，历史心理学并不是万能的，十全十美的。尽管如此，我们历史地理解和解释往昔的心理侧面的努力，却能够使我们比一般想象的更多地接近于真正的历史，这无疑是应该充分肯定的。

---

① ［美］托马斯·A·科胡特著，罗凤礼译：《心理史学与一般史学》，《史学理论》1987 年第 2 期。

第四讲　民族心理定势与早期中西关系

一、历史的反思与问题的提出

过去，研究中外关系史的人，不是偏重于对具体历史事实的详细陈述，就是着意于对中外关系史的简单描写；不是片面地强调先进与落后，就是单纯地肯定积极和进步；不是高调地坚持正义和非正义之分，就是固执地维护侵略与反侵略之辩。他们较少地把注意力放在应该认真审视和深刻反思的历史问题上，以为如实地陈述了历史事件，客观地剖析了历史现象，公正地判明了是非曲直，就该到此打住，满意收兵了。但是，正如马克思和恩格斯所指出的："从前的一切唯物主义——包括费尔巴哈的唯物主义……的主要缺点是：对事物、现实、感性，只是从客体的或直观的形式去理解，而不是把它们当作人的感性活动，当作实践去理解，不是从主观方面去理解。"① 他们一再强调他们的观察方法是从"现实的有生命的个人本身出发"② 的，也正是从这个前提出发，他们把人类历史最终归结为"个人本身力量发展的历史"③，"始终只是他们个体发展的历史"④。唯物史观认为，决不

① 《马克思恩格斯选集》第1卷，人民出版社1975年版，第16页。
② 《马克思恩格斯选集》第1卷，人民出版社1975年版，第31页。
③ 《马克思恩格斯选集》第1卷，人民出版社1975年版，第79页。
④ 《马克思恩格斯选集》第4卷，人民出版社1975年版，第321页。

能避免这种情况：推动人去从事活动的一切，都要通过人的头脑，甚至吃喝也是由于通过头脑感觉到的饥渴引起的，并且是由于通过头脑感觉到的饱足而停止。外部世界对人的影响表现在人的头脑中，反映在人的头脑中，成为感觉、思想、动机、意志，总之，成为“理想的意图”，并且通过这种形态变成“理想的力量”。如果一个人只是由于他追求“理想的意图”并承认“理想的力量”对他的影响，就成了唯心主义者，那么任何一个发育稍稍正常的人都是天生的唯心主义者，这样怎么还会有唯物主义者呢？也就是说，历史是一门科学，它必然要以揭示社会现象之间的内在联系和找出历史发展的客观规律为己任。理论的探索，哲学的沉思，文化的反省，历史的辨析，因此更显得更为重要。

学过中外关系史的人也许有过这样的思考：为什么曾经是世界文明的火炬，光被四野的华夏之邦，到了近代却被动挨打，一落千丈？在早期中西关系中，郑和七下西洋不曾带来中国社会的变动，而《马可·波罗游记》却撩起了西方社会向往东方的利欲之火？为什么葡萄牙、西班牙、荷兰等西方殖民主义者的纷至沓来，引起了日本岛国的强烈反响，却没有引起当时中国朝野人士的高度关注？为什么中国的四大发明，没有成为推动中国社会文明进步的动力，却成为西方社会变革的力量？

对这些问题的回答，仁者见仁，智者见智。有的人认为是历史的原因，有的人认为是社会的原因，还有的人认为是文化的原因。但是，他们这些看法大多忽视了主宰世界、并在改造世界中演出一幕幕悲喜剧来的有意识、有思想的人的作用与影响，更轻看了民族之间的差异和文化特质上的区别。如果说早期中西关系史上的战争与和平，封闭与开放，是东西文明之间的矛盾与冲突的外在表现的话，那么，吸收与抗拒，同化与异化，则是东西方文化之间的交流与融合在人们心理上的外在反映，而研究这种心理上的反映在多大程度上影响或制约着民族之间相互交往的兴趣和行动，了解它们在早期中西关系史上的地位和作用，以及它对近代中国文化的发展所起的作用等，就显得很有必要。早在16世纪西方文化与中国文化第一次碰撞时，中国朝野上下的非正常反应，虽然没有引起中国有识之士的高度关注和正确对待，但是，在西方世界却产生了连锁反应，甚至直接影响了西方世界对中国的认知。

1582年意大利耶稣会士利玛窦来华后，为了向当时的中国人介绍他所在的国家与中华帝国的地理位置以及彼此相隔的距离，特意拿出他从西方带来的世界地图。但当中国人从利玛窦带来的地图上看到中华帝国并不在地图的中央而是在最东的边缘时，不禁迷惑不解甚至感到莫名的恐惧和惊讶。利玛窦甚至发现："在教堂接待室的墙上，挂着一副用欧洲文字标注的世界全图，有学识的中国人啧啧称羡它；当他们得知它是整个世界的全图和说明时，他们很愿意看到一幅用中文标注的同样的图。在所有大国中，中国人的贸易最少；确实不妨说，他们跟外国实际上没有任何接触，结果他们对整个世界是什么样子一无所知。他们确乎也有与这幅相类似的地图，据说是表示整个世界，但他们的世界仅限于他们的十五个省，在它四周所绘出的海中，他们放置了几座小岛，取的是他们所曾听说的各个国家的名字。所有这些岛屿都加在一起还不如一个最小的中国省大。因为知识有限，所以他们把自己的国家夸耀成整个世界，并把它叫做天下，意思是天底下的一切，也就不足为奇了。"① "当他们听说中国仅仅是大东方的一部分时，他们认为这种想法和他们的不大一样，简直是不可能

① ［意］利玛窦·金尼阁著，何高济、王遵仲、李申译：《利玛窦中国札记》，中华书局1983年版，第179页。

的，他们要求能够加以研读，以便做出更好的判断。”①

为什么会出现利玛窦所看到的这种情况呢？这就是心理学上所说的心理定势的负效应。一个人或一个民族，如果长期教条式地搬用以往的知识和经验，或受单一化、模式化的影响，片面化、静止地认识事物，势必形成一种心理定势的负效应，以后每遇到相近、相似或相关的刺激，都会引起一种自动性的定向反射，自觉或不自觉，有意或无意地运用过去的经验和知识来进行自然思维。上例在今天看来之所以如此好笑，主要是他们运用了以往的知识和经验，如同利玛窦所说的那样：“他们认为天是圆的，但地是平而方的，他们深信他们的国家就在它的中央。他们不喜欢我们（指西方人）把中国推到东方一角上的地理概念。他们不能理解那种证实大地是球形，由陆地和海洋所构成的说法，而且球体的本性就是无头无尾的。”② 这种在思考问题时，片面地、错误地运用了已有的知识和经验以及采用了非科学的思维方法，正是民族心理定势的负效应所导致的结果。这种心理定势的负效应产生的另一种后果则是从自大到自卑。利玛窦在与中国人交往中，也清楚地看到了这一点，他说：“因为他们不知道地球的大小而又夜郎自大，所以中国人认为所有各国中只有中国值得称羡。就国家的伟大、政治制度和学术的名气而论，他们不仅把所有别的民族都看成是野蛮人，而且看成是没有理性的动物。他们看来，世上没有其他地方的国王、朝代或者文化是值得夸耀的。这种无知使他们越骄傲，则一旦真相大白，他们就越自卑。当他们头一次看见我们的世界地图时，一些无学识的人讥笑它，

① ［意］利玛窦·金尼阁著，何高济、王遵仲、李申译：《利玛窦中国札记》，中华书局 1983 年版，第 180 页。

② ［意］利玛窦·金尼阁著，何高济、王遵仲、李申译：《利玛窦中国札记》，中华书局 1983 年版，第 180 页。

拿它开心，但更有教育的人却不一样，特别是当他们研究了相应于南北回归线的纬线、子午线和赤道的位置时。再者，他们得知五大地区的对称，读到很多不同民族的风俗，看到许多地名和他们古代作家所取的名字完全一致，这时候他们承认那张地图确实表示世界的大小和形状。从此之后，他们对欧洲的教育制度有了更高的评价。"① 虽然利玛窦等欧洲耶稣会士对中国社会和中国文化以及中国人性格的观察和分析，不可避免地带有文化上的偏见和认识上的局限，但他们的看法也从侧面反映了当时中国社会的部分实情。透过《利玛窦中国札记》和早期西方传教士、游历者关于中国的记述，也许可以帮助我们找回明清时期中国社会的历史与文化记忆。

二、中华民族心理定势的历史透视

中华民族自立于世界民族之林的是悠久灿烂的古代文化，尤其是古代的四大发明。古希腊罗马文明接近尾声之际，正是中国古代文明方兴未艾、繁荣昌盛之时。然而中华文明的持续发展，传统文化的赓续，却由于地理环境的限制而缺少了相互比较的对象，以致人为地将中华文明自诩为世界文明的唯一代表，文化的优越感因此也在人们的心理和整个民族的意识中潜滋暗长。四方邻国的朝贡，遥远国度的羡慕，世界以中国为中心的"同心圆式"的等级理论应运而生。② 当时中国人的心理就是：中华文明，始终高出于邻国他邦之上。这种心理和认识上的固化，从而使中国人傲睨万物、自尊自大，过分地珍视固有的文明，却不思革新

① ［意］利玛窦·金尼阁著，何高济、王遵仲、李申译：《利玛窦中国札记》，中华书局 1983 年版，第 181 页。

② ［美］费正清主编：《剑桥中国晚清史（1800—1911）》上卷，中国社会科学出版社 1985 年版，第 180 页。

进取；一味地坚持闭关自守，盲目排外，而不去适应世界潮流的发展；就是见了好的事物，也不想学，更不愿意学，缺乏“见贤思齐”的品德，陶醉在中华的文明“优越论”之中。这种自尊自大，故步自封，抱残守缺的心态，在历史长河之中，逐渐积淀出特定的文化心理结构，形成民族的心理定势，产生民族心理定势的负效应。

中华民族这种心理定势，随着历史的发展而不断强化，并又反过来影响着中国历史的变化与发展。具体说来，这种民族心理定势对早期中西关系的发展到底有何影响？回答这一问题，必须首先对当时中华民族的心理特征进行一次全面的透视。在审视历史，观察社会，反省文化，探究人心的过程中，我们发现中华民族心理定势主要表现在以下几个方面：

心理定势一：天圆地方，中国中心观的强化。

天圆地方，以华夏为中心的古代天文地理知识的强化，使中国人对世界缺乏全面和深刻的认识，从而形成一种以中国为中心的中国中心观。认识的心理定型，其表现正如利玛窦等人所了解到的：“中国的天文学和航海学家们始终未能超脱人类原始的粗糙观念，总认为地球是一块平面。他们认为中国位置在这块平面的中心，因此他们自称‘中华’，其他各国，在他们的眼光中都比较小，而且远处在地球的边沿，再往远去就是深渊和太空了。”① 的确，当时中国人认为他们的辽阔领土的范围，实际上是与宇宙的边缘接壤的。与他们国家相邻接的少数几个王国，——在他们知道有欧洲存在之前就仅知道这几个国家——在他们的估计中几乎是不屑一顾的。也正因为有这种看法，所以当他们第一次看到利玛窦带来的地图时，发现他们的帝国并不在地图的中央

① ［英］斯当东著，叶笃义译：《英使谒见乾隆纪实》，上海书店出版社1997年版，第228页。

而在最东的边缘，不禁有点迷惑不解。

这种对自然宇宙的认识，代代传授，岁岁灌输，年深日久，逐渐在中国人的心理产生一种模式化的、僵化性的观念，并成为他们观察和分析周边世界的原则和方法。“据说中国政府还根据某些欧洲传教士的意见，按荷兰在地图上的面积大小而确定它的政治重要性。……此外，中国政府还按各国使节迁就中国的妄自尊大的种种要求的不同程度来确定这些国家的重要性。”①

对于当时中国人来说，世界就是像他们前辈所描述的那样大小，在中国之外，再也没有什么洞天福地、人间仙境的世外桃源了，陶渊明的《桃花源记》和李汝珍的《镜花缘》的世界观和社会观，就足以说明这一点。对世界的探索，对宇宙的穷究，也没有什么必要，生存空间仅此而已，于是只求整个心灵和肉体与浑一自然同生同在，以适应宇宙万事万物的发展变化规律。

心理定势二：民族文化优越感的心理定型。

博大精深的中华文化，在其漫长的中国社会发展和朝代更替之中，一再证实了它的特殊效用，因而在人们心中留下了不可泯灭的自豪感。它使古代中国人意识到自身文化的优越和作为一个中国人的自尊。这种民族文化的优越感，也使每一个个体拥有了民族文化的自信。但是，这种民族文化的优越感，在朝代更替中久经考验，逐渐形成一种惯性，变成整个民族的一种心理定势。

鸦片战争前，中国的知识阶层仍然认为自己是东亚文明的中心。在他们看来，世界上没有其他地方的国王，朝代或者文明是值得夸耀的。的确，以“天朝大国”自居的臣民，把所有的外国人都看做没有知识的野蛮人，并且常用“番”、“夷”、“蛮”等这样带有鄙视和贬抑的词句来称呼他们。他们甚至不屑从外国人

---

① ［意］利玛窦·金尼阁著，何高济、王遵仲、李申译：《利玛窦中国札记》，中华书局 1983 年版，第 6 页。

的书籍里学习任何东西，因为他们相信只有他们自己才有真正的科学和知识。如果偶尔在他们的著述中提到外国人，他们也会认为外国人与原野里的野兽差不多。

但是，根本的问题在于，中国人对自己民族文化充满优越感往往表现在，总是喜欢用一套金字塔式的等级制度来安排他们的事物，厘定关系亲疏的界限。他们认为，雄踞中国舞台之巅的“天子”是光被四表的，外围“蛮夷”与中国皇帝只能保持藩属关系，不管地理距离有多远，都得臣属于皇帝并定期向中国皇帝称臣进贡。自秦汉特别是唐宋以来，“朝贡”一词逐渐被中国朝野所确认，以致它既可用于与蛮族的外交关系，也可用于与他们的贸易往来。而中国在隋、唐、宋、元、明和清前期的强大与繁荣，皇帝的恩泽遍及四方，这些表象恰恰给中国的优越和非中国人的贡属地位提供了坚定的基础。[①] 有的学者就明确地指出了这一点：“因为中国在其历史发展中孤立于其他伟大的文明中心，洋洋自得于自己的文化优势，很早便以一种独特的方式处理对外关系，其地区域的统治者必须认可中国天子高高在上的权威地位，外族王公们以两种‘象征性’方式表达他们对这一要求的接受：进贡和行三跪九叩之礼。在过去的两千多年里，日益复杂的官僚机构和规章制度维系着这套制度的象征，现代学者称这套由机构和文字构成的复合体为‘朝贡体系’。”[②]

因此，在对外关系上，中国人总是按照传统的“纳贡称臣”、“臣属皇上”的心理习惯来看待这个问题的，诚如传教士们所言：“……中国王朝固守着自己的方针，他们认为自己处于幸福的天

---

① ［美］费正清主编：《剑桥中国晚清史（1800—1911）》上卷，中国社会科学出版社 1985 年版，第 135 页。

② ［美］何伟亚著，邓常春译：《怀柔远人：马嘎尔尼使华的中英礼仪冲突》，社会科学文献出版社 2002 年版，第 10 页。

堂，不愿意同外国打交道，不愿意自己的臣民同外国人有来往。”① 这种偏见不仅表现在对自己文化的高度优越感上，而且也表现在中国人的行动中。“任何其他国家的一些在中国方面引起警觉来加强限制所有在华的欧洲人，借以避免使其在中国人当中发生不良影响。”② 甚至宣称：“允许外人通商并不是为了互利，而只是由于外国人需要中国产品，这样是符合中国传统道德所教导的人道主义的。”③

中国人的这种心理定势，以致使外国人可以想象得到，“他们对于派来向皇上致敬或纳贡或办理别项事务的邻国使节或使臣怀着多么大的疑惧了”。④ 在中国，所有人间的优点和美德被认为都集于皇帝一人之身。中国广大臣民的心目中，除了皇帝之外，世界上所有其余的国家的民族和人民似乎都无足轻重。他们认为，皇帝的统治遍及全世界，即所谓的“普天之下莫非王土；率土之滨莫非王臣”，在这种习惯性的观念之下，他们对皇帝的臣服关系是毫无际限的，而他们认为外国或外国人同他们的皇帝的关系，实际上和他们没有什么分别，都是皇帝或天子脚下的臣民。虽然中国可能和派遣使节的邻国自古以来就友好相处，但这并不能使来访的贵宾免于他们在中国国内的行程中被当成俘虏或囚犯一样来对待，并不得在旅途中看任何不被允许了解的东西。中国的皇帝自然是见不到的，因为外交或其他事务都是交与钦差

① ［英］斯当东著，叶笃义译：《英使谒见乾隆纪实》，上海书店出版社 1997 年版，第 27 页。

② ［英］斯当东著，叶笃义译：《英使谒见乾隆纪实》，上海书店出版社 1997 年版，第 23 页。

③ ［英］斯当东著，叶笃义译：《英使谒见乾隆纪实》，上海书店出版社 1997 年版，第 24 页。

④ ［意］利玛窦·金尼阁著，何高济、王遵仲、李申译：《利玛窦中国札记》，中华书局 1983 年版，第 95 页。

大臣办理的。全国上下都不得与外国人打交道，除了在特定的时间、特定的地点。

由于文化的高度发达和地理条件的特殊性而生优越之感，而这种优越感必然导致自尊自大、故步自封，也必然导致闭目塞听、盲目排外。他们这种心理，一旦发现“天朝礼仪之邦”之外，还有更为广阔的大千世界，自然有些惊慌失措。惊愕之余而生疑惑，疑惑被否定之后，便是抗拒或一味地艳羡，民族的优越感最后却一变而成民族自卑感。鸦片战争后，中国在西方列强的坚船利炮的威逼下，其妄自尊大的虚骄心理一变而为崇洋媚外的自卑心理，就是对这种民族心理定势的最恰当的诠释。

心理定势三：“夷夏之防”观念的根深蒂固。

中国历史有一个明显的特点是：以农业为基础的血缘氏族制度的历史非常漫长，而且发展得特别完备。它们对中国历史产生了影响。农村里聚族而居，完全是一个熟人社会，一个乡一个姓，长辈晚辈分得清清楚楚，家族、邻里、友朋、亲戚分得明明白白。尊长爱幼，谦虚礼让，和睦邻里，守望相助，这种传统变成一种意识形态和道德规则，就成为非常顽固的东西。儒家把古代这种家族制度意识形态化后，浓缩在思想文化上，就是家族意识和“夷夏之防”观念的同生共存。中国儒家的杰出代表们老讲“夷夏之防”，内部大讲特讲“仁爱”和“互助”，对外却一反常态地宣称是“非我族类，其心必异”，甚至片面地强调抵御外侮，而忽视了民族间的相互交流和团结合作。① 儒家这一思想后来成为爱国主义的一个重要组成部分。

从魏晋时的儒、佛、道三教展开的“华夷之辩”，到明清时期强调的“夷夏之防”，从历史上所指的“五胡乱中华”，到千年

---

① 参见王亚南：《中国官僚政治研究》，中国社会科学出版社 2005 年版；韦政通：《中国文化概论》，岳麓书社 2003 年版。

未有之大变局的近代“蛮夷入侵”，“夷夏之防”的观念在人们当中流行甚广。历史经验告诉我们，现实社会中，民族危机的威胁，更使这种历史积淀形成的思想观念演化为一种畸形的民族心理定势。到了明清之际，这种心理定势因倭寇的骚扰和葡萄牙商人在东南沿海的活动而变得更加严重。意大利耶稣会士沙勿略（Francis Xavier）企图进入中国传教，但被拒之于中国国门之外，死在广东的上川岛。稍后的利玛窦和他的伙伴，在中国传教的过程中，也曾备受敌视，并多次遭到暴力的攻击。而且“中国人不允许外国人在他们国境内自由居住，如果他还打算离开或者与外部世界有联系的话。不顾按什么情况，他们都不允许外国人深入到国家的内地”。[①]“他们不仅对住在海外或距离遥远的人们及事实上他们并不了解的人有猜疑；而且也猜疑友好的和敌意的异国人，甚至与他们有贸易关系的人，例如沿用中国法律的邻邦朝鲜人。”[②]“如果一个外国人秘密进入中国，他不会被处死或被迫做奴隶，但他将不准离开中国，免得他在外面煽起损害中国政府的骚动。因此，对于未得皇上亲自批准而与外国人打交道的人，将严加‘惩处’。”[③]

总之，中国人对外来民族一贯抱着怀疑、警惕和谨慎的态度，他们以一种陌生和疑惧的眼光，审视一切外来民族。在对外关系上，“中国人对于外国使节仅视为在国家重大节日送礼而来，节日过后即刻归国。两个世纪以来许多外国使节到过中国，没有一个超过这个勾留（指英马嘎尔尼使团在中国勾留时间）期限

---

① ［意］利玛窦·金尼阁著，何高济、王遵仲、李申译：《利玛窦中国札记》，中华书局1983年版，第62页。

② ［意］利玛窦·金尼阁著，何高济、王遵仲、李申译：《利玛窦中国札记》，中华书局1983年版，第62页。

③ ［意］利玛窦·金尼阁著，何高济、王遵仲、李申译：《利玛窦中国札记》，中华书局1983年版，第62页。

的。葡萄牙是中国最友好的国家，在当今皇帝（乾隆皇帝）治下，葡萄牙曾派特使前来，最多只住了三十九天就走了，中国很少有与他国缔结条约的观念。”① 因为这一办法，“是违背他的传统习惯而且竟是干犯了这帝国自古以来的国法的”；同时，也不符合中华民族的心理习惯。不仅如此，“中国政府对于任何一种新的事物最初总是抱着强烈反对态度，生怕自己上当吃亏”。② 当然，这些习惯是许多世代以来对外国根深蒂固的恐惧和不信任所形成的。

心理定势四：“求同存异”的原则坚守。

从《易经》开始的天地人融为一体的“天人合一”观念，到秦汉逐渐演变成一个相对完整的理论体系，汉代董仲舒曾富有创造性地把天人、古今、自然、社会、物质、精神等现象统统组合到一个大系统里。而且这个系统已不同于孔孟时代是从氏族血缘出发，而是从一个统一的大帝国出发，其目的是为了稳固、保持这个巨大的社会机体的动态平衡，以达到长治久安的政治统治目的。我们经常讲汉族、汉人、汉语等，表明汉代不仅在物质文明上奠定了基础，而且在文化心理结构上也奠定了基础。这个系统为了维持自己的生存稳定，对外部特别注意，要求能够有效地适应环境。在大一统的文化和社会环境里，形成了一种求同存异，“和而不同，不同而和”的价值取向和思维方式，表现在对待外来的东西时，首先注意与自己的相同之处，模糊那些与自己不同的东西，然后按中国文化的基本原则将其进一步吸收、消化，使之为我所用为我所有。

---

① ［英］斯当东著，叶笃义译：《英使谒见乾隆纪实》，上海书店出版社 1997 年版，第 411 页。

② ［英］斯当东著，叶笃义译：《英使谒见乾隆纪实》，上海书店出版社 1997 年版，第 411 页。

这个系统的秩序性和封闭性，使每个人的行为方式和思想观念，都在系统中被规定被安顿，君应该如何，臣应该怎样，都有既定的规矩，任何人不能越出特定的规矩和范围。而且这种长期处于稳定状态的社会和积习相沿的制度与文化特性，在“和而不同，不同而和”的双重变奏中逐渐形成了牢不可破的信念。

在对外关系上，生活在古代华北平原的人们，曾经做了许多尝试来对付那些可能从长城外面的草原入侵的少数民族骑兵。当足够强大时，他们能够征服入侵者或把入侵者逐出汉族居住区；当不够强大时，汉人就与入侵者断绝往来，或者给他们粮食、丝绸，甚至用和亲的方式来换取和平；当国力衰弱时，人数众多的汉人仍然能够同化人数少的蛮夷（少数民族）入侵者。但是事实上，这种外交策略或手段很难长久地与周边地区的民族、国家建立平等友好的关系。前后汉是如此，隋唐亦是如此，明朝更是如此。历史经验一再表明，“求同存异”是与异质文化和他族和平共处的生存法宝，中华文化经常同化外来民族文化，却很少被外来民族文化所同化，既表明了中华文化的先进性，又暴露了中华文化的保守性。中华文化和中国传统社会系统功能的有效性，最终导致了整个民族“求同存异”心理定势的形成。

心理定势五：“存天理、灭人欲”，儒家思想文化的僵化。

从孔孟的仁、义、礼、智、信的道德说教，到程朱三纲五常的纲常伦理，从汉唐儒家的重义轻利，到宋元理学的“存天理、灭人欲”，以儒家思想为主体的中国传统思想文化，经历代统治阶级的提倡，封建文人学士的大力鼓吹，少数人物的身体力行，逐渐在人们心中潜移默化，形成一种固定性的心理反映，产生了一种与西方人道主义完全不同的中国式人道主义。

西方的人道主义是从个人出发，它是文艺复兴时期要求从中世纪神权、教会的束缚中解放出来，强调的是个人的独立、自由。而中国的人道主义讲的是人们互相友爱合作、互相帮助。儒家许多东西如“父母在，不远游”、“不患寡而患不均”、“和为贵”等，都是为了协调人际关系，巩固氏族团结，它并不提倡个人突出和向外发展。①

同时，中国的哲学家们偏重于理想的追求，忽视现实生活。孔子对“仁”的追求，墨子对“兼爱”的强调，老子对“无为”的坚守，荀子对“有为”的企想，虽然各自的侧重点不同，但他们都注重内心修养，轻视外物；崇尚天道，轻视人为；重义轻利；“重农抑商”强调的是理性，贬抑的是欲望。“他们不仅身体力行，而且还不遗余力地教导应如何孝顺，但对父辈应如何仁慈则委之自然本性。”然而，“自然本性的支配远远抵不上长期的箴规格言的效力”。②“存天理，灭人欲”等儒家思想观念在历史的积淀下，形成了一种心理学上所说的“统觉”或心理定势。

这种统觉或心理定势，使人们在与西方人接触过程中，总喜欢用自己的心理习惯或现实生活的体验去审视去判断去选择。一位英国使臣就说过：“我们独往独来和自由行动的精神……在中国的骄傲武断的官员们看来认为是放肆，特别是这些行动出之于从事商业的人，而商业在中国被认为是最低级的行业。最坏的情况是英国的水手和低级人员往往滥用自由作出一些不规则的、放纵的事情，这在生活严肃的中国人看来更属不能容忍的了。”③ 甚至“也有这样的传说，当这些铜臼炮在皇帝（中国乾隆帝）面前试演时，他是赞美这些有破坏性的引擎的技术和技巧；但是他反对那种运用这些铜臼炮的民族精神，他对这种破坏性利器的进步

① 李泽厚：《中国思想史杂谈》，《复旦大学学报》（社会科学版）1985 年第 5 期。

② ［英］斯当东著，叶笃义译：《英使谒见乾隆纪实》，上海书店出版社 1997 年版，第 292—293 页。

③ ［英］斯当东著，叶笃义译：《英使谒见乾隆纪实》，上海书店出版社 1997 年版，第 22 页。

同他们所崇尚的以仁慈为怀的宗教原则不能调和”。[①] 这种心理状态使外国人难以与中国人接近，外国的科学技术难以在中国得到普遍的承认和广泛的应用。原则和规范的不同，心理习惯的隔阂，东西方因此就谈不上彼此之间的全面了解和相互交流了。

其次，儒家的道德规范也在人们的心理发生着特殊的作用。“父母在，不远游”等规范的固滞，以致“当有必要派人出国时，即使给予适当的证书和委任状，也很难找到愿意接受这项任务的人。当这位使节出发时，他全家都痛哭惜别，就好像去送死无疑一样。除了少数住在沿海铤而走险的人，或者以航海为业的自成一个阶层的人以外，没有人想离开中国到别的国去看看”。[②] 这固然有浓厚的乡土观念和恋土思乡之情的影响，但也有儒家“存天理、灭人欲”思想和忠孝观念的作用。

总之，由于世代相传，活着的人总强烈地感到祖先的影响仍然在他们的周围，这使他们产生一种永恒的感觉；此外，由于他们不是从目前的狭隘利益出发，而是联系到自己的品德和行动将赖后代子孙传下去，自己的行动也会提高到一个更高的水平。在社会复杂的关系网中，他们总会自觉或不自觉地运用自己民族的道德原则和心理习惯去衡量其他民族和国家的道德原则和言行举止。

三、民族心理定势与早期中西关系

对明清之际的民族心理定势作了一次粗略的透视之后，便会发现，中华民族的这种心理定势，在早期中西关系史上，有着不可忽视的作用和影响。早期中西关系史上，思想文化交流的曲曲

---

① ［英］斯当东著，叶笃义译：《英使谒见乾隆纪实》，上海书店出版社 1997 年版，第 23 页。

② ［意］利玛窦·金尼阁著，何高济、王遵仲、李申译：《利玛窦中国札记》，中华书局 1983 年版，第 62 页。

折折，科学技术传播的步履蹒跚，国家民族相互交往的坎坷经历，都在不同程度上受到民族心理定势的影响和制约，而历史和现实社会的存在与发展，又导致了民族心理定势的负效应的产生。

心理定势负效应一：拒绝对世界的探索与了解，缺乏探险精神。

由于民族的心理定势，所以在对世界的认知上，中国人仍然严守着古代天文地理知识和自然观念，奉古人的陈见为金科玉律，他们很少或根本没有想到在中国之外还有更为广阔的世界，更没有进行地理探险和科技发明的欲望。虽然有唐僧去西天取经所历一百多个国家的传奇，以及郑和七下西洋的伟大壮举，但也不能因此说明他们有探险世界的强烈愿望。诚然，“中国人对一切外国人都感到新奇”，但“关于这些外国人的国家，他们却并不感兴趣。他们认为自己的国家是‘中华’，一切思想概念都出不去本国的范围”。“对于更远的区域，中国政府，如同外国人做生意的中国商人一样，只有一个抽象的概念。其余社会人士对于任何中国范围以外的事物都不感兴趣。中国一般的老百姓对于外国事物除了离奇的神话般的传述而外，一切都不知道。”① 当然，中国人对西方缺少了解，还与中国的自给自足的自然经济有关。不重视学习西方先进科学技术，是与当时闭塞、落后的封建经济占统治地位分不开的。正是民族心理定势负效应的作用，所以在对世界的认知上，中国人远远地落后于西方。当世界以它广袤无垠、丰富多彩的图画展示在人们面前的时候，中国人却疑惧重重，畏首畏尾，不思对世界各国的认识和了解，而仍用怯生生的目光打量着这个神奇的世界而举步不前。

① ［英］斯当东著，叶笃义译：《英使谒见乾隆纪实》，上海书店出版社 1997 年版，第 292—293 页。

心理定势负效应二：抱残守缺，孤芳自赏，不思改革进取，缺乏创新精神。

固执地排斥外来文化科技，严重地阻碍了国家民族间的经济文化等的相互交流，同时也限制了自身文化科技的可持续发展。因此，外国人认为，“中国自古到今一直都闭关自守，使他们无由摹仿和学习外国人的经验和发明”。统治者不仅不让中国人学习外文，而且也不让外国人学习中文，因此外国人有“在中国省城里学习中文竟成为一种非常困难的事”的感叹。不仅如此，他们在把外来民族称为“蛮夷”加以排斥之时，还视西方的科学技术为“奇技淫巧”加以否定。在他们的心目中：西方的科技只不过雕虫小技而已，没有什么值得学习的地方；中国是地大物博，人口众多的国度，万事万物，无所不有，无求于他；外国人与中国进行商品贸易，是因为他们急切从中国得到他们生活的必需品；通商不但无利可图，而且添加了许多麻烦。

既然以文化优越自居而踞之傲之；既然视他族为粗鄙野俗之类而非之贬之；既然以地大物博、人口众多而歌之颂之，那么，对西方文明的批判和抗拒，也就不言而喻了。因此，在西洋文明的冲击下，中国人仍我行我素，不能不说中华民族心理定势在起着负作用。

心理定势负效应三：不辨真假，盲目排外；闭关自守，逃避现实，缺乏自强精神。

自大而又落后，自尊而又自卑，这种心理定势负效应在西方近代文化的冲击下，特别是在西方殖民主义者的侵略下更显突出。因为历史告诉人们，对王朝外围的民族和国家，时刻要提防“夷夏之变”。

这种民族心理定势负效应，在封建统治阶级中表现得更为突出，以致影响了政府的对外政策和外交行动。封建统治者害怕中国人在与外国人接触中受到不良影响而危及自己的统治，因此极力禁止中国人与西方人接触，除了在特定的地点和特定的时间外，并规定，凡是未得官方批准而与外国人进行贸易的，都将受到最严重的惩罚。中西之间的商贸活动不能不在偷偷摸摸中进行，因此，大规模的中外商贸活动和文化交流，只能是鸦片战争以后的事情。

既然整个民族抱有“夷夏之防”的成见和对外怀有猜疑恐惧的心理，既然封建统治阶级为了自己的统治长治久安而盲目排外，那么，中西政治、经济、文化、思想等的正当交流，就无法在正常的秩序或规则下顺利进行。1793 年英国使臣马嘎尔尼代表团在中国的不愉快的经历和鸦片战争前英国人在中国活动的连续受阻，以及西方传教士在中国传教的曲折经历等，足以说明，民族心理定势不仅影响中国政府对外政策的制定，而且影响了中西文化的正常交流。一位法国学者对 1793 年马嘎尔尼及其伙伴使华活动曾有过精彩而又耐人寻味的评说：“马嘎尔尼及其伙伴是来提议进行交易和贸易的，但他们在中国社会见到的却是一个封闭社会的典型。”① 并认为：“所有国家都存在自以为天下第一的倾向。所有民族都有本民族中心主义的影响。”② “乾隆与马嘎尔尼都自吹代表世界上最强大的民族。”③ 这位学者相信，“如果使臣以一种方式提出建议，如果皇上以另一种方式处理这些建议，

① ［法］佩雷菲特著，王国卿、毛凤支、谷炘、夏春丽、钮静籁、薛建成译：《停滞的帝国：两个世界的撞击》，生活·读书·新知三联书店 1993 年版，第 4 页。

② ［法］佩雷菲特著，王国卿、毛凤支、谷炘、夏春丽、钮静籁、薛建成译：《停滞的帝国：两个世界的撞击》，生活·读书·新知三联书店 1993 年版，第 4 页。

③ ［法］佩雷菲特著，王国卿、毛凤支、谷炘、夏春丽、钮静籁、薛建成译：《停滞的帝国：两个世界的撞击》，生活·读书·新知三联书店 1993 年版，第 627 页。

中国可能不必以世界为之震撼的方式苏醒过来；世界可以使这个国家更有创造力，使它进步得更快。一方面的狂妄自大与另一方面的骄傲自满相对抗，结果是人类失却了难以估量的财富，这些财富只能随同没有发生过的历史永远埋葬在地里。"① "如果这两个世界能增加它们间的接触，能互相吸取对方最为成功的经验，如果那个早于别国几个世纪发明了印刷与造纸、指南针与舵、制药与火器的国家，同那个驯服了蒸汽并即将驾驭电力的国家，把它们的发现结合起来，那么中国人与欧洲人之间的文化交流必将使双方都取得飞速的进步，那将是一场什么样的文化革命啊！"②

总而言之，由于历史的原因而形成的民族心理定势，在早期中西交往中产生了连续的心理定势负效应，而这些心理定势的负效应，正是早期中西关系发展的严重阻力。对内，它不仅影响了人们对外来文明的态度，束缚了人们的手脚，而且影响了中国政府的外交政策和政治制度。对外，它不仅限制了外国人对中国人的了解和中国人对外国人的认识，而且严重地阻碍了中西政治、经济、思想、文化的正常交流与合理融合。

历史告诉我们：任何思想、观念甚至行动，都不能简单地重复和刻板地运用，应尽量避免或个人或民族或国家心理定势负效应的产生。

---

① ［法］佩雷菲特著，王国卿、毛凤支、谷炘、夏春丽、钮静籁、薛建成译：《停滞的帝国：两个世界的撞击》，生活·读书·新知三联书店1993年版，第628页。

② ［法］佩雷菲特著，王国卿、毛凤支、谷炘、夏春丽、钮静籁、薛建成译：《停滞的帝国：两个世界的撞击》，生活·读书·新知三联书店1993年版，第19页。

第五讲　文化心态与辛亥革命时期的中英经济关系

一、传统·习俗·心态与大众消费

文化传统、风俗习惯、社会心态，在这里主要表现为文化心态，它们与辛亥革命时期的中英经济关系的发展变化，一直没有引起学界的高度重视。近30多年来，随着对传统文化和中国近代化的反省，人们开始意识到它们的重要性了。事实上，无论是辛亥革命前还是辛亥革命后，中国社会普遍的重农轻商的价值观念，重义轻利的道德观念，勤俭节约的消费意识，知足常乐的人生态度，强调自我修养和自我完善的文化精神，等等，都在一定程度上构成了这个时期中英经济关系发展的不利因素。而英国传统的重商主义、“拜金主义”、个人主义和享乐主义等观念，也就自然而然地与中国的文化心理习惯发生冲突，甚至产生隔阂，从而直接影响中英经济关系的方方面面。

早在1875年赫德就认为：“中国人民是一个很自负的民族——他们几乎从未考虑到要被迫改善他们的状况：第一，中国人民是一个很知足的民族——他们不喜欢而且害怕改革，并且他们相信三千年以来，他们的祖先认为满意的那种生活方式，对于他们自己也将是足够合适的；第二，官与民对于一切外国事物同样地茫然无知，并且从未想到除了他们在中国之内已经有的那些东西以外，在中国之外还会有任何更好的东西；第三，民与官，尤其是官，猜疑外国人的用意，他们仍然以为外国人的每一句话都必定别有用心，每一项建议都暗伏杀机……”[①] 一位美国学者也指出：“中国人民满足于他们自己的产品；他们学会了喜爱在他们的广阔帝国内所能够得到的任何东西，并且信任把这些国产供给到他们手里的商业和运输制度。”[②] 这些现象即使到了我们考察的这一时期，仍然普遍地存在着，尽管有的研究者很自信地宣称：“在 1885 年至 1898 年间，在中国早期贸易上，对进口的增长起着阻挠作用的习惯与传统已被推倒了。在对外出口方面，中国正开始感觉到其他东方国家在某些行业上的竞争，那些行业在过去可能被它的商人们认为是中国的专利。”“棉布煤油及从西方往来的时期内所遭到的习惯与传统的抗拒，现在已经罕见了。革命后席卷全国的对外货的热爱浪潮，很明显地表示出大变化的发生。”“现在，中国不但接受了西方的便利工具，而且对于西方的铁路与实业设备的进入采取越来越宽容的态度了。”[③] 当时就有西方观察家指出：“现在，官员们和绅士们的头脑已经逐渐转变，越来越倾向于赞成这个计划（指修建铁路），都感到这项工程的完成，将会消除贫困，给工业和农业带来普遍的繁荣，有利于开发偏僻地区，防治抢劫，从而刺激人们热爱劳动，增加他们获得劳动成果的信心。”[④]

---

① 中华续行委办会调查特委会编：《中华归主（1901—1920）》上卷，中国社会科学出版社 1987 年版，第 52 页。

② 《申报》1911 年 12 月 20 日。

③ 骆惠敏编，刘桂梁等译：《清末民初政情内幕：〈泰晤士报〉驻北京记者、袁世凯政治顾问乔·厄·莫里循书信集（1895—1912）》上，知识出版社 1986 年版，第 24、553 页。

④ 广州市地方志编纂委员会办公室、广州海关志编纂委员会编译：《近代广州口岸经济社会概况——粤海关报告汇集》，暨南大学出版社 1995 年版，第 930 页。

但是，我们必须考虑中国社会的自给自足这种生产与生活方式的强大惯性，以及知足常乐、重义轻利思想观念的顽固性和传统社会消费观念的保守性，必须充分估计它们对中英经济关系的正常发展带来的不便。

关于中国的保守性和他们对改革和科学技术的抗拒，在前文已经讨论过了。保守主义对中英贸易的直接影响表现在进口贸易上，它的确阻挠了中国人对外国产品的认同。如“中国人不用呢料和采用进口的布匹及煤油之迟缓，并不单纯地基于不明理的保守主义，更大的是基于这样的一种自信，即他们的祖先发现他们的东西，是适合这个国家的气候和他们的生活条件的。当西方的科学技术敲响中国的大门时，中国人民表示拒绝，这一方面是因为中国一贯自给自足闭关自守，另一方面也是由于无知和迷信。中国的知识分子不欢迎铁路，因为那些年高德劭的人不关心现代文明的产物，而没受过教育的人民群众则害怕火车头的声音惊动了他们祖先灵魂的安宁”。[①] 这种心态不仅表现在一般的群众身上，即使身受西方文明影响的革命者也毫不例外。如上海光复后，西服流行，由于它不能用丝绸缝制，造成丝绸商人的恐慌。于是，国货维持会号召人民剪辫不易服，并上书都督请求支援。陈其美批示：“至于个人常服，自以多用国货为宜，惟我国丝绸不合于制造西服，固之呢绒畅销，利权外溢，本都督亦深表忧虑，尚望绸业各商，力谋改良，务求适合于制造新式衣装之用，则不但流行于国内，即外人见之，亦当乐于购买。”[②] 当然，这种做法与其明确的爱国主义思想有关，但同时也说明了崇尚中国文化的心理仍然存在。当时就有人认为，中国是这样一个民族，对

① 中国社会科学院近代史研究所等编：《国外中国近代史研究》第四辑，中国社会科学出版社 1983 年版。

② 《申报》1911 年 12 月 10 日。

于他们，“历史、地理、近代科学成就，影响西方国家政策的势力，公众舆论、议会、报刊，都是听起来没有什么意义的字眼……这种对西方的思想和行动的漠然无动于衷，构成了一道使智力僵化的中国长城”。[①] “中国的某些办法……完完全全地表明，野蛮的排外势力以及对一切外来事物的仇恨心理，胜过任何改革努力。”[②]

总之，虽然外国侵略势力深入中国腹地，使中国政治、经济、文化等方面受到很大影响，但中国正处在从传统社会向近代社会转变的时期，而这种转变也在一定程度上既便利了外国的入侵，又逐渐地成为外国势力入侵的巨大障碍。同时，我们也应该看到，这种影响并不像通常人们所认为的那样严重。事实上，它给中国的整个社会生活带来的影响，更多的还是局部的。从中国经济的传统形式看，起主导作用的始终是农业经济，因为大多数人在不同程度上仍然过着封闭性的乡村经济生活。某些原料（如蚕丝、棉花和茶叶）的出售，以及生产品的推销，在国内并不占主要地位，而且仅限于某些大城镇周围和交通发达地区附近，各通商口岸对内地的影响还很有限。根据费维恺的看法，[③] 以长江流域为例，像上海这样的大都市，在经济方面所产生的影响，几乎没有波及湖南省。即使是在那些新的贸易活动得到相应发展的地区，这些贸易活动也无法显著地改变当代的生活方式和发展速度。虽然在某些部门确实出现过不景气的现象，但这种现象并不普遍，相反地，工业用棉绒的推销，以及由于各种外国商品输入

---

① ［美］西甫·里默著，卿汝楫译：《中国对外贸易》，生活·读书·新知三联书店 1958 年版，第 49 页。

② ［日］井村薰雄著，周培兰译：《中国之纺织品及其出品》，商务印书馆 1928 年版，第 140 页。

③ 参见［美］西·甫·里默著，卿汝楫译：《中国对外贸易》，生活·读书·新知三联书店 1958 年版，第 73 页。

所造成的消费市场扩大，促进了手工业（纺织品、食糖、印染）得以迅速发展；否则，在数年之后，即第一次世界大战期间，传统的手工业（纺织、食糖、印染）得以迅速发展；以及它的生产远远地超出近代工业的生产，并且能填补由于西方人撤离中国而使市场上出现的空白，这又该如何解释？关于商业贸易，施坚雅曾指出：除交通发达的主要城镇及其远近郊区外，贸易结构在20世纪初期并未发生变化。毫无疑问，由于对外贸易的发展，国内的贸易活动也越来越频繁了。但是，国民的贸易活动并未摆脱其传统的方式——集市贸易。对外活动，即新的需要，只能造成这样一种局面——传统形式的贸易活动增多。①

显然，这一时期，中国的传统、习惯、风俗以及社会心态虽然开始发生变化，但并没有发生根本性的改变，并且这种改变仅仅是社会的上层——精英文化层和沿海商业地区，而广大的中国农村却依然在传统文化和落后的生活方式支配下，缓慢地变化着，习惯、风俗、传统、心态等仍然是中外贸易（这里指中英）、投资、金融等经济关系发展的难以克服的障碍。既然如此，文化心态、传统文化和风俗习惯对中英经济关系又有何影响呢？

二、传统·习俗·心态与辛亥革命前后的中英经济关系

关于风俗习惯、文化传统、社会心态等对中英经济关系的影响，虽然在我们所见的资料中并没有足够的证据来加以说明，但我们根据前面所述的情况，仍不难得出影响客观存在的结论。况且这些因素属于意识、心理层面的，是一双在经济现象背后不停地活动着的看不见的手，人们对其作用的存在不易察觉和把握也

---

① 参见［美］施坚雅著，史建云、徐秀丽译，虞和平校：《中国农村的市场和社会结构》，中国社会科学出版社1998年版。

是十分自然的。大概说来，这种影响表现在两个方面：即积极的和消极的影响。积极影响，指有利于中英经济关系发展的因素；消极的影响，则为中英经济关系的阻碍因素。

就积极影响方面来说，由于整个中国社会在外来文化的冲击下开始发生改变，因此，这不可避免地有利于中英经济关系的发展。如里默所指的：这一时期内，中国人学会了利用某些西方的制造品，购进的数量比以前较大。在中国人当中，有些人开始看到，进入西方市场的中国出口货物，与别国产品在竞争着，他们开始对出口贸易的改善感兴趣。

同时，中国人也开始对洋货表示了浓厚的兴趣。当时，在华外国人就感叹："中国人虽然保守，却也不知不觉地使用起外国货。现在不仅在口岸市镇和沿海地带到处可以看到钟、表、火柴、洋灯、红毡，就是在遥远的内地，也都可以看到这些东西。"[①] 并认为"只要我们在一个中国城市的街道上走走，就可以看见普通的中国人近来如何习惯于外国的奢侈品了。洋货店的数目正在一年一年地增加，海关统计中，外国进口货物的数字，也随同着增加。几乎没有一个中国人的家庭不用一些进口洋货，——假若不是棉织品，至少要用煤油作室内照明之用，或者在欧洲制造的、迎合中国人嗜好的不胜枚举的某些小东西。"[②] 正如19世纪末在华外国人所说："中国人固然无疑是保守的，但是当他们一旦相信为了他们的利益必须把老的习惯和旧的偏见遗弃的时候，他们是很容易做到的。"[③] 19世纪末20世纪初，"华南

---

① 姚贤镐编：《中国近代对外贸易史资料 1840—1895》第2册，中华书局1962年版，第1093页。

② 姚贤镐编：《中国近代对外贸易史资料 1840—1895》第2册，中华书局1962年版，第1093—1904页。

③ 姚贤镐编：《中国近代对外贸易史资料 1840—1895》第2册，中华书局1962年版，第1164页。

无疑存在着消费经济，广东、福建的农户的 1/4 用品是买来的。乡村自给自足经济的衰落，与商业性农作物的发展在时间上是一致的，由此产生了单一耕作的经济，这使得农民为国内甚至国际的市场价格波动所左右”。①

有人就发现：“中国人对照明相当感兴趣，他们讨厌黑暗。在中国各地，甚至在完全不受外国影响的乡村地区最小的镇上，都能在市场上买到合乎标准的煤油或与之相竞争的俄罗斯和苏门答腊牌子的煤油。照明用油的进口正在大幅度增长。1892 年，中国进口了 17370600 加仑的煤油；到 1898 年，中国进口了 44324344 加仑的煤油。但使用煤油的灯具其状况又如何？1892 年，美国运往中国的煤油灯价值为 10812 美元，到 1898 年，仅为 4690 美元。换言之，煤油灯是美国减少向中国出口的为数极少的商品之一。虽然中国对洋油的消费增长了 2.5 倍以上，但是从美国进口的煤油灯具却以几乎相同的比率下降。这倒并非是因为中国人自己生产了灯具，而是由于德国和日本的制造商对灯具的贸易进行了仔细的调研，由此生成出一种特殊的灯具。我在中国各地，甚至在外国人未曾涉足过的湖南省，都看到这种灯具在市场上销售。这种煤油灯有个金属的底座，通常为黄铜质地，是用薄片冲压而成，上面有汉字和装饰图案。若非灯座上压印着细小的制造商名字，这种灯会被认为是中国人制造的。它价廉物美，样式受中国人青睐，尽管它不那么适合在汉堡或柏林的市场上销售。而另一方面，美国的商品从我们自己的角度看要美观得多，但在中国出售的商品其样式与在纽约百老汇出售的样式完全相

---

① ［美］魏斐德著，王小荷译：《大门口的陌生人——1839—1861 年间华南的社会动乱》，中国社会科学出版社 1988 年版，第 217 页。

同，因而价格就较为昂贵。市场竞争力就较弱。”①

但是，中国的市场又往往令那些一心想到中国发财的外国商人感到十分迷惑和极端的无赖。早在 1852 年，英国驻广州代办密切尔在一份报告中就表示：“拥有如此庞大人口的中国，其消费我们民地的一半，赶不上法国或巴西，赶不上我们自己，不在西印度之上，只比欧洲大陆上某些小王国如比利时、葡萄牙或那不勒斯稍微多一点点。这好像是一个‘奇怪的结局’。”② 马克思从大量关于中国的资料和关于中外关系的信息中，也清楚地意识到：“除了鸦片贸易外，对华进口贸易迅速扩大的主要障碍，乃是那个依靠小农业与家庭手工业为核心的当前中国社会经济制度下谈不上什么大宗进口外国货。”③ 更何况还有令中外商人厌恶的厘金制度的压抑，英国商人要想在中国获得最大贸易权利，似乎也与他们实际的想法之间存在较大的距离。1891 年重庆开埠后，不仅英国驻华使馆官员在其报告中就看到了这一点：“到目前为止，重庆的贸易条件整体上还没有受到开埠的影响。也就是说，分发贸易仍然完全掌握在本地商人手中。……在目前的条件下，外国商人能否战胜早已建立并且组织严密的本地商行还是个问题。但是他们可以更深入地推进子口税制度以尽量扩大贸易。迄今为止，重庆是子口税制度的终点站。为了抵制繁重的厘税，应该把子口税制度推广到川省的每一个角落，并深入到川省邻近地

---

① ［美］柏生士著，余静娴译，李国庆校订：《西山落日——一位美国工程师在晚清帝国勘测铁路见闻录》，国家图书馆出版社 2011 年版，第 114 页。

② 转引严中平辑：《英国资产阶级纺织利益集团与两次鸦片战争史料》，载《经济研究》1955 年第 2 期，第 124 页。

③ 《对华贸易》，《马克思恩格斯全集》第 13 卷，人民出版社 1961 年版，第 601 页。

区。如前所述，以往这种努力遭到了明显的失败。”[1] 机器丝厂在中国特别是在中国的农村地区出现，立刻引起对于外来事物怀有根深蒂固的疑忌和厌恶的心理的人们侧目而视。丝厂高耸的烟囱，古怪的建筑和锅炉发出的汽笛声，使得长期以来习惯于并企图继续维持封闭田园生活方式的人们心怀不满，对于那些谨守传统礼教的“绅耆”们来说，那么多妇女在其父亲和丈夫的视线之外与男性工头的监督之下从事生产劳动，这本身就是他们所难以接受的“伤风败俗”的行为。“因此，随着缫丝工厂的增加，人们的反感情绪也在加强。在三角洲的人们中间，流传着种种关于丝厂的奇谈怪论，时时都有对与丝厂有关系者的中伤、挑衅和妨害行为发生。敌视缫丝工厂的人里，有‘绅士’、‘耆老’，也有官吏、商人和农民。他们都把学习‘洋鬼’的机器丝厂看作不吉利的怪物，对之抱有强烈的嫌恶。”[2]

最后，印度与日本的近代工业的发展如此巨大，以致引起了中国贸易中的某些变化，而中国自己，到了这个时期的末年，不能不对于把代表西方文明的铁路和工业设备介绍到中国来的计划，采取比较容忍的态度。就风俗习惯而言，由于英国从中国学会了饮茶，因此在近代中英贸易史上，茶叶一直是很重要的对英出口货物，而由于中国人对鸦片的爱好，一直使鸦片成为中英贸易进口货物的大宗，同时由于人们开始抛弃传统，认识到铁路的修筑并不一定会危害祖先的神灵和所谓的龙脉，因此这一时期列强开始在中国大兴铁路，而英国是铁路投资最多的国家，它在铁路工矿方面投资的进一步扩大，与这时中国社会风俗习惯的变化

---

① 周勇译编：《近代重庆经济与社会发展（1876—1949）》，四川大学出版社 987 年版，第 87—88 页。

② 转引王翔：《近代中国传统丝绸业与转型研究》，南开大学出版社 2005 年版，第 133 页。

应该说是大有关联的。

不仅如此，由于英国生产的棉织品美观大方而一直被中国人所喜爱，尽管它的价格相对中国的土布价格来说略为高了一点。又如英国生产的红布其用途以“供妇女衣服、窗帘、帷幔及其他家庭杂用为多；又中国习俗喜事尚红色，丧事用白色，故红布亦供喜事之装饰品。此类布的供给向以日英两国品为巨擘”。民国二年（1913）进口净额98万尺之内，英国品实占十分之七。

为了打入中国的丝绸市场，东西方一些国家不惜挖空心思仿造中国的产品。外国的制造业者和商人认为，要生产合乎中国市场需要的商品，必须不顾一切地模仿本地的样式，甚至模仿它们的缺点，模仿驰名的牌号和商标。[①] 早在19世纪80年代中期，英国伦敦的棉纺织厂主就曾用丝光布代替中国的绸缎，仿制中国民间惯用的寿衣布。到后来外国商人甚至连包装是用红纸还是用蓝纸、捆扎是用白带还是黑带，都要考虑中国消费者的心理，力求迎合中国消费者的习惯。“彼等对于材料、织工、花样、形色等等，皆加以深刻考究，总以应和社会心理为必要条件。”[②] 当时在中国市场上比较畅销的“洋绸”，就是仿照中国的产品或者是吸取中国的经验制成的。[③]

但是，这种积极的影响仍然是有限度的，就像它本身对中英经济关系所能产生的影响一样有限。上面的研究已表明，中英两国人民在心理和文化上的冲突与抗拒，虽然没有直接地表现出来，但它仍然客观地存在着，并成为中英经济关系潜在的阻力。由于中国人的审美观念和价值观念等的改变，他们开始“对外国

① 参见《英国领事报告》，1886年，芝罘口，第4页。

② 《南京缎业之现状及其救济》，《中国视野》第一卷，1935年5月。

③ 参见王翔：《近代中国传统丝绸业与转型研究》，南开大学出版社2005年版，第156—157页。

精致的、平滑的高度磨光的西方机器产品，发生某种美感的满足，正如西方人对手工艺品所得到的满足一样”。

据粤海关十年报告（1882—1891）称，早在1882—1891这个时期，“越来越多的广东人，特别是手工艺人，穿起了西式棉汗衫和棉短袜。毛织品在这个亚热带地区不大吃香，只有羽纱和毛哔叽两种才有极少量的消费。但有趣的是，现在本地人都喜欢用毛线扎辫子，因此这种商品的进口量稳步增长。本十年内，外国金属的使用，无疑已有很大的增长，但是，由于此类货物以往都是由帆船载运进口的，所以无法估计其进口数量。在日常用品方面，金属正逐步取代竹木材料。门窗的栏栅插闩等目前几乎一律都是用铁做的，本地商店和住宅前面已普遍可以见到铁门和铁栏栅。拥挤在河面上的庞大的汽艇船队，当然对金属制品有着经常性的需求。”① 该报告又称：“十年来，合乎本地人胃口和需求的外国产品，种类不多，似乎只限于迫切需要的实用品种。如布匹则以外国棉纱为主；照明则用煤油和火柴；车间则需求五金和染料。本地人对美国面粉感兴趣，大概是由于受西方加工精制食品的先进技术影响所致。还有迹象表明，对炼乳的需求也在上升，1891年就进口了1.2万多打罐装炼乳。这种食品不但大人食用，而且富有的广东家庭还用来喂养婴儿。这说明了一个意味深长的事实，即：人们正在考虑，该食品对这个民族的未来也许会有积极的影响。在中国官员和富裕阶层中，最近似乎出现了一种欣赏外国奢侈品的趋势，对诸如扶手椅、沙发、弹簧床之类的西方高级家具颇感兴趣。但他们是否真的对这些物品有‘胃口’，使人怀疑。在许多情况下，他们是出于好奇心，将它们作为‘古

---

① 广东地方志编纂委员会办公室、广州海关志编纂委员会编译：《近代广州口岸经济社会概况——粤海关报告汇集》，暨南大学出版社1995年版，第856—857页。

董’买下，更多的是为了摆设而不是为了实用。”①

一些外国人因此也开始认真地研究中国人的消费心理和生活习惯，以为这样才能真正抢占中国市场。他们强调：“为了取得彻底的成功，为了使美国贸易的发展远远超出当今的范围，我们必须对中国人的嗜好和习惯进行仔细和明智的研究。倘若我们想把商品推销给中国人，我们就必须使所生产的商品的形式和种类能够获得中国人的青睐，而不必满足于我们自己的爱好。这一点经常受到英国人和我们自己的忽视，但最终会成为我们真正竞争对手的德国人都利用我们这一弱点。只要我们对中国当前的设计图案作仔细的研究，美国印刷商品的市场就会得到极大的发展。不能由美国人说美国产品的设计更为美观，因为中国人偏爱自己的设计，他们不愿购买其他国家生产的东西。”他还进一步指出：“中国的市场在等待美国制造商生产的商品，尤其是工具机械以及其他钢铁制品。美国制造商将发现，中国市场需要小而轻的，而非大而重的机械。换言之，美国商品首先必须能够吸引中国现有的手工业者，而非以未来才会出现的工厂里工人的需求为目标。美国制造的工具应该结构简单、易于操作并性能良好，并不必像我们为了省力的机械装置。轻盈木材加工，机械可用来取代手工工具；各式水泵、风车、水管以及其他汲水机械在中国有着广阔的市场。较为精细的棉布制品，目前供应的较为粗糙的棉制品，各种家用物品、玻璃器皿、玻璃窗、墙纸以及水暖设备的管道装置，都会在中国找到现成的市场。”② 由于中国人的这一兴趣爱好的改变，“奢侈品或必需品”，“总括起来它们构成人口总额

① 广东地方志编纂委员会办公室、广州海关志编纂委员会编译：《近代广州口岸经济社会概况——粤海关报告汇集》，暨南大学出版社 1995 年版，第 858 页。

② ［美］柏生士著，余静娴译：《西山落日——一位美国工程师在晚清帝国勘测铁路见闻录》，国家图书馆出版社 2011 年版，第 112—115 页。

的一个不小的部分”。这样，中英贸易上的重要进出口货物，如工业品和农副产品的数量也就相应地减少了，这在客观上影响了国家工农业的发展。

可见，文化传统、风俗习惯、生活方式和社会心态等，是影响中英经济关系发生变化的重要因素之一，尽管它们作用的存在因其表现不甚明显而不为人们直接感知或进行理性的全面分析，但我们在研究影响中英经济关系的因素时，决不能忽视它们的存在。

总而言之，中英经济关系发生重大变化，绝不是偶然的，而是如前面所讲的，导致它在这时期发生变化的主要原因，应该是国际环境、国内形势、科学技术、社会文化心理等的相互作用，而正是这些因素的矛盾运动，规定和加快了中英经济关系的发展趋势和变化速度。尽管这些影响因素相对中英经济关系的本体和主体而言，它们毕竟是属外在的环境和条件，是变化的原因，然而如同恩格斯所言：“虽然物质生活条件是原始的起因，但是这并不排斥思想领域也反过来对这些物质条件起作用。”① 在这些影响因素中，心理、意识和思想等方面的因素显然是极其重要的，它们的作用因此也是不可低估的。对这些因素的分析，不仅仅是为了剖析中英经济关系在这一时期变化的原因，而且也为今天“对外开放，对内搞活”的政治、经济、文化体制改革提供历史有益的借鉴。

三、辛亥革命前后中英经济关系对中国社会文化和心理的影响

从严格意义上来说，中英经济关系对中国社会政治、经济的作用与影响，仍然属于表面的现象，真正具有持久影响的是文化

① 《马克思恩格斯选集》第4卷，人民出版社1975年版，第474页。

和心理方面的渗透。当然，我们这样说，不是以这一时间段为限制的，而是从鸦片战争以来中国社会的实际情形来加以评价的。虽然中英经济关系对文化和社会心理乃至精神人格等方面的影响是一个漫长的过程和持久的作用，但是这方面的影响长期以来被人们所忽视，只是最近十几年来学术界才开始有所注意。

如果说前面所讲的政治和经济影响引发的变化是表层次的话，那么，心理文化上的变动引起的人们心理从传统向近代过渡，则是深层次的影响，其涵盖的内容更丰富，影响也最持久。政治经济的变化，是心理变化和文化发展的客观条件或必要前提。“思想、观念、意识的产生，最初是直接与人们的物质活动，与人们的物质交往，与现实生活的语言交织在一起的。观念、思维、人们的精神交往在这里还是人们物质关系的直接产物。”① 经济关系发生变化，人们的观念、人们的心理也很自然地要去适应新的经济关系。由于中外经济关系的产生、发展，也由于近代民族资本主义工商业的产生，这时期中国社会生产力有了初步发展，而生产力发展的任何阶段必然决定生产关系，即整个社会的一定结构。如同普列汉诺夫所言：“既然有了社会的结构，就不难了解，它的性质将一般地反映于人们的全部心理之上，反映于他们的一切习惯、道德、感觉、观点、意图和理想之上。习惯、道德、感觉、观点、意图和理想之上，必然也应该适应于人们的生活式样，适应于他们的获得食料的方式，社会的心理永远顺从它的经济的目的，永远适合于它，永远为它所决定。”②

1900 年以后十几年来，中国出现了极其明显的革命趋势：这种革命趋势不仅是改革中国的旧思想或换掉几个当权人物，而是

① 《马克思恩格斯选集》第 1 卷，人民出版社 1975 年版，第 30 页。

② 《普列汉诺夫哲学著作选集》第 1 卷，生活 · 读书 · 新知三联书店 1961 年版，第 715 页。

在此时期内将一切旧原则、旧制度一一革除，而代之以某种新原则、新制度。当时，激发义和团运动的心理尚未消除，内部危险的征兆却更加突出，改革的方向尚未确定，动荡成为本时期的明显特征。但是，正如时人所说的那样："在所有的变化里，国民性的变化是最值得注意的。"① 那么，近代以来，特别是甲午战争以来的中英经济关系，对中国人的心理和中国文化到底有何影响？

中英经济关系对中国社会的文化和心理等方面的影响，在这时期仍然以通商口岸和沿海内地交通发达的地区为主。关于通商口岸对中国的政治、文化产生的影响，美国汉学家费正清认为，最初作为沿海贸易和对外交往中心的通商口岸，后来对中国的影响日益扩大。到 19 世纪末 20 世纪初，外来的影响正是通过通商口岸扩大到全国，加速了中国传统的国家政体和社会制度的解体和改组。另一位美国学者柯文也认为："自 1842 年以后，沿海与内地的反差逐渐显著了。西方人首先在中国沿海建立据点，后来又扩展到长江沿岸。在这些据点及周围地区，逐渐发展出一种文化，它在经济基础上是商业超过农业；在行政和社会管理方面是现代性多于传统性；其思想倾向是西方的（基督教）压倒中国的（儒学）；它在全球倾向和事务方面更是外向而非内向。中国文化的重心仍然牢固地根植于内地。但随着时间的推移，沿海日益重要地成为内陆变革的促进因素，就像细菌学上的'酵母'一样。中国近代史上的一些重要任务都是新的河海文化的产物。"②

的确，通商口岸的相继开辟和与国际资本的接触更趋显著，于是"由商品引到商品学，由商品学引到商品社会，或者由长枪

① 中华续行委办会调查特委会编：《中华归主（1901—1920）》上卷，第 33 页，中国社会科学院出版社 1987 年版。

② ［美］柯文著，雷颐、罗检秋译：《在传统与现代性之间：王韬与晚清改革》，江苏人民出版社 1994 年版，第 217 页。

大炮，引到制造长枪大炮的产业组织，更进而引到允许那种产业组织的政治制度，便成为社会意识发展传播的必然序列。麻醉我们的鸦片、破坏我们的家庭手工业与独立手工业的纺织品，以及启蒙我们的‘民主’、‘平等’观念，便极不调和但却极其自然地混杂输入了。结果，不大有福气享受舶来奢侈品的一般人民，却在有形无形之间，一知半解地体认到一些与他们命运攸关的‘新教谕’”。①

显然，中外（中英）通商，在有形或无形之中改变了人们的价值观念和社会心态。中英贸易、投资和金融往来，自然在中国社会中产生一连串的反映，对洋货的崇拜，西式服装的流行，西洋用品的广泛使用等文化心理和社会行为的表现，自然与英国与中国的经济关系所产生的影响密切相关。可以肯定地说，通商是中国受世界经济影响的一个途径，同时又是西方人了解中国的重要渠道。

具体说来，中外（也指中英）经济关系，对中国社会文化心理的影响，主要表现在以下几个方面：

首先，近代商业意识在沿海城市如广州、上海等地市民的精神生活中逐渐扮演着支配作用的角色。

早在甲午战前，香山人郑观应就明确提出“商战”的口号，反对传统的“重农抑商”政策，认为“兵战不如商战”，“商务不兴，则不能与敌国并立”，② “贾商虽为四民之殿，实握四民之纲。士有商则行其所学益精；农有商则通其所植而植益盛；工有

---

① ［美］费正清主编：《剑桥晚清中国史（1800—1911）》上卷，中国社会科学出版社1985年版，第230—231页。

② 王亚南：《中国官僚政治研究》，中国社会科学出版社1987年版，第191页。

商则售其所作而作益勤。商足以富国，岂可视为末务哉！”[①] 价值观念的改变，也使人们的道德观念开始发生变化。这一时期，人们开始对利己主义“大鸣不平”：“中国之目商务中人，必曰奸商，不知求利乃人之本心。今有执途人而告之曰：我不求利，则人必谓之奸；有执途人而告之曰：我欲求利，则人必谓之忠。彼则言不由衷，此则言以明志也……利非一人所能独擅，此理已具于生初，积粟千钟，日食不过数升之米，广厦千万，夜眠不过数尺之床，备物虽多，瞻身而止……通商者求之有道，将欲利己以利人也。”[②] 就是集中国传统“重农轻商”意识于一身，并把这种意识付诸实践的清政府，在 1903 年 4 月 22 日宣布的上谕中，也有了有利于商业发展的明确表示。尽管“上谕”后来并没有一一付诸行动，但这足已表明国家意识形态方面有了初步的改变。

其次，风俗习惯与生活方式，跟随着价值和道德观念的转变也发生了变化。

当时就有人指出：“中国商人开始追求近代物质文明和精神享受，主要是受益盎格鲁—撒克逊商人的影响。”1883 年，有人在《申报》上发表文章，披露了当时上海市民学习西方文化的心态：“上海为通商大埠，西人之处此者最多，华人类多效其所为。其制造灵巧不能学乃学其浅近者，效其语言，而语言仍微有不同之处，俗谓之洋泾浜语，西语谓之‘别禽’，‘别禽’（Piaqin）云者，义取生意场中通行之意。至于坐马车、登轮舟，华人亦皆以为乐，甚至雪茄之烟衔于口中，弹子之房游于暇日，大餐之馆座客常满，左手持叉右手执刀，以恣大嚼者，皆华人也。‘温都的爱’、‘爱皮西提’会一二句便剌剌不休，以为时尚。酒则雪饼

① 《商战上》附录，夏东元编：《郑观应集》上册，上海人民出版社 1982 年版，第 593 页。

② 贺长龄：《皇朝经世文编》，79 卷。

（槟），茶则加非（咖啡），日用之物皆以有一洋仔者为佳，此皆华人学西人之明证也。”[①] 在19世纪末20世纪初，一位外国作者对苏州女性的衣着和相貌曾有这样的感叹：“人们警告过我，苏州人除了服装和时尚之外，什么也不关心。这一点首先在女士们的集会上得到了印证：会上的女士们着装高雅，脸上堆满了笑容，举止优雅地互相问候她们真漂亮，我在中国住了15年以来，从来不信中国会有这么漂亮的女人……无疑，杭州和苏州女士的服装——可称为时下中国女士服装的流行款式——裁剪完美，极其漂亮，任何人穿着都很合身，而不失端庄和自然，在这一点上，它远远超过了我们的服装。……我支持英国女士仿制苏州女士们的旗袍和裤子而不是苏州女士仿制英国女士的服装。”[②]

如上海，其商业在1880年到1900年之间已增加到四倍以上，粗略地估计起来，进口货物中有三分之二是英国货，出口货中则英国买去的约五分之一。美国和日本国虽然也有了相当的成绩，不过各该国家所占的成分都不过是金融中的十分之一。操纵上海的商业者依旧是英国人，而上海的私人生活也是以英国人的生活为标准。这时上海的英国侨民已有5000名，但美国人则不过1000名。[③] 由于西方（主要是英国）思想意识和风俗习惯的影响，资产阶级（主要是商人、官僚资本家）的信仰和生活方式也发生了相应的变化。他们普遍信仰耶稣教，崇尚体育，认为体育活动能使人长生不老。他们对社会公共事业及俱乐部的活动，也有浓厚的兴趣。除此之外，越来越多的中国商人掌握了英语，然后还可以到英国或美国的大学里深造。无论是西服、楼房，还是

① 《申报》1883年10月25日。

② ［英］阿倚波德·立德著，王成东、刘皓译：《穿蓝色长袍的国度》，第20节，“反对裹足之行”，时事出版社1998年。

③ 《国外中国近代史研究》第四辑，中国社会科学出版社1982年版，第47页。

驾驶汽车、轮船，总之，凡是新鲜事物，他们都兼容并包。

汪康年在他的笔记中就记述了当时人们改穿洋装时的情态：“有憎向来衣服宽博不便者，遂竞为西装。既服乃知西人衣服之不便尤甚。冠履之坚硬，衣之窄小而烦琐，而领圈、臂圈尤不便，殆如桎梏，而冬衣不能多，暑必冠更无论矣。无已则设法变通之，于是有西其冠履而中其衣者，有但戴西冠，而衣履悉仍旧者，又有西衣而去领圈臂圈者，庶偿企想西装之奢愿，亦不失西装之权利。今满目多如是，而纯乎西装者乃甚之。”[①] 过去，绝大多数中国人对修铁路持极端反对的态度，将铁路视为妖魔，认为它有碍坟墓，惊扰神灵破坏风水，但这一时期，不仅“火轮驰骛于昆湖，铁轨纵横于西苑”，连慈禧太后也坐上了火车，“更有花车如锦阁，专门载去富家翁”。到 1907 年，全国国有铁路已有机车 413 辆，客车 685 辆，货车 5937 辆。《点石斋画报故事集》有《客从何来》图画，从其文字说明中亦知其时上海车马盛行的情形：“马车至本埠而极盛，至今日而益侈，篷车、轿车行之已久，最后为船式两轮、四轮，皆为木为，今且有钢丝（车），钢丝之雇价惟倍，且辆数不多，故木轮未能遽变。人则可多可少，天则宜雨宜晴，如舟滉淥而愈平，有马奔腾而不觉，故无论为官为商为士为民，男也女也老也少也，无不乐乘之，因是车行愈开愈众，而生意且亦愈盛。惟是人丛途窄，驾奔，小而受伤，大而纳命，不免时有所闻。”[②] 整个社会的风尚由此而改变，到了辛亥革命后，这种变化则更加明显。[③]

再次，人们的思维空间和思维方式，随着对外贸易（这里当

---

① 汪康年：《汪穰卿笔记》卷五，上海书店出版社 1997 年版。

② （清）吴友如主编，吴友如、周慕桥、何元俊、金蟾香、张志瀛等绘：《点石斋画报故事集（午集）·客从何来》，安徽人民出版社 2013 年版。

③ 参见《上海近代史》上册，中国社会科学出版社 1987 年版，第 397—406 页。

然是指包括中英贸易在内的）的进行和交通运输条件的改进而大大地扩展了。中外贸易的扩大，使人口垂直流动和平行流动的频率加大，大量的人口向通商口岸和大城市流动，如上海人口在1880年为107000人，到1900年为345000人，到了1911年就增加到1250000人。城市人口流动，使人口异质性急剧增大，人际关系和社会情感中不可避免地带有商品交换的色彩和文化的冲突与融合，使人们对其他文化的吸收能力和宽容心理都得到加强。但是“所有的变化，无论是国内的或者是国外的，都得力于交通在近二十年（1901—1920）内的惊人发展”。[①] 如“本时期内的各种革命活动主要在于思想传播迅速，而不在于思想的新奇”。“铁路对于旅行者来说，既方便又迅速。”因此，“1900年以后，各地的联系惊人地增加”。[②] 这一由交通工具和现代通讯技术的应用带来的一系列变化，英国的作用是不可忽视的。如电报的使用，它带来的不仅仅是技术和科学，也不仅仅是“改变了过去那种单一和平缓的贸易活动方式，加速国家贸易的发展”，[③] 而且更重要的是使人们的思维空间、思维方式、活动方式以及价值观念和世界观等均发生了前所未有的巨变。

有的研究者就指出：清末民初短短的一二十年间，新旧交通工具迅速更替，实现了一场交通机械化的革命性变革。到了20世纪20—30年代，轮船航运、铁路、公路纵横交错，初步形成了覆盖全国主要地区的水路交通网，轮船、火车、汽车等机动长途交通工具的初步发展，基本完成了取代人畜力交通工具的近代

① 汪敬虞编：《中国近代工业史资料（1895—1914）》第二辑，中华书局1962年版，第1172—1173页。

② 中华续行委办会调查特委会编：《中华归主（1901—1920）》上卷，中国社会科学出版社1987年版，第36页。

③ 邮电史编辑室编：《中国近代邮电史》，人民邮电出版社1984年版，第46页。

运输革命，为长距离、大规模人口流动和物资运输，提供了廉价、方便、快捷、安全的运输工具，也使人们的长途远行方式发生了实质性的改变。人们的长途远行，再也不像以往那样耗费时日、历尽艰辛的苦事了。清末民初，时人亲身经历着观念的新旧交替和交通工具迅速替代的过程，亲身感受着这种更替过程所带来的出行方式的变化。新旧交通工具的差别，必然给人们的心灵带来震撼，因而乘坐轮船、火车等新式机械交通工具长途旅行的过程，也就是人们感受先进技术及时代新旧更替的过程，是对近代工业技术的认识和了解的过程，更是文化互动和思想启蒙的过程。①

交通工具的进步，不只是传统的也是原始的交通工具的消失，也是新思想新观念新生活的开始。有的学者就指出，新式交通工具的出现和广泛使用，在当时的中国社会产生了深远的影响，具体表现在：其一，它使人们切身感受到出行更加快捷、舒适、方便，加深了人们对近代科学技术的认识和了解；其二，使人们的出行频率更高，人数更多，社会流动增大，从而扩大了公共活动空间，促进了公共生活，为近代公民社会提供了一定的条件；其三，使人们的出行方式商业化程度增大，因而也更趋于平等化、大众化，以往的登记色彩趋于淡化，从而促进了人们的平等意识的形成；其四，人们出行方式的变化，拉大了城乡出行方式的差别，形成城乡新旧二元化的出行方式，从而不仅决定了城乡人们流动的频率和范围的巨大差距，而且使城乡人们的眼界和观念也形成了相应的差异。②

---

① 参见李长莉：《中国人的生活方式：传统到近代》，四川人民出版社2008年版，第206—207页。

② 参见李长莉：《中国人的生活方式：传统到近代》，四川人民出版社2008年版，第206—207页。

此外，中外经济关系的不断加深，对中国社会经济、政治和文化起着积极作用的同时，也伴随着消极影响的产生。在外国先进的物质文明和精神文明面前，传统落后的中华帝国的优越感也就荡然无存，人们由夜郎自大、唯我独尊的排外心态逐渐转换为自卑情结，由过去的“鄙夷”高傲心理转换为“崇洋意识”，“洋货”在中国颇为畅销，甚至“松菊、枫瓜、长春菊、万年青，择其色之美而佳者冒以洋名而价贵，猫狗鸡鸭，择其状之小而黠者冒以洋名而品尊”。[①] 有一首竹枝词虽然是嘲笑当时的“洋学生”，但其所述现象颇能反映当时中国人的崇洋心理：“洋帽洋衣洋式鞋，短胡两撇口边开，平生第一伤心事，碧眼生成学不来。”[②]

1885 年有一位游历广东的日本人，曾谈到他对当地民间所用洋式物品的印象，他在日记中写道：广东的住民“日常所用的器物中，比北方人民更多地使用外国产品，椅子、火油灯等到处可见，土人住家的窗户也都模仿外国样式，城内买西洋钟表的店铺就有数家，西洋杂货店也很多”。[③] 到了 19 世纪 90 年代，有人回顾通商后洋货流行的情形时称：“道光季年，中外通商而后，凡西人之货物运至中国者，陆离光怪，几于莫可名言。华人争先购归，以供日用。初只行于通商各口岸，久之而各省内地亦皆争相爱慕，无不以改用洋货为奢豪。”[④] 1905 年有人还进一步指出：洋货已遍及中国的城乡，“自通商以来，洋货之灌入中国者，几不可以数计，大约外自各城巨镇，内至穷乡僻壤，上自豪商巨贾，下自穷户小民，惟一日三餐或犹守其旧俗，不尽喜食西人之物，自余则身之所衣，手之所用，殆无一不于洋货是赖……窃谓

---

① 曹晟：《夷患备尝记·事略附记》，上海古籍出版社 1989 年版。

② 胡朴安：《中华全国风俗志》下篇，卷三，河北人民出版社 1988 年版。

③ ［日］黑田清隆：《漫游见闻录》，日本东京农商务省 1888 年版。

④ 《中国宣造洋货议》，载《申报》1892 年 1 月 18 日。

近人喜用洋货之习业已滔滔皆是，不可复挽，而洋货亦实有可以畅销之理，更非人力所能禁遏。”①

可见，当时社会上“崇洋”心理之存在。崇洋又与奢侈相联系，在上海，人们模仿外国人，讲排场、风度、豪华，“负贩之子，猝有厚获，即御貂，炫耀过市”。②“一衣一服，莫不矜奇求巧，日出心裁。”③

民国初年有人就指出：“庚子巨创以后，都人心理由轻洋仇洋，一变而为学洋喝媚洋，妇女出门必衔一香烟以为时髦美观。”④ 当时“一般新人物，醉心欧化，其所谓奢侈品，无一不消费于舶来物。举一国之母财，辇而输诸外洋，以奖励欧美之生产，中国母财之涸，可立而待也”。⑤ 日常生活消费上的崇洋风气，对人们的社会心理、思想观念，也产生着潜移默化的影响，并逐渐形成崇洋的意识。当然，“崇洋”并不是特别的罪恶，洋人的好习惯、好风尚、好制度也不应该一概拒之门外，但所学应该“择其善而从之”。

不过，我们所讨论的是立足于中英经济关系对中国社会文化心理的影响，而从“外国”和“中外”这个整体的观念出发来考察的，因为中英经济关系是中外经济关系中的一个有着举足轻重地位的部分，讲整体的影响也就包括了个别的作用。商品经济的高度发展，资本主义生产方式的逐渐确立，使生产与流通的关系，工业与农业的关系，城市与乡村的关系，个人与群体的关

---

① 《论上海速成女工师范传习所》，载《济南报》1905 年 2 月 1 日。

② 王韬：《瀛壖杂志》，上海古籍出版社 1989 年版。

③ 徐珂：《清稗类钞·风俗类》卷九十一，中华书局 1986 年版，第 32 页。

④ 夏仁虎：《旧京琐记》卷七，辽宁教育出版社 1998 年版，第 116 页。

⑤ 恽毓鼎：《澄斋日记》，浙江古籍出版社 2004 年版，第 663 页。

系，都发生了相应的变化。人们的观念改变了，思维方式改变了，追求的目的和处世的方式方法，也相应地发生了改变。当时中国社会，正面临着在价值、信仰、行为系统等方面的抉择。中英经济关系，不仅直接影响着中英政治关系的进展，而且也影响着中国社会和人的近代化进程。

第六讲　心理作用下的辛亥武昌起义

一、问题的提出与思考

武昌起义一举成功，举世瞩目，不可限量。那么，为什么以孙中山为首的革命党人发动的十多次武装起义总是以失败告终？而地处全国腹地的武昌城内的枪声，却震动九州，引起一场革命党人长期以来孜孜以求的真正的排满共和革命的大爆发，清王朝268年的专制统治权在武昌起义的冲击下迅速土崩瓦解。对这个惊人的历史巨变和突发性的武昌起义成功的解释，一般认为这是由四种原因引起：一是种族的积愤，二是内政的腐败，三是外患的逼迫，四是思想的进化。[①] 但比较有代表性，颇有影响的意见认为，武昌首义的胜利，一方面是因为半个多世纪以来，特别是进入20世纪以来，湖北武汉地区民族矛盾和阶级矛盾日益激化，各阶层人民反抗斗争迅猛发展，为首义成功提供了客观基础；另一方面，也是湖北武汉地区革命党人长期进行艰苦扎实的宣传、组织和发动工作，为首义成功准备了主观条件。[②]

但是，我认为上面两种颇具代表性的意见，并不能完全说明武昌首义胜利的原因，这不仅表现在他们列举的一系列原因中，

---

① 参见杨玉如：《辛亥革命先著记》，科学出版社1957年版。

② 参见章开沅等编：《辛亥革命史》（下），人民出版社1981年版，第3页。

许多都与武昌起义胜利的原因没有直接联系，如民族矛盾、阶级矛盾、统治阶级内部的腐败等，都是全国其他地区所共有的因素，它们充其量只是武昌起义胜利的基本原因或社会和时代背景，对武昌起义的胜利并不起关键或决定性的作用。而且他们在理论上或观念上把引起武昌起义爆发的原因与导致武昌起义成功的因素混为一谈。首先他们没有把引起武昌起义爆发的原因与导致武昌起义成功的原因区别开来，以为引起起义爆发的原因也必定是起义胜利的原因，而没有看到二者之间存在交叉关系。因为引起起义爆发的原因，有的可能是促使起义成功的原因，有的则可能不是。同样，导致起义胜利的原因，并不全与引起爆发的原因有关。虽然这两种原因都受必然性制约，但是引起历史事件爆发的原因带有极大的偶然性、突发性、暂时性、盲目性。而促使历史事件成功地按既定的目标发展的原因则多呈现出复杂性、机遇性、潜隐性和可控性。其次是对武昌起义"胜利"的界说略欠科学。所谓"胜利"，是指客观的合目的性、主观和客观相一致，因此不能把武昌起义胜利狭义地理解为武汉三镇的光复，因为武昌首义，目的在于以武昌首义之区号召全国，造成排满共和的大革命。况且任何偶发的事件的暂时得胜本身就具有易变性和随机性，严格说来还算不上真正的胜利。事实上，武昌起义是真正意义上的胜利，人们之所以把武汉三镇的光复视为起义的胜利，正是在观念上已经承认了武昌起义胜利的客观的合目的性。就客观的合目的性这个意义上讲，则需要我们把"武昌起义胜利"放在广义上进行认知，同时也需要我们对武昌起义胜利的原因进行再探讨。本讲正是在广义地理解武昌起义胜利的基础上来探讨武昌起义胜利的原因的。

二、领导对群体心理的影响

武昌首义一举成功，领导者的才能、意志、个人品质等是一个不可忽视的因素。具体地说首义成功应该与身为湖广总督的瑞澂和统制张彪的弃职离城以及黎元洪出任鄂军都督、黄兴担任战时总司令有关。

对这一问题，早就有过争论。孙中山就认为“这次革命的成功”纯粹是“偶然的事件”，“当时，在起义爆发之后，如果瑞澂不逃，统制张彪不走，那么，清军各级指挥官就不会四处远飏，地方政府仍然可以控制局势”。[①] 但是他的意见未被同人接受。诚然，孙中山的这种说法带有极大的片面性，然而从另一方面也可以看出孙中山已经注意到了在事关大局的情况下，群体和集团中的领导者的重要地位和作用。

社会心理学的理论表明，领导者在群体中的地位是最高的，他的所作所为，对群体是至关重要的，严重影响着群体内聚力的高低。领导者个人的气质、意志、智慧、才能、良好的人际关系和个人品质对群众具有强烈的感染力和影响力。而群众一般的表现是对领袖人物的模仿、服从和依赖。领导者的意志、才能、判断、决策等个性品质所起到的特殊作用，在辛亥武昌首义时表现得相当突出。

就革命的敌对阵营——清朝统治阶级而言，无论是清朝达官显贵、王公贵族，还是地方的官僚大臣、封疆大吏，对当时全国风起云涌的革命形势多缺乏正确的估计，当“川鄂因争路事，闹得满天风云，四民鼎沸”[②] 时，“清廷竟毫不警惕，仍然用高压手段专事镇压，急派他的爪牙端方奴才为铁路大臣，带兵入川查办路事，并授以‘格杀勿论’的密旨”。[③] 可是在接到武昌起义的

---

① 李剑农：《戊戌以后三十年中国政治史》，中华书局 1965 年版，第 106 页。

② 杨玉如：《辛亥革命先著记》，科学出版社 1957 年版，第 42 页。

③ 杨玉如：《辛亥革命先著记》，科学出版社 1957 年版，第 42 页。

消息后，他们又缺乏足够的心理准备，一时惊慌失措。摄政王当时也“面色阴郁”，[①] 甚至在召开紧急会议确定对策时，他“半天说不出一句话来”。[②] 虽然朝廷十月十二日谕令瑞澂、张彪革职留任，“带罪图功”[③]，命陆军大臣荫昌和海军大臣萨镇冰统帅陆海两军赴鄂“剿办”[④]，一面又于十月十四日下谕起用袁世凯为湖广总督，兼办“剿匪”事宜。但是，清廷的最高决策者们没有清楚地认识到武昌起义的深远影响和可能构成对其统治的巨大威胁，片面地强调“务须及早扑灭，勿令匪势蔓延”。[⑤] 对武昌起义后的革命形势估计不当，没有及时地采取积极措施取得袁世凯及其他满汉大员的支持和信赖，直到武昌起义后的二十余日，载沣才在内外压力下答应了袁世凯的要求，[⑥] 以便换取袁世凯的支持。然而为时已晚，全国形势急转直下，革命军已占有国境的大半。所派的陆军大臣荫昌，因对革命军的恐惧和过分地谨慎，而一再坐失战机。[⑦] 同时，清廷以总揽兵将的陆军大臣命之督师，不到三日，又命他人分任其事。仅湖广总督人选上就六易其人，当时就有人讥讽说，湖广总督由瑞澂而袁世凯、而魏光焘、而王士

---

① 《辛亥革命回忆录》（一），中华书局 1962 年版，第 344 页。

② 《辛亥革命回忆录》（一），中华书局 1962 年版，第 344 页。

③ 中国近代史资料丛刊：《辛亥革命》（五），上海人民出版社 1957 年版，第 291 页。

④ 中国近代史资料丛刊：《辛亥革命》（五），上海人民出版社 1957 年版，第 291 页。

⑤ 中国近代史资料丛刊：《辛亥革命》（五），上海人民出版社 1957 年版，第 291 页。

⑥ 李剑农：《戊戌以后三十年中国政治史》，中华书局 1965 年版，第 110 页。

⑦ ［美］康乐：《清政府对武昌起义的反应——最初的三周》，载《纪念辛亥革命七十周年学术论文集》（下），中华书局 1983 年版。

珍、而段芝贵、而段祺瑞，“先后六个总督，实无一总督也”。[1]由此可见其时清廷慌乱之极。这样一来，事权不一，号令不明，将士分心，无以御革命洪流之冲击。

作为最高权力机构中的决策人是如此恐慌，地方上的官僚大吏们则更是庸懦无能。昏庸贪婪的湖广总督瑞澂在其任职期间大肆搜刮民脂民膏，因其与皇室亲贵载泽结为儿女亲家，更是有恃无恐、专横跋扈，为鄂人所深恶痛绝。在武昌起义前，他对革命党人大肆搜捕，残酷杀戮，事后还邀功请赏，自夸“臣不动声色，一以镇定处之，因得弭患于无形，定乱于俄顷”。[2] 对武昌革命党人的反抗力量和其统治区内潜在的危机，缺乏足够的重视，“竟声言鄂军悉不足恃，勒缴枪弹，转给旗兵，昼夜防禁，如临大敌”[3]。因此，“本无事也，而彼故为警张，川震骇耳目，加以网罗无辜，立予极刑”，[4] 使整个武昌城内风声鹤唳，人人自危，结果“防治愈严，谋反愈急”[5]。

虽然瑞澂表面气势汹汹，不可一世，但骨子里却胆小如鼠，贪生怕死。先是“瑞澂得外务部密电，已移其眷属于汉口租界”[6]，其次是当他感到湖北军队调走，防务空虚，便“吓得心神不安，坐卧不宁，竟自把行辕设在兵舰上，每天偷偷地到那里去睡觉”[7]。待到武昌起义爆发，他更是“陡闻枪声，即张皇失措，

---

① 《中华民国公报》1911 年 11 月 15 号，署名“樾”的短评。

② 中国第二历史档案馆编：《中华民国史档案资料汇编》第 1 辑，江苏人民出版社 1979 年版，第 168 页。

③ 杨玉如编：《辛亥革命先著记》，科学出版社 1957 年版，第 112 页。

④ 杨玉如编：《辛亥革命先著记》，科学出版社 1957 年版，第 59 页。

⑤ 杨玉如编：《辛亥革命先著记》，科学出版社 1957 年版，第 59 页。

⑥ 黎元洪主持编辑：《武汉战纪初稿》，载《辛亥革命史丛刊》编辑组编：《辛亥革命史丛刊》第三辑，中华书局 1981 年版。

⑦ 《辛亥革命回忆录》（一），中华书局 1962 年版，第 101 页。

继之电话线断，消息不通，益惶恐不知所为，不问敌势之虚实，仓促更衣，带同铁忠穴署后围墙，电巡防统领陈得龙率巡防队数十人护出文昌门，乘‘江清’火轮遁往汉口礁家机（矶）。翌晨，闻汉口无事，复返德租界，入居‘楚豫’兵轮中坐观动静，毫无施设”。①

而统制张彪“督练鄂军已历多年，竟至兵匪勾结，省城不守”，“平日训练无方，而事前既毫无防范，临时复漫无节制，不能团结军心”，在武昌起义枪声打响后不久，便“仓皇弃营逃走”，②“昨日还是叱咤风云的张师团长，今日已成为流浪的落后者了”。③ 甚至日本顾问寺西秀武建议张彪带领现有兵力渡江到青山，潜至大东门，伪称投降民军，骗入咨议局，消灭革命党人指挥中心时，张彪也不敢采纳此议，率领残部仍龟缩在汉口刘家庙火车站一带，无所事事。④

其他的湖北军政要员，大都在与民军抗拒一阵之后，也纷纷作鸟兽散。布政使连甲在营署抵抗民军，后见大势已去，次日凌晨便弃部逃走。提学使王寿彭、交涉使施炳燮、盐法道黄祖徽、武昌知府袁毓楠等均于十一日逃出武昌。汉口、汉阳的官员还未及民军起义，就乘火车逃跑了。⑤

---

① 黎元洪主持编辑：《武汉战纪初稿》，载《辛亥革命史丛刊》编辑组编：《辛亥革命史丛刊》第三辑，中华书局 1981 年版。

② 中国近代史资料丛刊：《辛亥革命》（五），上海人民出版社 1957 年版，第 292 页。

③ ［日］内田顾一，周树嘉译：《湖北革命战见闻日记》，载《辛亥革命史丛刊》编辑组编：《辛亥革命史丛刊》第三辑，中华书局 1981 年版。

④ 参见贺觉非、冯天瑜：《辛亥武昌首义史》，湖北人民出版社 1985 年版，第 211 页。

⑤ 参见贺觉非、冯天瑜：《辛亥武昌首义史》，湖北人民出版社 1985 年版，第 212 页。

其实，清廷在十月十七日前，凭其实力，完全可以取乐观态度，[①] 只要清廷镇定自若，用心筹划，号令严明，调动有序，用人有方，则局势肯定会改观。湖广总督瑞澂、统制张彪等如不战时弃职离城，亡命汉口，“清军各级指挥官就不会四处远飏”，[②] 各级官员不弃职逃走，“地方政府仍然可以控制局势”。[③] 因为当时大约有 25 营清军驻扎在武昌及其近郊，人数为 1.5 万 ~ 1.8 万之间。虽然由于四川保路风潮，调走了一部分新军，赞成革命的新军士兵多数调离湖北，所以起义时倾向革命的全部兵力只有五个营，约 2000 人，[④] 总之若是瑞澂、张彪坚守武昌或及时组织兵力反攻武昌，败局还是可以挽回的。[⑤]

然而，总督瑞澂、统制张彪的临阵脱逃，使其他大大小小的军政要员失去依靠而步其后尘，整个官僚机构立即崩溃。官僚大员，尤其是总督瑞澂，本来是湖北统治阶层内聚力的核心人物，也是民众所模仿、服从和依赖的对象，他们的行动对民众产生强

---

① 参见［美］康乐：《清政府对武昌起义的反应——最初的三周》，载《纪念辛亥革命七十周年学术论文集》（下），中华书局 1983 年版。

② 李剑农：《戊戌以后三十年中国政治史》，中华书局 1965 年版，第 106 页。

③ 李剑农：《戊戌以后三十年中国政治史》，中华书局 1965 年版，第 106 页。

④ 李剑农：《戊戌以后三十年中国政治史》，中华书局 1965 年版，第 106 页。

⑤ 黎元洪主持编辑的《武汉战纪初稿》第三辑中说，因为：“是时，尚有平湖门外淄重一营未变，于翌晨，由管带肖安国率逃汉口，又驻新溢洲之第三标一营未变，由管带部翔宸率往油坊岭逃散，而驻阳夏之第四十二标全标未变。倘瑞澂稍能镇静，督队抵抗，不急于逃遁，即逃出城而督率以上各军于拂晓反攻，其成败尚未可定。固民军此刻声势虽大，半多胁从，且人自为战，毫无统率，部伍零落，各专无责，一遇纪律之军队，即难于抵抗也。”

烈的影响。当总督、统制等军政要员弃城逃走，其他人则无所适从，内心的愤懑和惶惑顿时溢于言表。那些追随张彪而又得不到总督、统制消息的军官，既不敢回营，又孤军无援，难以维持，只好对士兵说："瑞制台、张统制不知何往，我们也不忍心要你们在这里吃苦，回营回家听便。"[①] 群体内聚力失去了核心，因此清军不战而散。

至于革命军方面，当武昌起义时，正处在群龙无首的状态，起义诸人都是出于义愤或同情革命而参加对清军作战的，他们都是下级军官和士兵，当时起义军的主要领导人刘公、孙武、蒋翊武等均不在武昌。为了稳定军心、民心、士心，集中力量，统一事权，他们急需一位能孚众望的领导人出来主持大局。结果起义诸人把新军混成协统黎元洪推上了革命军都督的重要位置。黎元洪的"革命"，我们暂不去考究其当时的动机和原因，而仅从他的倾向革命，出任都督，在当时所起的实际作用方面加以考量。

从社会心理的角度看，领导者在群体心理中的地位是极为关键和相当重要的。一般地说，地位高的成员经验比较丰富，能力比较强，能够赢得地位低的成员的信任和依赖，他的思想倾向和行动能够较大地影响地位低的成员。[②] 而个体在群体中的地位高低，对于个体是否从众又有直接的关系。黎元洪"海陆军学均优，为人谨厚勤劳，且谙西语，与各国领事感情甚洽，不徒为鄂中各军界所景仰，且为各外国人所佩服。迩时，张彪位置虽在黎上，而一般军人所心悦诚服者，莫黎若也"。[③] 同时因"黎办事一

---

① 贺觉非、冯天瑜：《辛亥武昌首义史》，武汉大学出版社 2006 年版，第 211 页。

② 参见全国八院校《社会心理学教程》编写组：《社会心理学教程》，兰州大学出版社 1986 年版，第 412 页。

③ 黎元洪主持编辑：《武汉战纪初稿》，载《辛亥革命史丛刊》编辑组编：《辛亥革命史丛刊》第三辑，中华书局 1981 年版。

秉至公，所有将校升迁学术，不会曲意逢迎，联络运动。且全协所领农裤银两自立工厂，尽数制办军需，不徒军人无缺乏之患，而且存余数套以实军储，所领公款毫不侵蚀，故八镇兵士有悔不投效混成协之谣。因此而屡触瑞督之怒，且遭张彪等之忌，常怂恿瑞督奏参”。[①] 正是黎元洪的这些特点和遭受排挤的经历，与当时的起义诸人所处的环境和所受到的刺激，以及他们各自的生活经验存在某种一致性，从而产生相同的认知效果。黎元洪便自觉或不自觉地成为人们的认知对象。既然人们把黎元洪作为认知对象来加以认同，那么在当时群龙无首，无所适从，面临着瓦解分散的危机下，黎元洪的出任都督，使群众有了依靠，有了内聚力的核心，增强了群体的内聚力，而个人的那种从众和服从心理也得到了满足，从而安定了人心，争取了人心，鼓舞了士气，壮大了声势。同时，黎元洪的“革命”行动，在当时引起了武昌和武汉以外广大地区人民的关注和震惊。他的影响不仅仅在于他在“上台”后所采取的革命方针、策略，而在于“上台”的本身在人们的心中产生了直接的效果。“当元洪未到咨议局前，群龙无首，其时阳夏未定，瑞、张退汉口，收拾遗军，据刘家庙，四出请援；省垣残余旗兵，尚未肃清。同志集咨议局者，经半日之久，一筹莫展，各标、营纷纷探问，消息沉闷，固有于汤、黎商洽，辗转需时，不得不尔，然燥急者失望，胆怯者恐惶，至有忿忿作归计者，其情事紧张，较十八、十九两日更为难堪。午后则武昌城内外便贴布告，往观者途为之塞，欢声雷动，至有限于步履之白发老者，倩人扶持，拥至布告前，必欲亲睹为快。旅汉外籍人士，闻之亦震（动），皆曰：‘想不到黎协统也是革命党。’

① 黎元洪主持编辑：《武汉战纪初稿》，载《辛亥革命史丛刊》编辑组编：《辛亥革命史丛刊》第三辑，中华书局 1981 年版。

残敌更心惊胆颤，易装潜逃者，不可胜算。”[①] 可见一个阶级或阶层很有威望的代表，不仅能够起到维系人心、唤起民众、调动民众起来行动的实际作用，而且也能起到瓦解敌方人心和孤立敌人的效果。黎元洪自己虽然在出任都督初期消极观望，但他对“将来甚抱乐观”。[②] 随着革命形势的发展，他的思想倾向也开始向革命方向转变，并积极地指挥民军保卫武昌。

再者黄兴的来汉，民军方面精神为之一振。黄兴到汉时，黎元洪值此战况危急之秋，也急需黄兴这样的人物前来维持局面。至于武汉广大军民，此刻更有“千军易得，一将难求”[③] 之慨。当时汉口战役处于艰难时刻，人们心理一直紧张压抑，黄兴被举为战时总司令，“于时军心大振，人心亦定”。[④] 所以“自黄克强坚守汉阳之后，各省得乘机大举，次第响应，俾革命军声威日壮，基础日固，不可谓非克强之力也。使当日无克强，则汉阳能守与否，尚属一问题。……故克强之功，不在守汉阳之孤城，而在其大无畏之精神……因此稳定起义武昌，促各省革命党之崛起。……虽日民众心理，早已趋向独立自由，故清廷无所寄，而不得不土崩瓦解”。[⑤] 由此可见，革命领袖个人的意志、才能、胆略和品质，在革命关键时刻所显示的作用是极为重要的。

总之，黎元洪的出任都督、黄兴的担任战时总司令，与总督

① 李廉方：《辛亥武昌首义记》卷上，台北正中书局 1961 年版，第 105 页。

② ［日］内田顾一，周树嘉译：《湖北革命战见闻日记》，载《辛亥革命史丛刊》编写组：《辛亥革命史丛刊》第三辑，中华书局 1981 年版。

③ 李剑农：《戊戌以后三十年中国政治史》，中华书局 1965 年版，第 107 页。

④ 《辛亥革命回忆录》（一），中华书局 1962 年版，第 313 页。

⑤ 居正：《梅川日记》，大东书局 1947 年版，转引自［美］薛君度著，杨慎之译：《黄兴与中国革命》，湖南人民出版社 1980 年版，第 59 页。

瑞澂、统制张彪的弃职离城形成了鲜明的对比，而且其影响也不仅仅局限于是否坚守职权、镇定自若地对待事变的发生，和所采取的行动方针、策略等的优劣所造成的客观效果，更重要的是坚守岗位与离城弃众行为本身，因为它使革命军有了自己的号召者、组织者、领导者，有了事权统一的基础，有了团结战斗的核心力量，因而革命群体的内聚力和认同感进一步增强，在与反动势力决战时能够发挥个人的领导作用和群体的积极性而使革命立于不败之地。相反地，反动势力一方从武昌起义之初就失去了发号施令的领导机关，整个武昌城内的湖北军政要员都各自为计，政权机关完全失控，无法把分散的力量集中起来。同时在人们心中产生了官僚大吏（总督统制）的逃匿意味着大清王朝即将失败或灭亡的预感。因此，徘徊观望心理、失落孤独心理、恐惧担忧心理、愤怒埋怨心理浮动于时。伴随着这种种心理反应的则是各找出路，一盘散沙。这种情况客观上又为革命党人战胜敌人提供了有利条件。

历来学者对瑞澂、张彪不战而逃、贪生怕死、缺乏号召力和组织能力等个性品质特征重视不够，似乎这与武昌起义胜利无关。事实说明领导者的能力、威信、气质和胆略等个人品质在号召、动员、组织、团结群众方面的作用相当重要。瑞澂、张彪的逃走和黎元洪的出任都督，黄兴的及时赴汉，是武昌起义胜利的重要原因之一。

三、地理环境在群体心理中的反应

武昌所处的地理位置与人们对这种地理位置的不同心理反应，也是武昌起义胜利的一个不可忽视的因素。湖北民军能够同前来“讨伐”的精锐的北洋军队周旋于江汉之滨、龟山之麓达四十余日，从而为各省“易帜独立”赢得了宝贵的时间。这当然有民军们的浴血奋战和黎元洪、黄兴等领导人的集体作用，但是，武昌所处的特殊地理环境在客观上和主观上也产生了积极影响。

武汉地处长江中游，为九省通衢要地。而武昌又位处最南面，长江天险成为天然屏障，同时还有汉阳、汉口作其前卫。三镇因汉水、长江而又各自独立，成品字结构。就整个武汉三镇来说，虽然为四通八达之区，但它的北面有大别山之阻隔、武胜关之要隘，"一夫当关、万夫莫开"，北洋军队南下首先就受到武胜关的阻遏。西面有荆州、宜昌、四川等地的独立而为其掩护。南面有继武昌起义之后宣布独立的湖南，因此武昌不但不会受到来自后方的攻击，反而得其后援，毫无后顾之忧。东面又有上海、南京、安徽、江西的独立，而九江、黄州的独立更减轻了武昌东面的压力。对武昌当时所处的地理位置和面临的形势，李剑农先生在其《戊戌以后三十年中国政治史》中就有论述："长沙居武昌的后方，九江为武昌下游最近之地，此二处，首先响应，使武昌无后顾之忧，得以专力对抗北来的清军；又因得长沙派来的援军之助，在汉阳一带，与清军相持。月有余，至十月初七日，汉阳始为清军所得。""陕西、山西两省，离清政府的首都北京较近，此两省相继响应，使清廷不能专力对付武汉。""南京为长江下游的重地……苏、沪、浙等处先后响应，合力以攻南京；及汉阳被清军所得，武昌极形危险，而南京则为民军攻陷。民军固取得第二安全根据地，树立临时政府。"①

对武汉地理位置、战略地位的重要性，革命党人早有认识。黄兴在致冯自由的信里曾谈到"即以武汉之形势论，虽为四战之地，不足言守，然亦视其治兵之人何如。贼吏胡林翼于破败之秋，收拾余烬，犹能卓然自立者，亦有道以处之"。"今阳之兵器厂既归我有，则弹药不忧缺乏，武力自足与北部之兵力敌。长江

① 李剑农：《戊戌以后三十年中国政治史》，中华书局1965年版，第91页。

下游亦驰檄可定。沿京汉铁路以北伐，势极利便。以言地利，亦足优为。前吾人之纯然注重于两粤而不注意于此者，以长江一带，吾人不易飞入，后来输运亦不便，且无确有可靠之军队，故不欲令为主动耳。”“今既有如此之实力，则以武昌为中枢，湘、粤为后劲，宁、皖、陕、蜀亦同时响应以牵制之，大事不难一举而定也。急宜趁此机会，猛勇精进，较之徒在粤谋发起事，事半功倍。”①

诚然，武汉为四战之地，易攻难守。但就武昌的地理位置和当时全国的形势看，则又另当别论。黄兴等革命党人事前对武汉战事的担忧是可以理解的。武昌起义的消息传到上海，“上海紧张起来，大家一天到晚在开会，都认为武汉是四通八达的地方，可能遭到清军围攻”，因此，“必须发动各地响应，以分散清廷兵力”。② 所以，待到各地起义响应，武昌地理位置和地形上的弱势也就得到了弥补。全国各地的响应无疑减轻了首义之区的战略和战术上的压力，武昌民军完全可以从容应战。

武昌之所以久保首义之区的重要地位的原因之一，明显地反映在与北洋军对峙时所表现出来的地理位置的优越上。北洋军进攻武汉，首先威胁的是汉口，其次是汉阳，只有在汉口、汉阳二镇失守后，北洋军才真正地对武昌构成威胁。北洋军的目的是重新夺回省城武昌，但必须先攻下汉口、汉阳，而汉阳最为重要。冯国璋在一次军事会议上就强调：“今日之战，则重在汉阳。汉阳之大别诸山，俯瞰武汉，如釜底一丸，下掷则金城瓦碎，不待攻而自破矣。为今之计，唯有先取汉阳，为攻心之上策。”③ 汉阳失守后，冯国璋甚至趾高气扬地宣称“长江随时可渡，武昌唾手

---

① ［美］薛君度著，杨慎之译：《黄兴与中国革命》，三联书店香港分店1985年版，第91页。

② 《辛亥革命回忆录》（一），中华书局1962年版，第147页。

③ 王树枏：《武汉战记》，中国近代史资料丛刊：《辛亥革命》（五），上海人民出版社1957年版，第243页。

可得”。[①] 但事实上也不是轻而易举的事情。渡江作战，需要海军的配合，而海军当时也不愿合作。海军大臣萨镇冰因与黎元洪有师生之谊，不愿同室操戈，“到汉多日，均以煤、米、子弹不足为辞，不发一弹”，[②] 随后决然离去，让部下好自为之。当时英国人也说他对清廷“冷淡”。[③] 虽然当时“清军正在大力编装竹筏，作为渡江进攻武昌之用”，[④] 而清军可谓是孤军深入，段祺瑞就担心民军会包抄后路，曾忧心忡忡地说：“汉口，汉阳实为绝地，后路万一有失，大局不堪设想。”[⑤] 所以黎元洪也很自信地称：“武汉托长江之中枢，为南北之关键，划江而守，非旦夕可图。以武昌一隅，可牵制满清全力。彼师老饷匮，而我各省义军，随时应援，再分道北攻，虏不足定也。”[⑥] 故清军当时不可能迅速攻下武昌，他们当时所能办到的是以炮火构成对武昌的威胁，但威胁是一回事，攻占则又是另一回事。其时，地利、人和，为民军坚守武昌提供了有利条件。

况且，武汉的战略地位之重要，清朝统治者并没有引起足够的重视。武汉地处全国的中心，所以人们有一种安全感、稳重感。因此就民众而言，内地中心之城起义一举成功，平衡、稳定

---

① 《辛亥革命回忆录》第六辑，中华书局 1962 年版，第 358 页。

② 黎元洪主持编辑：《武汉战纪初稿》，载《辛亥革命史丛刊》编辑组编：《辛亥革命史丛刊》第三辑，中华书局 1981 年版。

③ 胡滨译：《英国蓝皮书有关辛亥革命资料选译》，中华书局 1984 年版，第 111 页。

④ ［日］内田顾一，周树嘉译：《湖北革命战见闻日记》，载《辛亥革命史丛刊》编辑组编：《辛亥革命史丛刊》第三辑，中华书局 1981 年版。

⑤ 中国第二历史档案馆编：《中华民国史档案资料汇编》第 2 辑，江苏人民出版社 1981 年版，第 55 页。

⑥ 黎元洪主持编辑：《武汉战纪初稿》，载《辛亥革命史丛刊》编辑组编：《辛亥革命史丛刊》第三辑，中华书局 1981 年版。

的心理状态发生变异，过去的那种安全感、稳重感被危机感所取代。然而在统治者看来，武昌“叛乱”，不足为患，那种过去就有的安全感、稳固感起了强化作用。他们认为只要调动四周大军就可以在较短的时间内把“叛乱”镇压下去，所以对丢失省城的瑞澂、张彪也仅仅是“革职留任，戴罪立功”的处分。

因为这不像过去革命党人在沿海搞的数次武装起义，为清政府鞭长莫及之区，革命党人容易撤退，也容易受到海外华侨和外国的物力、人力等方面的支持。至于武昌起义事件，在统治者看来此乃大国腹地，不管革命者如何神通广大，也难以逃出大清王朝统治者的手掌心。进而以为除了这区区武汉以外，其余均是王朝君主的权威影响的地区，所以小地方之“乱”，不足为患。尽管武昌起义的消息传到朝廷，曾引起骚动和恐慌，[①] 但载沣等还没有真正意识到武昌地位之重要。四川保路运动爆发后，清政府无视武汉地区的反对力量的频繁活动，抽调湖北新军前往四川平乱。武昌起义后，又只派了荫昌带领北洋军的一部分南下，与海军大臣萨镇冰等配合赴鄂“剿办”。直到全国大部分省市宣布独立，他们才慌忙答应袁世凯的六条苛刻要求，请袁出山。可是袁世凯早萌异志，不想替清廷出力了，并“事事都是损害朝廷的权利，使朝廷为有名无实的废料”。[②] 而且北洋军这时并不是为清而战，而是为袁而战。所以武昌的危机又因袁世凯异志复萌而化险为夷。

再次，清廷用兵、用人方略均重北方而有鄙于南方，即使对南方表示重视，落脚点也往往是东南沿海一带的城镇，内地武汉虽然为军事重镇，却没有过多地加以考虑；用人也是用一些无用

---

① 参见《辛亥革命回忆录》（一），中华书局 1962 年版，第 343—345 页。

② ［日］内田顾一，周树嘉译：《湖北革命战见闻日记》，载《辛亥革命史丛刊》编辑组编：《辛亥革命史丛刊》第三辑，中华书局 1981 年版。

之人。清廷在战略上和用人上，都无视武昌之重要，这固然与他们的种族偏见有关，然而地理环境产生的那种安全感、稳重感也是其中之要因。

由上观之，武昌所处的地理位置和由这种特殊的地理环境产生的不同的心理反应，以及全国各地区的独立响应，密切配合，为武昌起义的胜利提供了另一有利条件。

四、列强“中立”与中国人的心理

帝国主义的“中立”态度，革命党人和清朝统治者对帝国主义“中立”的价值取向和情感倾向，也是一个不可忽视的原因。就当时具体历史条件看，列强的“中立”，为武昌首义的胜利创造了条件。这里我们暂不谈帝国主义在武昌起义后的活动情况，而仅从其“中立”本身的影响上来考量。

近代的中国人，无论是统治者，还是黎民百姓，有一种恐外心理。这种心理表现在行动上，不仅在与外国人打交道时小心翼翼，战战兢兢，而且在处理重大事件时也仰承帝国主义者之鼻息，谨小慎微，言听计从。因此，无论是革命党人，还是清政府，都非常重视外交事务。①

就革命党人来说，他们对“外交处置，实异常审慎”。② 因为这时“列强之势力已深入中国，倘外交之处置，偶一不慎，则匪惟光复无成功之望，且易引起列强之干涉，复肇八国联军之祸，或竟引起瓜分或共管，亦非不可能之事”。③ 因此在起义之前，他

---

① 张忠绂编著：《中华民国外交史》卷上，重庆正中书局 1943 年版，第 33 页。

② 张忠绂编著：《中华民国外交史》卷上，重庆正中书局 1943 年版，第 33 页。

③ 张忠绂编著：《中华民国外交史》卷上，重庆正中书局 1943 年版，第 33 页。

们订立的赏罚章程里，就有“凡危害外人财产、附贼和防害商业者，处以斩杀罪等条”。[①] 武昌起义，军政府成立后，又布告全城军民，“各宜知悉”，“列强居留内地，更应保护严密”，[②] 在颁布刑赏律令的十六条中，亦有“伤害外人者斩”、“保护租界者赏”、“保卫教堂者赏”[③] 等条。同时“我军武装人员间有出入租界者，我军政府得报，立即出示禁止，邮政海关电报有关条约亦不侵犯”。[④]“还宣示各国领事，告之中国革命宗旨”。[⑤] 因此，“各国领事派员晋谒黎都督”，并于十月十八日决定“严守中立”。[⑥]

列强的中立，不管他们是恶意，还是善意，也不管他们是表面的，还是真实的，但他们中立的本身，在革命党人、清朝统治阶级那里却产生了不同的心理反应。对于革命党来说，列强的中立，客观上鼓舞了革命士气，增强了战胜清军的信心。那种长期盘踞人们心中的恐惧情绪随之消失，继之产生一种安全感和认同感，以为只要不损害外人的利益，保护外人的安全与财产，实行有步骤的“文明革命”，外国人是会理所当然地支持中国的“共和革命”的。当时鄂军号召各省文中就认为“我义师一方却敌，一方保民，外教外商，尤为周密。故世界愿认为战团，各国皆目为义举。”[⑦] 这种因“中立”而产生的认知心理，使革命党人对帝国主义抱有亲和动机和依赖心理，在他们的眼里，帝国主义者不是革命的当前大敌，而是可以信任和依靠的盟友。因此，革命

---

① ［日］内田顾一，周树嘉译：《湖北革命战见闻日记》，载《辛亥革命史丛刊》编辑组编：《辛亥革命史丛刊》第三辑，中华书局 1981 年版。

② 杨玉如：《辛亥革命先著记》，科学出版社 1957 年版，第 100 页。

③ 杨玉如：《辛亥革命先著记》，科学出版社 1957 年版，第 101 页。

④ 杨玉如：《辛亥革命先著记》，科学出版社 1957 年版，第 102 页。

⑤ 杨玉如：《辛亥革命先著记》，科学出版社 1957 年版，第 103 页。

⑥ 杨玉如：《辛亥革命先著记》，科学出版社 1957 年版，第 103 页。

⑦ 《时报》1911 年 9 月 20 日。

党人得以从容不迫地进行“排满共和”革命，确保武昌首义之区。

然而，清朝统治阶级对帝国主义者的“中立”则有不同于革命党人那种的心理反应。清朝的大大小小的官员，向来就对外国侵略者有一种依赖、顺从心理。“先是鄂都督瑞澂因武昌已入恐慌时期，曾与某国领事相约，请彼调兵船入武汉，尚有革命党起事，则开炮轰击。”[①] 武昌起义时，“瑞澂闻枪，立逃汉口，谋某领事如约开炮攻击。但限于《辛丑和约》，一国不便自由行动，乃开领事团会议，会议拒绝某领事干涉之议”。[②] 武昌起义的第二天早晨，夏口道也曾请求外国兵船巡行武汉江面，禁止革命军渡江攻击汉口。各国领事对此亦拒不接受，仅集中力量，保护租界。[③] 瑞澂也见某领事失约，“无所倚恃，乃逃上海”。[④] 他们把帝国主义者视为自己的保护人，而过去列强的财政支持和军事“援助”，正是清政府赖以存在的基础之一。但是当武昌起义初期，孙中山已经在欧美进行了一系列外交活动，得到了四国银行团不再贷款给清政府的许诺。这样“止绝清廷借款，是已制断满清之死命”，[⑤] 而对革命来说，“控制时局”、“组成强有力的政府”，“贷款是必须的”。[⑥] 且载沣曾要奕劻等去向驻华外交使团

---

① 张忠绂编著：《中华民国外交史》卷上，重庆正中书局 1943 年版，第 33 页。

② 参见张忠绂编著：《中华民国外交史》卷上，重庆正中书局 1943 年版，第 33 页。

③ 张忠绂编著：《中华民国外交史》卷上，重庆正中书局 1943 年版，第 33 页。

④ 张忠绂编著：《中华民国外交史》卷上，重庆正中书局 1943 年版，第 33 页。

⑤ 《孙中山全集》第 1 卷，中华书局 1981 年版，第 569 页。

⑥ 《孙中山全集》第 1 卷，中华书局 1981 年版，第 544 页。

直接乞求支持，各外国使节“再三不肯”，[①] 反而声称要载沣“退位”，他们才能“帮忙”。[②] 对于一向仰承帝国主义鼻息的载沣等人来说，这无疑是在政治上宣判了死刑。而在朝廷内外，他也深感“都是他们（指袁世凯）的人，我何曾有爪牙心腹”，[③] 无异于孤家寡人。

帝国主义的“中立”，使清政府失去了依靠，但那种依赖和恐惧心理，不仅没有因此消除，反而更加强化了。他们越来越以帝国主义者的意志为转移。当列强对于袁世凯“极为尊敬，并怀有非常友好的情感”，“愿意在中国看到一个十分坚强的政府……公平地处理对外关系”，“维持国内秩序……为革命后在华贸易获得发展创造有利环境”，[④] 这样的政府将得到列强“所能给予的一切外交援助”。[⑤] 于是，清廷不得不一切听从袁世凯的意见了。而袁世凯出山以后，并不想攻下武昌，仅以军事相威胁，借此与革命军讨价还价，达到自己的目的。

诚然，列强的对华政策和对革命军的态度，客观上利于武昌起义后全国革命形势之发展，但他们的用心是狡猾的、险恶的。而革命党人对此认识不清，相反地抱有好感和亲和动机，因而从中获得了独立地对清军作战的机会，使革命很快地取得进展。清

---

① 中国近代史资料丛刊：《辛亥革命》（八），上海人民出版社 1957 年版，第 112、113 页。

② 中国近代史资料丛刊：《辛亥革命》（八），上海人民出版社 1957 年版，第 112、113 页。

③ 中国近代史资料丛刊：《辛亥革命》（八），上海人民出版社 1957 年版，第 112、113 页。

④ 胡滨译：《英国蓝皮书有关辛亥革命资料选译》，中国 1 号，1912 年，中华书局 1984 年版，第 40 页。

⑤ 胡滨译：《英国蓝皮书有关辛亥革命资料选译》，中国 1 号，1912 年，中华书局 1984 年版，第 40 页。

政府则失丢了同情者和支持者。在国内既失民心，又失军心、绅心、士心，孤立无援，因此对武昌起义后的形势无法定舵，从而又为民军坚守武昌首义之城，提供了难得的机会。

总而言之，促使武昌起义爆发的原因与导致武昌首义一举成功的原因，既有相同点，但也有独特的因素。其中总督瑞澂、统制张彪的离城别走和黎元洪的倾向“革命”、黄兴的担任战时总司令；武昌的特殊地理环境和由这种地理环境产生的不同的心理反应，以及全国各省的纷纷独立、密切配合；帝国主义者的“中立”，革命党人、清朝统治阶级对帝国主义的“中立”的不同价值取向和情感倾向等因素，在辛亥革命时期，对武昌起义的胜利起了关键和突出的作用。当然加速武昌起义胜利的因素还远远不止这些，它不仅有当时的社会政治、经济、军事等方面的因素，而且也有思想的、心理的和文化的因素在时刻发生着作用。如社会心理就是一个不可忽视的因素，当时“万众一心、坚持共和”① 的呼声，使袁世凯也不得不承认“兵力所能平定者土地也，所不能平定者人心。”② 武昌起义，城里各界人士欢欣雀跃，可见一斑；全国各地纷纷响应，更是不言而喻。这种普遍的社会心理、情绪也为外国人所叹服，在他们的报告中时有注露：“满清之前途，实属黑暗，本国人民多不信服。”③ 总之，其时人心思汉、人心思治、人心倾向共和是显而易见的。清政府，即使是袁世凯，在人心倾向共和面前，也无能为力。

---

① 杨玉如：《辛亥革命先著记》，科学出版社 1957 年版，第 271 页。

② 杨玉如：《辛亥革命先著记》，科学出版社 1957 年版，第 272 页。

③ 中国近代史资料丛刊：《辛亥革命》（八），上海人民出版社 1957 年版，，第 292 页。

第七讲　心理学视野下的“二次革命”

一、问题：败因何其多

以孙中山为代表的国民党人，1913 年 7 月发动了志在讨袁的“二次革命”，但是这样的一次反对袁世凯的“二次革命”，为什么没有像 1911 年 10 月 10 日的武昌起义那样，革命党人义旗一举，振臂一呼，而天下景从，不到两个月的时间，全国 18 行省就有 17 省宣布独立？民国初年在临时参议院中占多数的第一大党——国民党，为什么没有像辛亥革命那样很快取得他们所期待的反袁斗争的胜利？而袁世凯为什么在与革命党人的较量中能迅速地击败南方以孙中山为首的革命党人的抗争？诸如此类的问题，自然会在人们的头脑中萦回。

诚然，“二次革命”的失败有其历史的必然性。就我们今天的眼光看，不管革命党人用“武力讨袁”，还是通过“法律解决”，都不能改变“二次革命”失败的必然性。导致“二次革命”失败的原因不仅仅是黄兴“法律解决”的错误，而是多种矛盾相互作用的结果。那么，导致“二次革命”失败的原因主要有哪些？历来众说纷纭，莫衷一是。有的认为“革命派自南京临时政府夭折以来，手中一无政权，二无军队，三无组织（同盟会已瓦解），四无群众，焉得不败！”[①] 有的则认为客观上袁世凯力量的相对强大，必然要影响革命的进程；但革命的成败，主要还是取决于主观条件的优劣。尤其是资产阶级如此急切地“转向为背”，抛弃革命，这就是“二次革命”彻底失败的关键所在。在整个战争进程中，讨袁军暴露出的严重弱点有四：第一，他们打出的旗号主要是“反袁”的维护约法，提不出更为直接关系人民切身利益的反帝、反封建的纲领和口号；第二，仅仅着眼于军队的发动，忽视人民群众的斗争，形成了单纯的军事冒险；第三，独立各省，情况复杂，步调不一；第四，军事上没有统一的部署和指挥，贻误战机，省自为战，很容易被敌人各个击破。但是，这些仍然是表面现象，还存在着更为深刻的社会的、政治的根源。[②] 有的人认为国民党的失败“实败于财政而非战之罪”。[③] 黄兴本人就认为“二次革命”的失败，“乃正义为金钱权力一时所摧毁，非真正之失败”。[④] 而孙中山则认为二次革命“所以失败者，非袁氏兵力之强，实同党人心涣散”，把失败的原因归结为革命党人内部的人心涣散、意气消沉。[⑤] 有的认为失败的根本原因是“力量的对比问题”。[⑥]

---

① 方志钦：《论孙中山与黄兴的关系》，载《辛亥革命史丛刊》编辑组编：《辛亥革命史丛刊》第一辑，中华书局 1980 年版。

② 参见章开沅、林增平主编：《辛亥革命史》下册，人民出版社 1981 年版。

③ 左舜生：《黄兴评传》，台北传记文学出版社 1968 年版。

④ ［美］薛君度著，杨慎之译：《黄兴与中国革命》，香港三联书店 1985 年版，第 144 页。

⑤ ［美］薛君度著，杨慎之译：《黄兴与中国革命》，香港三联书店 1985 年版，第 136 页。

⑥ 胡绳武、金冲及：《从辛亥革命到五四运动》上卷，山西人民出版社 2010 年版，第 238 页。

总之，他们大多是在政治、军事、经济甚至个人身上寻找失败的原因，这无疑是必要的，这几方面也的确是导致“二次革命”失败的主要原因。但是，影响这一事件的因素又何止这些？历史事件之间，就是事件本身的不同发展过程之间，都存在着这样那样的或明或暗的联系，而维系这种联系的因素又往往呈现出错综复杂的状态，并无时刻地发挥着特有的作用。历史的悲喜剧就是在这种由各种因素的相互作用下上演的。正如恩格斯所言：“历史是这样创造的，最终的结果总是从许多单个的意志的互相冲突产生出来的，而其中每一个意志，又是由于许多特殊的生活条件，才成为他所成为的那样。这样就有无数互相交错的力量，有无数个力的平行四边形，而由此产生出的一个总的结果，即历史事实，这个结果又可以看作为一个作为整体的、不自觉地和不自主地起着作用的力量的产物。”① 历史虽然是许多单个的意志互相冲突、多种力量相互作用的结果，但人的认知、情感和意志等心理因素则始终是不可忽视的重要因素。

二、探秘：败亦在人心

导致“二次革命”失败，除了人们所说的政治、军事和经济等方面的原因外，还有没有其他的原因？存不存在自始至终影响“二次革命”的内在因素？其实，“人心”就是一个不可忽视的因素。

这里所说的“人心”，既指个体心理和群体心理，又包括革命党人的心理和袁世凯这一派人的心理，既指以商人为代表的新兴资产阶级的心理，又包括底层社会的大众心理。总之，这里所说的“人心”是对当时整个社会心态的总体性的说法，有着不同层次、不同性质的特点。

---

① 《马克思恩格斯全集》第 2 卷，人民出版社 1975 年版，第 1119 页。

为什么说除了政治的、经济的和社会的因素外，“人心”也是一个不可忽视的因素，是因为人心始终是一个复杂的且难以捉摸的影响力。法国著名社会心理学家、群体心理学创始人古斯塔夫·勒庞说过：“文明变革前的大动荡，如罗马帝国的衰亡和阿拉伯帝国的建立等，这些事件一眼看上去似乎是由政治变革、外敌入侵或是王朝的覆灭所决定的，但是如果我们对这些事件进行深入细致的研究思考，不难发现，事件背后的真正原因是民众思想的改变。真正的历史大动荡，不一定是那些宏大的、惨烈的、让我们震惊的暴力事件。思想、观点和信念的改变，是促成文明变革的唯一重要变化。令人难忘的历史事件，不过是人类思想的微妙变化所造成的外显后果而已。”[①] 孙中山自己就认为人群心理或人心是国家兴衰、革命成败的关键。他说：“夫国者，人之积也；人者，心之器也；而国事者，一人群心理之现象也。是故政治之隆污，系乎人心之振靡。吾心信其可行，则移山填海之难，终有成功之日；吾心信其不可行，则反掌折枝其易，亦无收效之期也。心之为用大矣哉，夫心也者，万事之本源也。满清之颠覆者，此心成之也；民国之建设者，此心败之也。”[②] 孙中山所说的“一人群之心理”，的确是一个不可忽视的因素，如同勒庞所言：“一个群体很容易就扮演了刽子手的角色，但同样也很容易扮演殉难者的角色。”[③] 为了更好地理解心理因素在“二次革命”中的作用和影响，我们不妨暂时把目光转向18世纪的法国大革命。因为“二次革命”前后的社会心理与法国大革命时期的社会心理有着惊人的相似。

---

① ［法］古斯塔夫·勒庞著，佟德志、刘训练译：《革命心理学》，广东人民出版社2012年版，第2—3页。

② 《孙中山全集》第6卷，中华书局1985年版，第158—159页。

③ ［法］塞奇·莫斯科维奇著，许列民、薛丹云、李继红译：《群氓的时代》，江苏人民出版社2003年版，第141页。

18 世纪中后期，资产阶级启蒙思想家们用理性主义作为思想的武器，去冲击中世纪的神学和禁欲主义的藩篱，试图通过对中世纪的神学和禁欲主义的否定，进而建立资产阶级的“理性王国”。他们曾不断地向人民许诺，大革命后的王国，必然是一个民主、自由、平等、博爱的理性的王国。但是，历史的进程往往不是人们预期的那样有序和美好，更多的是未曾预料的复杂和不可知的前景。

像众多历史书写者所告知的那样，1789 年的法国大革命，激烈的阶级斗争和党派争斗，使各阶级各集团的代表人物走马灯似地一个接一个地登上历史舞台，然后又很快相继退出历史舞台，甚至被送上了断头台。据统计，从“牧月法令”到“热月政变”，不到 50 天的时间，仅巴黎一地就处死了 1376 人，平均每周 196 人，杀人最多时每天 50 人，到罗伯斯庇尔被处死时，刽子手夏尔桑松已经马不停蹄地砍死了 2700 人，“在大恐怖时期，受到惩罚的不仅仅是特权阶级，有大约 4000 名农民和 3000 名工人也成了铡刀下的冤魂”。① 昨是今非，人们无法把握自己的前途和命运，剧烈的社会动荡，使人们的情绪一直处于亢奋紧张的状态，即使杰出的思想家、政治家也无法对变幻莫测的革命风云作出正确的估计。

现实如此莫测多变，人们的情绪处于极端，整个社会处于一种动荡不安的状态。尤其是紧接着大革命而来的并不像理性主义者所描绘的那样宁静、民主、自由、平等，而是法兰西帝国的崛起，战祸不断地向外蔓延，人们的生活和生命均得不到确切的保障，不安全感弥漫在人们的心头。当时的社会就像一个巨大的阴森可怕的魔窟，叫人毛骨悚然。这种惊恐不安、想摆脱而又摆脱

---

① ［法］古斯塔夫·勒庞著，佟德志、刘训练译：《革命心理学》，广东人民出版社 2012 年版，代译序，第 3 页。

不了的恐惧与愤怒，在人们的心灵里自然产生了莫大的压力。多变的现实，导致人们对时间的错觉；猛烈严酷的暴力，破坏了人们对力的感受机制，可以说，这场旷日持久的社会革命风暴，打乱了人们生理变化的阵脚。生理变化是心理变化的基础，而心理变化又会影响生理的变化。历史经验表明，在经过激剧动荡、人心莫测的年代之后，曾经有过的慷慨激昂的情绪陡然一变，转而渴望稳定和安宁。尤其是暴风骤雨式的法国大革命这种捉摸不定、大起大落的生活和情感体验，更使人们迫切渴望和平与安定。但是，理想中的幸福生活遥不可及，现世的痛苦有增无减，使人们开始留恋起大革命前的生活和社会。在他们的心目中，仿佛过去的一切都比现在更好。在现实的情况下，他们只能流于苟且和消极，尤其是对政治再也没有先前那样热心了，甚至变得麻木或冷漠。正是他们对政治的冷漠和对现实的麻木，使他们很自然地容忍和接受了波旁王朝的复辟。

尽管“二次革命”没有像法国大革命那样波澜壮阔、气势磅礴，更没有像法国大革命那样既广泛又持久，但“二次革命”前后的社会心理却与法国大革命时期的社会心理有着惊人的相似。法国群体心理学家勒庞坚信，口号语言等对群众具有强烈的暗示和鼓动作用。在他看来，如果语言是对词汇和短语的适当运用，它就具有一种魔力，因为它在群体中激起强烈情感和永恒结合的能力。换句话说，当语言把过去和现在联系起来，以从过去沿袭来的情感使今天的思想生动形象，将以前建立的关系转变成新的形势时，语言更是强有力。辛亥革命前十几年的“革命排满”和“民主共和”的思想宣传，曾引起了海内外爱国人士的呼应，但在民国初年似乎没有革命前那样容易唤起人们的革命激情。革命“排满”和“民主共和”的话语虽然因目标和对象上的清晰在当时的确能够调动人们的革命积极性，但“民主共和”的概念既模糊又容易混淆人们的视线，尤其是资产阶级革命派向人们喋喋不休地宣称的民主共和国，在武昌起义后只是昙花一现，很快就被袁世凯独裁统治所取代。但后来的现实表明，革命并没有给他们带来什么实惠。即使在国民党员担任都督的南方各省，下层群众同样也不曾得到多少实际利益，获得的只是残酷的镇压和日益增长的苛捐杂税。正如鲁迅先生笔下的阿 Q，不但没有阔起来，反而做了新旧统治阶级重新勾结的祭旗物。

当时，在社会上大多数人的心目中，不变也许比变好。在他们看来，既然在国民党人那里得不到利益，在袁世凯那儿更得不到好处；既然起来反抗与不起来反抗同样得不到益处，那么与其用冒险的代价换回微小的利益，还不如借助长期生活形成的忍受性和妥协性来保住现有的不太满意的生活条件。历史表明，在生活来源还未走到绝望的境地，绝大多数中国人都觉得在现存的政府统治下，过着他们先前习惯了的生活，也许更加实在和安稳。

“二次革命”前后，社会上普遍流露出“厌战”、“厌乱”的情绪，弥漫着对和平法制和社会安定秩序的渴望。一位亲身经历过“二次革命”的人回忆说：“我们路过四马路望平街……国民党机关报《民立报》等照例发行号外，大肆宣传。但我看见买报的人并不热烈踊跃，有时卖报人将报纸和号外送在行人手中，劝其购买，但行人却丢还报纸，扬长而去，与武昌起义各省响应时期的情况不同。”这在我心中发生了“民心向背”① 的问题。谭人凤也说：“试言革命以来之人民，当八月十九日武昌之举义也……一时人心踊跃，志气发扬。……我国之民气，较之日倒幕府，法倾路易，尤有过之无不及焉……概自入民国以来，人民感受种种痛苦，毫无福利可言，丧气灰心，不复再问国家事。”② 全

① 参见《辛亥革命回忆录》（八），中华书局 1962 年版，第 617 页。

② 参见谭人凤：《石叟牌词》，载石芳勤编：《谭人凤集》，湖南人民出版社 1985 年版。

心全意、一往无前的追求，一旦付诸东流或成为泡影，人们便不再事事认真，而是流于形式，生活随便，变“有为”而“无为”。他们觉得世事只不过如此而已，无须去辨别谁是谁非，一切听从上天的安排。在他们的眼里，国民党与袁世凯之间的冲突，只不过是一群官僚政客与另一群官僚政客之间的争权夺利而已，跟他们毫不相干。当时，人们还处在辛亥革命以来崇拜袁世凯的高潮状态，认为袁世凯是个了不起的“强人”，在当时大多数中国人的心目中，袁世凯就是改朝换代的真命天子，他的上台，就是王朝统治的继续，因此仍然对袁世凯抱有好感和幻想。更为重要的是，在封建的自给自足的自然经济和君臣思想意识支配下的农民，面对社会动荡不安的生活，自然而然地会联想到贤明的君主，“清静无为”的皇帝，仿佛他们的出现就是自己生活幸福的保障和依托。在这种思想认识和心理状态下的人民，自然不能再有更多的热情起来给国民党以有力的支持，恩格斯说过：“作为政治力量的因素，农民至今在多数场合下只是表现出他们那种根源于农村生活隔绝状况的冷漠态度。广大居民的这种冷漠态度，不仅是巴黎和罗马议会贪污腐化的强有力的支柱，而且是俄国专制制度的强有力的支柱。”① 当时中国广大农村的农民的冷漠态度，恰好为袁世凯独裁统治的推行提供了有力的支持。

而在当时的知识界和外国记者，其心理也是极其复杂和十分矛盾的。其时有一种袒袁的心理，认为非袁则蒙、藏无由解决，并且以袁世凯拥有重兵，而袁世凯的部下，不知道有国民，只知道有袁宫保，“使袁宫保在，专制可，共和亦无不可；使袁宫保去，则乱且接踵而至；津、京兵变已小试其端，奈何其复蹈之”。还在四川保路风潮刚掀起的时候，西方国家的报刊就敦促清廷起

---

① 《德国农民问题》，载《马克思恩格斯选集》第 4 卷，人民出版社 1975 年版，第 295 页。

用袁世凯，内阁总理大臣奕劻、协理大臣徐世昌和那桐，也上奏朝廷要求袁世凯出掌大权。武昌起义爆发后，四国银行团的美国代表就宣扬："如果清廷能获得一个强有力的人（指袁世凯）的襄助，并承借某些立宪革新，叛乱自得平息，并会很快地镇压下去。"① 强调只有袁世凯才能将中国"引上生活的常轨"。② 汉口一德国人办的报纸，甚至发表评论："袁世凯是一个强有力的人物，在这国家碰到空前困难的时期，如果还有人能够出来挽回局势，我们相信，也只有袁世凯了。"③ 一直对袁世凯拥护共和的诚意保持高度警觉的孙中山，后来也在解释推举袁世凯为第二任临时大总统的原因时说："文等所求者，倾覆满清专制政府，创立中华民国也。清帝退位，民国统一，继此建设之事，自宜让熟有政治经验之人。项城以和平手段达到目的，功绩如是，何不可推城？"④ 盛宣怀和梁启超等更是大造舆论，说袁世凯是中国的华盛顿和拿破仑，其功超过汉高祖和宋太祖⑤。早在南北议和时，老同盟会员李书城也认为革命军的实力不能与袁世凯的军事实力相抗衡。他说："当时南方除少数从正规军扩编的军队尚有作战能力外，大部分新编入伍的士兵多是城乡失业民众，尚未受过军事训练。各部队形式上虽具备军、师、旅、团、营、连、排的编制，实系乌合之众。从汉口、汉阳失败的经验看来，想依仗这种

---

① 章开沅、林增平主编：《辛亥革命史》下册，人民出版社 1981 年版，第 235 页。

② 余绳武：《辛亥革命时期帝国主义列强的侵华政策》，载《辛亥革命五十周年纪念论文集》，中华书局 1983 年版，第 244 页。

③ 《中国海关与辛亥革命》，中华书局 1983 年版，第 363 页。

④ 孙中山：《临时大总统誓词》，载《南京临时政府公报》第 1 号。

⑤ 参见章开沅、林增平主编《辛亥革命史》下册，人民出版社 1981 年版，第 440—446 页。

军队去冲锋陷阵，一直打到北京，是靠不住的。”① 在思想认识上已经转变为以实力和现实为价值取向，有的革命党人甚至也附和拥袁呼声，以为天下是“非袁不可”。

与此同时，在知识界还有一种“非去袁不可”的心理，但这种心理此时尚不普遍。其原因大概有三：一是当时人们尚不相信袁世凯真要作皇帝。袁世凯帝制独裁的阴谋还没有完全暴露，孙中山、黄兴北上，以及以孙、袁、黄、黎为名公布的八大政纲，更使人们把袁世凯奉为民主共和的“圣物”。二是文化背景的难以摆脱。一个想摆脱或认为自己正在摆脱或已经摆脱自身文化背景的人，他的言辞可以是激烈的——在他也以为是真实的，但他仍会不自觉地流露出对新思想、新文化的怀疑和敌视的情绪。当近代民主思想传入我国后，大多数人对此的接受更多的是出自理论上的选择，这种选择又多半出自于对中国现状的忧患，出自于由此而来的理智的权衡，甚至也可能出自于纯属个人的偶然因素，如某些人激烈地反封建的言论和行动，往往出于一桩不如意的婚姻，而这些选择由于缺乏相应文化背景的支持，重新退回去也是十分容易的。同时，他们对近代西方的民主、自由、平等以及共和等资产阶级意识形态的了解也是极其肤浅的，甚至是狭隘和片面的。因此，在理想与现实的反复较量中，在民主共和与帝制独裁的激烈争斗中，现实的严峻与残酷，很容易淡化他们的民族思想，促使他们在斗争面前最终选择退却。三是知识界本身就不是一个独立的阶级，它总有自己的归属之地，必然受其所依附的阶级的制约，但是有一点可以肯定，他们都希望和平、安定、国家统一。他们虽然对阿 Q 式的人物“哀其不幸，怒其不争”，对祥林嫂式的人物深表同情，对九斤老太的唠叨予以嘲笑和讽

---

① 李书城：《辛亥前后黄克强先生的革命活动》，载《辛亥革命回忆录》（一），中华书局 1962 年版，第 201 页。

刺，但是他们毕竟没有达到起来“造反”的地步。在国民党人与袁世凯针锋相对时，他们不自觉地充当了鲁迅所批评的“看客”。正因有如此复杂的心理因素交织在一起，所以当时有人相信，“袁得此辈人的援助”而“着着致胜”。[①]

就是国民党所代表的资产阶级，其时的心情也是前后矛盾的，甚至大多数人对孙中山的“武力解决”抱持反对的态度。由于阶级本性决定了他们的言论和行动，追求自身的发展、追求物质利益和名誉地位，总是他们思想行动的一贯原则。为了利益，牺牲或背叛自己的政党也毫不顾惜。辛亥革命的风风雨雨并没有洗涤他们身上的封建污垢，却掀起了他们发展实业，致富求名的欲念。在以孙中山、黄兴为代表的南方革命党人起来反袁时，他们却深怕对袁世凯的反抗会丧失他们发展实业的大好机会，甚至影响到他们既得的利益，因此对南方革命党人的反袁斗争深表忧虑，甚至持反对的态度。当时，有人在报纸上就坦露了他们的这种复杂心情：“商界何以反对南方兵事？盖兵事一起，商人之损失无限。此不独中国之商人也，即外国商人亦甚望贸易之国于平静之地位，安居乐业，勿复惊扰。且商业凋零，则人民均受其影响，故彼等之反对亦有不得已之苦衷也。”[②] 据英国驻汉口总领事报告：“湖北人民（实指绅商）的同情是在北洋军队和法律与秩序一边。”而在长沙，“大多数士绅和实际上的商界全体”[③] 都持同样观点。“宋案”发生后，除沈缦云等少数急进分子积极支持和参与武力讨袁外，绝大多数商人和资本家都害怕再起战事。上海商会、商团分会、教育会等团体，也以“宋案发生以来，商团

① 李剑农：《戊戌以后三十年中国政治史》，中华书局 1965 年版，第 184 页。

② 《邹永成回忆录》，载《近代史资料》第 1 期，1956 年 3 月。

③ 章开沅、林增平主编：《辛亥革命史》下册，人民出版社 1981 年版，第 466 页。

已达极点，何堪再起衅端”为由，“于双方竭力调停，苦劝息兵”。[①] 南京独立后，讨袁军派代表请商会“劝令商界助饷”，“商界虽未反对，惟无辛亥助饷之热心耳”。[②] 在广东，港粤商人更是联名上书袁世凯，认为“赣乱发生，粤复独立，非诛孙黄，无以安天下”，“务恳设法诛奸，勿稍宽纵”。[③]“二次革命”结束后，黎元洪竟为各地“商民”邀功请赏，理由是“各省商团预烛其奸，动色相戒。沪、粤两埠，开通最早，程度较优，故其拒绝暴徒亦最力；赣、浔、宁、皖商力较薄，曲从不甘，显拒不敢，卒因默示反对，使该党筹款无着，失其后盾；又如湘谋独立，亦因不得商会之赞同，故宣布最迟，取消最速也”。[④] 资产阶级的态度，与其说是相信法律的作用，不如说是对袁世凯的崇信和对其威力的恐惧，在权衡利弊得失之后，他们便投入到袁世凯的怀抱，甚至如袁世凯在嘉奖令中所言：“各商界烛其奸邪，绝其资助，遂使逆谋无由大逞，乱事得以速平”，“功匪鲜浅”,[⑤] 得到了袁世凯的嘉奖。

即使是革命党人本身，其内部心理反应也是混沌一片的。赋予辛亥革命以生命力的思想宣传告诉人们，革命推翻清政府，建立民主共和国，20 世纪中国的一切弊端痼疾，可以迅速治疗矫

---

① 李平书：《且顽七十岁自叙》，转引章开沅、林增平主编：《辛亥革命史》下册，人民出版社 1981 年版，第 465 页。

② 介北逸叟：《癸丑祸乱纪略》，转引章开沅、林增平主编：《辛亥革命史》下册，人民出版社 1981 年版，第 466 页。

③ 郭斌佳：《民国二次革命史》，武汉大学《文哲季刊》第 4 卷，第 4 号。

④ 黎元洪：《上大总统并致京外各机关》，载《黎副总统政书》卷 29，第 4—5 页。

⑤ 袁世凯：《通令查明各省省会拒乱有功人员呈请奖励文》，载《袁大总统书牍汇编》卷二，第 69 页。

正。他们这种带有许诺性的革命宣传，的确是辛亥革命获得普遍支持的重要动力。但是由于革命党人自身在思想认识等方面的弱点，在革命还没有彻底胜利之时，就陷入了自我迷失和思想混乱的境地，曾经对于反满革命和建立共和政府的信念，开始淡薄起来。[①] 先前寄希望于议会民主的许多人也开始犹豫起来，特别是“宋案”发生后，这种不坚定的信仰更加动摇了。

“宋案”发生后，革命党人既无军事上的充分准备，也无应战的从容和坚定意志，几乎是在矛盾的心理支配下匆忙地走上反袁道路的。他们既愤于袁的刺杀宋教仁，违背约法，擅借外债，决定与袁世凯一决雌雄，但又担心战争打下去会给国民带来痛苦和灾难，更怕因此引起外国的干涉。黄兴就在“宋案”发生后附和“法律解决”的主张，相信法律万能，他说：“民国元气未复，仍不如以法律解决之为愈。证据确凿，俟国民大会发表后，可组织特别法庭缺席裁判，何患效力不复生?”[②] 认为“天下甫定，外患方殷，阋墙之戒，乃所宜守，爰戢可用之兵，徐俟元凶之悟”。[③] 他们明知战争一定会失败，可是出于义愤不得不硬着头皮去干，以为只要尽了自己的义务就问心无愧。如李烈钧就认为“打不赢也要打，打败了就走路”，“我没有第二条路可以走……我只有打，这是我的人格”。[④] 还有的人事后认为：“我们激于大义，才发生这次战争，现在从这次战争的全局来说，虽然是失败了，但我内心毫无悔恨。”[⑤] 既然发动战争，是出于义愤，履行义

① 参见周锡瑞：《改良与革命》，中华书局 1982 年版，第 298—305 页。

② 谭人凤：《石叟牌词》，转引章开沅、林增平主编：《辛亥革命史》下册，人民出版社 1981 年版，第 470 页。

③ 《民立报》1913 年 7 月 18 日。

④ 《辛亥革命回忆录》（八），中华书局 1962 年版，第 585 页。

⑤ 《辛亥革命回忆录》（八），中华书局 1962 年版，第 601 页。

务，失败自然可想而知。事后陈英士致黄克强书时就指出：“法律以迁延而失效，人心以积久而灰冷，时机坐失，计划不成，事欲求全，适得其反。”“逮借款成立，外人助袁，都督变更，北兵四布，始起而讨之，盖亦晚矣。”①

我们知道，资产阶级革命派是由爱国起而排满革命，又由排满革命进到建立民主共和国的，爱国是他们革命的最主要的动机和动力。但纵观 20 世纪初期的历史便可发现，革命派在反帝问题上始终没有反满坚决，甚至为了达到迅速反满的目的而不惜向西方列强表示友好。他们既痛恨西方列强的侵略和奴役，又接受他们所谓“友好”的表示，对东西方强国的态度是极其矛盾和复杂的。同时，在“二次革命”时期，他们也没有把反袁与反侵略联系起来，有的人偏重于反袁，有的人则注重反侵略。这种认识在孙中山和黄兴身上，也同样有所反映。相对说来，孙中山反袁比黄兴显得坚决，但黄兴反外国侵略又比孙中山明确。“宋案”发生后，孙中山虽然首先认识到袁世凯是民国的蟊贼，革命的主要敌人，但他却看不到袁世凯的后台老板——西方列强和日本这些更凶恶更狡猾的敌人，甚至提出“联日”速战主张，幻想借助日本的力量来进行反袁斗争。黄兴一开始就反对孙中山的“联日”主张，表现了他一贯反对侵略者的明确态度，但他因“外患方殷”，而反对用兵讨袁，在主客观上又放过了窃国大盗袁世凯。由于认识和思想上的不尽一致，导致心理和行动上的纷乱，最终造成的结果是“二次革命”的失败。

所有这些由个体或群体的不同层次不同特点的心理特征构成的社会心理，在当时的的确确时刻制约着“二次革命”的整个过程。从总体上看，当时的社会心理是有利于袁世凯而不利于国民

---

① 《陈英士致黄克强书》，载湖南省社会科学院编：《黄兴集》，中华书局 1981 年版，第 402 页。

党人的。国民党人不仅在人力、物力和财力上得不到社会各阶级阶层的支持，而且在心理上和舆论上也得不到拥护，被视为“乱”的祸根。人心至此，难怪黄兴无可奈何地说：“人心已死，大事不可为。”这种“不得人心”的反袁斗争焉能不败？

三、思考：不能忽视人心

之所以要强调社会心理的反馈作用，并不是有意地夸大心理或社会意识的作用，更不是对政治经济等物质因素决定作用的否定，而是因为社会心理是社会意识形式的思想基础，为一定社会意识形式的形成和发展提供最初的动机、激情。从这个意义上可以说，某一时代的社会心理既是该时代社会意识形式的思想来源之一，也是人们这样而非那样行动的兴奋剂。如果不了解社会心理，就不可能深刻地理解社会意识形态和社会现象。普列汉诺夫曾指出：“要了解某一国家的科学思想史或艺术史，只知道它的经济是不够的，必须知道如何从经济进而研究社会心理；对于社会心理，若没有精细的研究与了解，思想体系的历史的唯物主义解释根本就不可能。”他还进一步指出：“甚至在法律和政治制度的历史中都必须估计到它；而在文学、艺术、哲学等学科的历史中，如果没有它，就一步也动不得。”[①] 同样，在历史研究中，对在历史上曾经起过推动或制约作用的社会心理，也不能等闲视之。

虽然我们迄今对“二次革命”前后社会心理潜在的能量无法估计，但是，从上述对各阶级、阶层、集团和政党心理的分析中可以看出：当时中国政治的专制腐败，中国官吏的贪赃枉法，国民党人对农民利益的漠视和自身的软弱，中国政治舞台上令人眼

① 《普列汉诺夫哲学著作选集》第 2 卷，三联书店 1961 年版，第 272 页。

花缭乱地跳着圆圈舞，这些又何不是那种根源于农村生活隔绝状态的群众的冷漠态度和城市工商业者和商会组织厌战厌乱的烦躁焦虑的心理状态有着千丝万缕的联系？袁世凯“武力统一”的方针和帝制独裁复辟步伐的紧逼，固然有东西方强国的背后撑腰，有国内反动势力和军事力量的凭借，然而革命党人所代表的阶级——资产阶级以及依附于这个阶级或这个阶级之外的大批的知识分子，对袁世凯抱有幻想与畏惧的矛盾心理，也是一个对袁世凯极为有力的支持力量。革命党人脆弱的、尚不健全的心理，不仅在一定程度上导致了“二次革命”的失败，而且还导致了自身的衰弱与瓦解。

总而言之，“二次革命”的失败是由多种因素造成的。政治、经济、军事和社会心理上的因素，也是不可忽视的。“二次革命”的失败，不仅是革命党人在政治、经济和军事上的失败，而且也是在对社会心理掌握和争取人心方面的失败。他们革命的理论宣传和革命胜利后的作为，没有从根本上满足人们的需求，丧失了最根本的心理和精神上的信任和支持，因此导致“二次革命”的失败。

第八讲　清末民初社会心理与政治（1903—1913）

近代史上，国家政局的剧烈变动，政体的改弦易辙，各阶级阶层在国家政治生活的舞台上大起大落的现象，恐怕要算清末民初这短短10年。这不仅仅表现在统治阶级内部权力争夺、相互倾轧和各阶级阶层的矛盾冲突上，也不仅仅见之于民众的不满情绪和抗捐抗税的反抗行为以及满汉矛盾对立上，更重要的是这段政治史充满着的大量的“二律背反”的历史现象，给后人留下了许多难以索解的历史怪圈：清王朝旨在安定人心、维持统治的改革却是自掘坟墓，埋葬了自己；旨在推翻封建专制建立民主共和国的辛亥革命，结果只得了块空招牌，封建专制之余毒依然根植于社会机体之中；领导辛亥革命的资产阶级政党——同盟会是近代民族资产阶级利益的代表，但在“二次革命”中，阶级却背叛了政党；对袁世凯其人其事早有所了解的革命党人和君主立宪派，在辛亥革命后却相信或制造了“非袁莫属”的神话等等。政治斗争的尖锐激烈和政局动荡不安，使清王朝退出了历史舞台，袁世凯又轻而易举地窃取了革命果实，人们对和平安定的政治环境的向往很快成为泡影，接踵而至的是袁世凯、张勋复辟和军阀混战，近代民主革命的两大任务之一反帝反封建，依然没有完成。历史学家们对这段震撼人心、影响近现代历史进程的政治史，从不同的角度，不同的立场，作了比较深入和广泛的探讨。如已故的李剑农先生从统治阶级内部的政治纠纷、权力争夺和个人或集团的主观愿望、主观动机的角度，考察了导致清末民初政治变化的历史动因，颇有一定的说服力。当代学者章开沅、林增平二位先生主编的《辛亥革命史》，则运用阶级分析的方法，从政治、经济、文化思想等方面全面剖析了清末民初政治格局形成和变化的原因，加深了人们对这段历史的认识。

但这时期社会政治生活在人民群众心理上的反应，以及整个社会心理对政治生活的反作用和影响力也是人所共知的，大量的史料记载和史料中潜藏的有关信息已充分地证明了这一点。所谓政治史，不外乎是阶级、政党、团体、个人等关于“国家活动的方式、任务和内容的理论、主张和观点”，以及各阶级阶层为维护自己的利益推行自己的主张而展开的政治社会活动史，在阶级社会里实际上就是阶级对阶级的斗争史。一方面，“阶级斗争给斗争两方面的心理涂上了色彩。……阶级斗争愈是尖锐，则这一斗争对于斗争中的各阶级的心理影响也愈是强烈”。[①] 另一方面，阶级的这种心理和整个社会心理也会反过来作用于政治和政治上层建筑，甚至影响历史事变或某个时期的历史进程。因此，“要了解某一个国家的科学思想史或艺术史，只知道它的经济是不够的。必须知道如何从经济进而研究社会心理；对于社会心理若没有精细的研究与了解，思想体系的历史唯物主义解释根本就不可能”[②]。同样，研究社会政治史或政治思想史，对社会心理的了解也是非常必要的。本讲在唯物史观的指导下，运用历史心理学的理论和方法，[③] 试图探讨清末民初社会心理与其时政治的相互关系，说明社会心理对政治社会生活的作用和影响，深化人们对这

① 《普列汉诺夫哲学著作选集》第 3 卷，生活 · 读书 · 新知三联书店 1984 年版，第 188 页。

② 《普列汉诺夫哲学著作选集》第 2 卷，生活 · 读书 · 新知三联书店 1984 年版，第 272—273 页。

③ 参见胡波：《历史心理学》，广东高等教育出版社 1993 年版。

时期政治史的认识。

一、动态社会心理与政治

社会心理按其态势分为动态和静态两种不同层次和类型，前者指历史变革中出现的那些新的社会心理特征，它最终导致新的社会心理结构的形成，它的基础是社会结构系统诸要素的变动情况。① 后者则是指相对稳定的社会文化心理结构，是历史和传统文化在人们心理深层次的反映。② 在这里，我们说的是动态的社会心理，即通常人们所说的社会心理。社会心理主要指社会人的主观方面，社会人的精神、社会情绪，即一定时代的社会人的融合着哲学、道德、政治，乃至宗教观念在内的一切习惯、风尚、道德、感觉、情感、要求、愿望、意图和理想的总和。就广义来说，它包括各种心理特性、心理过程和心理状态，就像一个人的心理也具有这些成分一样。为了便于说明，我们首先分析动态的社会心理这一层面与清末民初政治之间的相互关系。

清末民初的社会心理千头万绪，变化莫测。尤其是这之间经历了一场划时代的历史事变和政治变革，使社会心理的内容和形式都变得更加复杂纷纭，而且辛亥革命前后的社会心理的内容和它的表现形式有很大的差别。因为决定它的经济基础和政治上层建筑都发生了巨大的变化。义和团运动以后，中国完全进入了半封建半殖民地的社会，帝国主义对中国的政治控制加强了，但形式改变了，“以华人治华人”的政策使清政府也乐意成为洋人的朝廷。但随着帝国主义对中国经济控制和勒索的加强，中国社会

---

① 参见胡波：《论历史心理学及其研究对象》，载《学习与探索》1988 年第 2 期。

② 参见胡波：《论历史心理学及其研究对象》，载《学习与探索》1988 年第 2 期。

经济日趋崩溃，当时就有人指出："自庚子遘乱，赔款峻增，益从练兵戡匪学校警察之需，每岁溢出二千数百万两。部臣与各疆吏无可筹划，则请开捐，不足又请行膏捐房捐，又不足乃请提州县漕米平余，亦可谓搜刮无遗矣。而前上两年交赔款之时，上海商市大为掣动，拆息之大为从来所未有。推其原故，由于输出之银太多，商市因之震撼。屈指赔偿之期，未至十一，而上下交困如此，过此以往，何堪设想。"① 帝国主义的勒索，清政府到处搜刮，城市经济受到影响，资产阶级都感到不能忍受，广大劳苦大众则更是苦不堪言了。当时就有人撰文称："自本报发刊以来，每日所载，连篇累纸，不外'荒旱盗贼'四字……皖豫苏交界之蝗，蔓延无已，而山东、直隶、山西数月不雨，人心惶惶；甘肃又一旱三年，牲畜饿仆，人自相食，其可惨有如此者。……虽然，今日之卖路、卖矿、卖国者，触目皆是，盗贼盈天下，报章载之不胜载，试问烹之能胜烹乎？"② 国势如此，民不聊生如是，天怒人怨。大多数人士开始把憎恶外人的心理，完全移到清廷身上，越觉得外人可憎可恨，就越觉得清政府的无能无耻。清政府的专制威信至此已荡然无存。

拒法拒俄运动，以及"苏报案"的发生，海内外反清革命的呼声逐渐高涨起来，"扶清灭洋"的口号也改为"扫清灭洋"和"革命排满"了。从前高高在上、威严无比的大清皇帝，现在人们可以在大庭广众、报纸杂志上直呼"载湉小丑"，民气至此，清王朝统治者们也无可奈何。他们所能做的也仅仅是为了长治久安，永保大清江山太平无事而稍事改革。但 1900 年到 1905 年间

---

① 张孝若编：《张季子九录》，载《政闻录》第 3 卷，中华书局 1931 年版，第 3 页。

② 傅德华编：《于右任辛亥文集》，复旦大学出版社 1986 年版，第 22 页。

所行的新政，实际不过是“废科举、设学校、派游学”九个字。政府机构的改革则是处处防备汉人，削弱汉族官僚的实际权力。这一改革加深了汉族人民、特别是汉族官员对清王朝的不满，激化了满汉矛盾。先前支持和忠实于清朝的汉族官员因受了清朝皇族的种种压抑，也开始心怀怨愤，倾向共和排满了。

众所周知，社会心理是对社会存在的反应，“生产力发展的任何特定的阶段必然地引起社会生产过程中人们的一定的结合，即一定的生产关系，亦即整个社会的一定的结构。而既然有了社会的结构，就不难了解，它的性质将一般地反映于人们的全部心理之上，反映了他们的一切习惯、道德、感觉、观念、意图和理想之上。”① 20 世纪初的中国政治发展变化的客观事实决定了当时社会心理的基本构成、实质特征和变化趋势。由于长期地受压抑和生活的不安定形成的反满、排满情绪和由内忧外患、被动挨打、面临亡国灭种危险的严酷现实形成的变革和革命意识，成为 20 世纪初中国社会心理的主要特征。不过前者是一种大众化的普遍的社会心理现象，后者则更多地表现为群体或团体性的心理特征。这两种心理倾向在清末成为政治斗争、经济建设和文化思想发展乃至社会舆论导向的主要心理动因。

反满情绪由来已久，可上溯到清人入关江南人民的抗清斗争，下可联系到太平天国革命，这都属一种朴素的民族情感，但在不同的时期，排满、反满情绪所涵盖的内容和表现的形式都有殊异。尽管这种颇带汉民族偏见的民族感情常常成为满汉民族间相互谅解、相互沟通的障碍，但也常常不可避免地夹杂着浓厚的政治斗争色彩。进入近代，尤其是义和团运动以来，这种几百年延续下来的满汉对立情绪在内容和形式上发生了许多变异，民族

① 《普列汉诺夫哲学著作选集》第 1 卷，生活 · 读书 · 新知三联书店 1984 年版，第 715 页。

情感成了人们对现实生活、国家命运、个人前途忧虑和不满的情绪表现。20世纪初的社会政治生活、经济生活和文化生活赋予这种积年已久的反满情绪以新的内容和新的形式，过去的排满主要是情和义的驱使，这时期的反满则主要是由于“理”和“利”的激发。前期重伦理道德、精神气质、忠君爱国，这时期则显示出追求现实价值、理性精神和自由民主倾向。

震惊中外的义和团运动在中外反动势力联合夹击下被迫转入了地下，但全国各地人民群众的反封建专制、抵抗外国侵略的斗争却风起云涌，断断续续的武装起义和此起彼伏的抗捐抗税运动成了清统治者心头的隐患。广大农民为种种苛捐杂税所迫，实在无以为生，大家都怀抱“与其不得食而死，犹不如作乱而趋于死地”的决心，捣毁衙署、统捐局、厘卡、盐卡。那些城镇手工业匠、交通运输工人、店铺、摊贩也都因不堪扰害，参加这种抗税运动。据统计，从1902年到1911年，各地起伏生灭的民变多达1300余起，平均每两天半发生一次。这些民变席卷全国各地各民族，触及了城乡社会生活的各个方面。[①] 从1901—1911年10年间，全国各地仅官逼民反事件就多达483起。[②] 在各地官吏的奏折中，尽管他们为了讨好清统治者而有意地隐瞒群众的反满情绪，但在奏折的字里行间，也常常不自觉地流露出恐惧、忧虑和不安的情绪。“人心浮动”、“人心惶惶”、“人心思动”的语句随处可见。如云南道监察御史王宝田于宣统三年五月十一日奏报：“自近岁连遭荒歉，流亡满道，饥寒亡命假息萑苻，而贼势遂一变；重以军政弛紊，士心离怨，游勇亡卒相煽为恶，党会凶悖又

---

① 参见张振鹏、丁原英：《清末民变年表》，载《近代史资料》，1982年第3、4期。

② 参见中国第一历史档案馆、北京师范大学历史系编选：《辛亥革命前十年间民变档案史料》，中华书局1985年版。

从而诱之，于是外匪以内匪为导，内匪以外匪为威，公然揭旗持械，横行内地。官吏惴惴，惧不自保，而将弁庸劣又不任攻守，以故东省乱事遂致溃决不可收拾。臣每接故里书牍叙述荒乱，为之绕室彷徨，深维患气之积，人心之不靖。”① 署邮传部右丞蔡乃煌于光绪三十三年十一月二十六日奏江浙人心思动请先预防：“近年粮禾价腾，不逞之徒时交哨聚，加以学生自东游返国者倡言革命，期以演说煽动愚民，故上海公堂一案，不崇朝而集者动至数万人。……浙东省会匪、枭匪，以及宁、绍、台之海盗，非、沛、萧、砀之刀匪，太湖之盐贩，苏、松一带之青皮光蛋，久已结党联盟，肆行无忌。加以士大夫倡言自由，学生发端排满，各匪又复从中煽惑，必至激出衅端。”② 尽管其时的民变和各种反抗斗争规模不大，时间不长，但它们不仅动摇了清王朝统治的基础，而且使反满斗争情绪更加高涨起来，统治者们也惶惑不安地惊呼：“民气之悍，民心之愤，已成危象！”③

社会心理中的反满情绪，从清政府 1905 年开始宣布推行预备立宪和官制改革的动机中亦可窥见一斑。1906 年载泽在《奏请宣布立宪密折》中就表明了他们立宪的动机：“以今日之时势言之，立宪之利有最重要者三端：一曰皇位永固。……一曰外患渐轻。……一曰内乱可弭。”④ 这种想借预备立宪来缓解民众的不满情绪和反清怒潮的心理跃然纸上，同时也从侧面反映了当时社会心理中的反满情绪已成为统治者惧怕的力量。

但是民气已开，反满情绪已成，而且还在随政局和社会情势

---

① 张振鹏、丁原英：《清末民变年表》，载《近代史资料》，1982 年第 3、4 期。

② 张振鹏、丁原英：《清末民变年表》，载《近代史资料》，1982 年第 3、4 期，第 279 页。

③ 左绍佐：《连州事件摘录》，载《近代史资料》1955 年第 4 期。

④ 《宪政纲要》奏议，载《东方杂志》第 4 年临时增刊，第 5 页。

的变动而逐渐升温，非一个预备立宪所能缓解。稍有事变和偶遇水旱年荒，不满的情绪又会复苏，并进而转化为反满情绪。况且清统治者越到后来，越是格外地提防着汉人和汉族官员，排满呼声越高涨，满族官员排汉心理也就愈益加强，就越发加强对人民的控制和削弱汉族官员的权势，清政府晚期的一系列改革正是在这种心理支配下进行的。清政府越是限制人民，压制汉族官员和立宪派，双方的矛盾因此越是激化，那些曾经拥护清王朝统治的汉族官员，以及对清王朝的改革尚抱希望的资产阶级立宪派和大部分商人、农民，待到清政府官制改革、铁路国有政策颁布和四国币制借款先后出笼，他们对清政府仅有的一点愚忠和幻想一下子消失殆尽，愤怒和仇恨涌上心头，斗争的矛头因而直指清王朝。① 所谓“政府之专己自逞，违拂民心，摧抑士论……于是人民希望之路绝，激烈之说得而乘之，而人人离畔矣”。② 李剑农先生谈到清末保路风潮的历史时，指出：“自此风潮发生以来，与革命党人素无关系的商民，也不知不觉趋向革命党的方面来了。革命党刻刻乘机待发，立宪党亦已失望，一般商民又积愤无可申雪，于是只等武汉的炮响，爱新觉罗氏相传二百六十八年的金交椅就此颠覆。”③

而且到了清末，人们的普遍信念是：经过 268 年清王朝将走完自己的历史路程。当时的士大夫和现代知识分子常常用“丧失了国家主权”或“背叛了代表制宪政府愿望”之类的词句来表达他们对清王朝的心灰意冷，幻想破灭。而老百姓则大都根据“天

---

① 参见李剑农：《戊戌以后三十年中国政治史》第四章，中华书局 1965 年版。

② 杨立强、沈渭滨、夏林根、管霞起、黄稚松编：《张謇存稿》，上海人民出版社 1987 年版，第 18 页。

③ 李剑农：《戊戌以后三十年中国政治史》，中华书局 1965 年版，第 101 页。

命”来思考问题，深信清王朝已经失去了天命。民间也流行过“三月四月旱，五月六月乱，七月八月烂（时事糜烂），九月十月换（换朝代也）”之类的民谣。日本侦探山田胜治在他的报告中指出：“在中国目前的危机中，虽然没有革命党人的活动，但革命思想正在普及。……人民预见国家将要大乱，预言满清一定垮台。”① “如果向一个愚昧无知的人去问及国家大事，他会说：‘要改朝换代了！’或者会说：‘这个王朝早就持续一百年了。’很明白：市井小民的感情和文人学士的内心是一致的。他们共同归结于一个简单观点：满清王朝覆灭。这并不单纯是衣食无着的穷苦下流人的感情。就是那些有名气的、有文化的大绅士，也知道清王朝的覆灭是不可避的。”② 谭延闿的顾问和心腹，描述了随长沙抢米风潮和其后的铁路国有化而来的社会心理转换：“自是人心愈愤，仇视清吏若眼中钉，必去之而后快，其革命潮流，竟成为一般人民之普遍心理矣。是时各省咨议局联合会成立，辛亥俱乐部纷起，虽未侈谈排革，窃见清室贵胄专横日甚，则亦愿革命之早成。盖从前持此义者，在上流人物不过少数，至是官吏者亦复乐为之。革命党人乃不啻得一大协会。清祀不绝，其在是乎？其在是乎？”③ 当时这种对清王朝统治普遍失去信心的心理，不仅影响了改良派、君主立宪派和社会上流阶层的政治态度和政治行为，而且也直接决定了清王朝的历史命运。美国学者周锡瑞先生在分析了大量的史料基础上指出：“清朝覆亡之速，反映了遍于全社会各阶层对满清统治的深刻不满。……武昌的政变迫使上流

① ［美］周锡瑞著，杨慎之译：《改良与革命》，中华书局1982年版，第199页。

② ［美］周锡瑞著，杨慎之译：《改良与革命》，中华书局1982年版，第199页。

③ ［美］周锡瑞著，杨慎之译：《改良与革命》，中华书局1982年版，第202—203页。

阶层进行选择，而且间不容发。上流阶层很快地意识到，清王朝完蛋了，转向新的革命政府，以此保持上流阶层新政所必需的至少表面上的国内和平，是一个最可靠的办法。不过，在这样做的时候，上流阶层对维持治安的关切，胜过了中国革命的爱国主义和民主共和观念。”① 有的学者更明确地指出：当时“人民已丧失对清朝政府的任何期待，更说不上对它还有什么信任了。恐惧、痛苦、失望、厌恶、愤怒，什么都有，汇集成一股要求变革现状的强烈愿望。这种愤懑情绪已遍及社会各个角落，人们越来越相信革命党人历来所宣传的那些是对的：一切不幸的祸根就在这个腐朽而卖国的清朝政府身上，只要把它推倒了，什么都会好起来的”。② 显然，普遍的反满情绪，加速了各阶级阶层的反满大联合和清王朝的覆灭。但由于人们各自参加革命反满的动机和反满情绪产生的背景不同，因而使民初政治显得更加复杂纷纭。

辛亥革命的突然胜利，无疑地使人们感到震惊和意外，也毫不例外地给大多数人带来了新的希望，当时“人们可以一方面不赞成革命党人的事业，一方面却理解和在某种程度上同情革命党人的行动和主张”。③ 武昌起义胜利后，潜藏在人们心中的反满情绪一下子爆发出来，不到几个月的时间，全国就有 17 省宣布独立。许多在武昌起义之前持不同政见的各阶级、阶层和团体在武昌起义后便一下子抛弃前嫌，携手言和，“咸与维新了”。毫无疑问，辛亥革命的胜利与反满情绪有着直接的因果关系。④

---

① ［美］周锡瑞著，杨慎之译：《改良与革命》，中华书局 1982 年版，第 214—215 页。

② 金冲及、胡绳武：《辛亥革命史稿》第 3 卷，上海人民出版社 1991 年版，第 3 页。

③ 《辛亥革命史丛刊》第 7 辑，中华书局 1987 年版，第 248 页。

④ 参见陈旭麓：《近代中国社会的新陈代谢》，第 14、15、16 章，上海人民出版社 1992 年版。

“反满”表面上看，似乎是汉人与满人之间矛盾冲突的一种外在表现，但从发生学上看，“反满”有着强烈的更为深层的心理动因。它的真正动因是人们对太平安定、生活有依有靠、平等自由等的迫切需要。甲午战争以后，中国社会不安定因素在逐渐加强，1900 年义和团运动和清末新政，加上统治集团内部权威人物的消失（慈禧太后和光绪皇帝猝死）和官僚之间相互倾轧、互不信任等因素，使动荡的局面更难以扭转。社会上各阶级阶层的大多数人不约而同地希望借反满来达到稳定政局、改变现状、谋得和平统一的目的。因为在当时大多数人看来，天下不太平，是由于外人的侵略奴役，外人的侵略奴役是由于腐败的清王朝造成的，因此想天下太平，就只有先反满。大众的心理逻辑起点总是实用的，现实的。求实、求安定、求统一、求和平幸福成了反满行为的主要心理归因。在这种心理支配下的人们必然害怕战争，害怕外人干涉，害怕因革命带来分裂割据的局面。

还在武昌起义之前，革命党人中就有人提出为避免外国干涉，应尽量采取速战速决的革命方针。孙中山也认为：“革命军骤起，有不可响迩之势，列强仓猝，无以为计，故只得守其向来局外中立之惯例，不事干涉。然若我方形式顿挫，则此事正未可深悖；戈登、白齐文之于太平天国，此等手段正多，胡何不虑？谓袁世凯不可信。诚然，但我因而利用之，使推翻二百六十余年贵族专制之满洲，则贤于用兵十万。”[①] 孙中山提出以“和平收革命之功”[②] 的计划。武昌起义不久，一些资产阶级政治团体更是极力宣传：“今日几百大事皆不必虑，所最可虑者……使战祸延长，则不逞者铤而走险，伏莽乘之，因而窃发。当此时也，所谓

① 胡汉民：《胡汉民自传》，中华书局 2016 年版，第 54 页。

② 《孙中山全集》第 1 卷，中华书局 1981 年版，第 570 页。

‘文明’、‘秩序’者，安能长得？而涂炭之祸，必有不堪言者。”① 当议和之际，北方的孙宝琦致电各省都督：“今者南北意见两无归宿之途，深恐停滞日久，战祸方长，万一牵及外交，为患更深。”② 南方的张謇则因“英人李治面告，东邻（日本）与宗社（党）一月前已有勾结”而深表忧虑，以为“夜长梦多。皆由不早统一之过。若再相持，危机愈迫，祸乱不可胜言”。③ 他们的忧虑共同反映了其时中国的一种社会心理，这种害怕因战事延长引起外国干涉，造成内乱的恐惧心理在当时很有代表性，“这种社会心理呼唤一个能迅速结束动乱、稳定政局的人物，一个在专制政体倾覆之后能重建和平与秩序的人物”。④ 在这种心理支配下，人们避重就轻，畏难缓进，主张妥协。与袁世凯进行和谈，利用袁世凯达到和平收革命之功的目的。黄兴等人受当时社会上这种心理的影响，也认为：“袁世凯是一个奸黠狡诈、敢作敢为的人，如能满足其欲望，他对清室是无所顾惜的；否则，他也可以像曾国藩替清室出力把太平天国搞垮一样来搞垮革命。只要他肯推翻清室，把尚未光复的半壁河山归还汉族，我们给他一个民选的总统，任期不过数年，可使战争早停，人民早点过太平日子，岂不甚好。如果不然，他会是我们的敌人，如不能战胜他，

---

① 《国民邪乎议和问题与全国同胞商榷意见书》，载上海社会科学院历史所编：《辛亥革命在上海史料选辑》，上海人民出版社 1981 年版，第 265—266 页。

② 《民立报》1911 年 11 月 25 日。

③ 杨立强、沈渭滨、夏林根、管霞起、黄稚松编：《张謇存稿》，上海人民出版社 1987 年版，第 31 页。

④ 陈旭麓：《近代中国社会的新陈代谢》，上海人民出版社 1982 年版，第 338 页。

我们不仅得不到整个中国，连现在光复的土地还会失去也未可知。”① 当时社会上畏难情绪、恐外情绪和害怕战争引起内乱心理是极为普遍的。李剑农先生在描述南京临时政府成立之际的内部情况时也说：“总括一句：临时政府组织时，一般人的心理，已注定南北和议的成功，已注定清朝皇帝的命运全操纵在袁世凯手里，已准备俟清皇位推翻后把临时大总统的位置作袁世凯的酬劳品，已准备在袁世凯作总统的时候，便得到共和立宪的政治。所以，在南京和议尚未成功时，就产生的中华民国的命脉已落到袁世凯手里去了。”②

具体说来，民初社会心理表现在两方面：一是“维持现状”，一是“非袁莫属”。胡汉民就认为：“这一‘维持现状’的四个字，恰是人家用以批评总理的‘理想太高’四个字的反面。大家的心理既然是寄托在这四个字上，当然要撇开总理那种夸大狂的人，小予信仰，转而另觅那种能照这四个字实行的相当人物，于是又逼出‘非袁莫属’的一句话来了。”当武昌首义以后，举国响应不为不快。各地不但党人领导着运动，连国民也跟着运动，大家都觉得满清非推翻不可了；就此群策群力，一鼓作气，把他很快的推翻掉。国民的精神原也十分可佩……但是一经破坏以后，临到建设，国民不但于实际事业上无所表现，而且心理上反而显出三个大弱点来，把整个的革命功业直接、间接误干净了。第一个心理上的弱点是苟且。大家以为大乱过去了，应该赶紧休养生息，不必再闹了。革命党员毕竟是含有暴烈性的朋友，现在用不着他们了，同他们疏远些，另外接近稳健的人物吧”。“第二

---

① 李书诚：《辛亥前后黄克强先生的革命活动》，载《辛亥革命回忆录》（一），中华书局 1962 年版，第 200 页。

② 李剑农：《戊戌以后三十年中国政治史》，中华书局 1965 年版，第 124 页。

个心理上的弱点是侥幸。以为过去已有的牺牲，或者已经够了，然大家所求的目的，不必再多奋斗了。大家总想以廉价来买得贵物，实际上有无把握是不管的，只望其侥幸而中罢了。”“第三个心理的弱点是倚赖。凡事让人去办好了，自己一概不管。从上面两个弱点中，他们认为满意的办法，是‘维持现状’，认为满意的人才，是‘非袁莫属’。既经物色着袁世凯这个宝贝，将国家重任托付给他以后，国民以为便无甚责任了。以后袁世凯究竟怎样办理？能否维持大家所望的现状？在现状以外他又会搅些什么鬼？通通不管了。其实袁世凯一面把满清的不好现状果然整个的维持下来；一面自己又新兴了许多害国殃民的花样，而国民除甘心受骗以外，再没有什么表示……总而言之，一概不管账，不负责。”①

诚然，当时社会心理有这些弱点，同时也对民初政治产生了一定的影响，但社会心理是社会存在的反应，它一部分受社会的经济基础所决定，一部分受社会的政治上层建筑等所制约。从根本上说，社会心理是现实生活的内容在人们心理上的反映。首先，辛亥革命在解除帝国主义威胁方面几乎一事无成。事实上，它给了列强以口实，通过将海关税收存入外国银行而不存人中国银行的办法，来加强外国对海关税收的控制，并以此作为偿付外债的保证。到 1913 年，袁世凯就着手谈判善后借款，和海关税收一样，这种借款把盐税征集也交到外国人手里。②

其次，革命并没有给广大农民带来好处。在民国初年，与清朝新政伴随而至的物价、捐税飞涨的趋势有增无减。对于农民，

---

① 中国国民党中央委员会党史委员会编辑：《胡汉民先生文集》第 4 册，台北 1978 年版，第 1381—1383 页。

② 参见胡绳：《帝国主义与中国政治》，人民出版社 1978 年版，第 119—132 页。

革命除了带来一个绅士和官僚更紧密联合，以维护上流阶层阶级利益的新政权之外，其余一无所有。① “在辛亥革命以前，因为清廷的恶政与对汉民族的歧视，在民众心理上存在反清的情绪，所以革命党倚仗这种民众的反清情绪而推翻了清廷。清政府颠覆后，所有的政党，都因不能代表民众利益，成了水上无根的浮萍。而同盟会的部分党员，骄纵失态，更未免惹起别人的恶感，牵引民众消极反对的动机；其他的党派，更是一丘之貉，在民众中没有好的印象。加以当时民众有厌乱的心理，国民党因而首先处于危险的地位。国民党亡，而进步党等亦不能幸存。”② 革命党人脱离群众，甚至违反群众的意志和利益，使群众对民主共和失去信心，尤其是革命军强迫群众剪辫之举，引起了群众的愤怒和不安。“他们迄今对革命军政府的体验已经极为不满，采取向商人们强制借款和强迫征税以募集资金的专横方法，使所有的人们都受到影响，同时又进行剪辫运动，从而大大增强了革命事业在该城（南京）内已经引起的厌恶情绪。广大群众开始认识到，豁免一切捐税以及关于新太平盛世将带来繁荣昌盛的其他一些普遍幻想的前景，事实上是没有根据的。在许多场合下，他们开始对他们所给予革命运动的同情和支持感到后悔。”③ 最后，是辛亥革命以后，人们都希望从此过上太平幸福的生活，希望能安身立业，得到发展的机会，尤其是民族资产阶级和商人，其喁喁望治之心是非常迫切的。他们最害怕战争对他们不利，更不愿意因政局动荡，国家不统一引起内乱。民国初年的确出现过极不安定的

---

① 参见［美］周锡瑞著，杨慎之译：《改良与革命》，江苏人民出版社 2007 年版，第 297—305 页。

② ［美］周锡瑞著，杨慎之译：《改良与革命》，江苏人民出版社 2007 年版，第 160 页。

③ 胡滨译：《英国蓝皮书有关辛亥革命资料选译》下册，中华书局 1984 年版，第 444 页。

因素，[1] 而且地方政权失去它有效的制衡作用，混乱因而不可避免。再加上军队缺乏组织纪律性，骚扰居民、破坏商民利益、危及人身安全，这样更使人们普遍认为这种状况持久下去国将不国，生活难以保障。因此，渴望和平、统一，要求社会迅速稳定下来的心理在当时成为一股强大的政治推动力，左右着民初政局。

这种心理反应在革命党领袖身上，有两种意见：一是害怕分裂，只求迅速统一，而不管统一在谁手里，以为如果不能得列强承认，中华民国就不能生存。孙中山就认为“革命党乃不能胜之者，则为当时欲竭力避免国内战争之延长”。[2] 他自己也为情势所迫不得不把政权转交给袁世凯。黄兴为表“和平建设”的诚意，自动地解散了大批革命军队，并认为“嗣因北方言论猜忌环生，不审内容，每多臆测，以为南方存此机关，势同树敌”，“兴睹此情形，殊非国福，窃恐内讧叠起，外祸丛生”，“不如将留守机关早日取消，可使南北嫌隙尽泯，庶几行政统一，民国基础自趋巩固。”[3]

而袁世凯却有意地利用国民的厌战厌乱、要求和平统一的心理来要挟革命党人，从而达到自己的目的。不过，尽管袁世凯被中外反动势力誉为“强人”，但在人心面前，袁世凯不得不有所收敛，不得不表示拥护共和，“深愿竭其能力，发扬共和之精神，涤荡专制之瑕秽，谨守宪法，依国民之愿望，蕲达国家于安全强

---

① 参见《纪念辛亥革命七十周年学术讨论会论文集》下册，中华书局1983年版，第595—650页。

② 《孙中山选集》上卷，人民出版社1956年版，第45—46页。

③ 黄兴：《致中央及各省通告解职》，载《黄留守书牍》下卷，第18页。

国之域”。[1] 待到时机成熟，袁世凯又利用国民厌战、厌乱心理去打击国民党和反对派，说孙中山、黄兴等“左又是捣乱，右又是捣乱。我受四万万人的托付之重，不能以四万万人之财产生命听人捣乱”。[2] 这显然是恶人先告状，颠倒是非。革命党人在舆论和民众心理上就首先失去了优势。“二次革命”的失败，与社会心理的厌战、厌乱情绪显然有直接的关系。有人尖锐地指出：“依当时的所谓‘民心’观察，讨袁军是万难制胜的。当时的人心，一般说是‘厌乱’，其实所以‘厌乱’，还是因为‘并不知乱’，一般人以为辛亥革命的小小战争就是‘乱’，赣宁的军事就是‘乱’，不知道还有无数次南北混战‘大乱’的种子，隐伏在北洋军阀里面，好比人的身上，长了一个小痈，你要趁早替他割去，他就拼命地抵抗叫痛，不知道瘾毒蔓延日久，还有将来的大痛。”[3] 因此，当孙中山等革命党人再次起义反袁时，大多数人持反对意见，甚至采取了敌视态度。“商界何以反对南方兵事？盖兵事一起，商人之损失无限。此不独中国之商人然也，即外国商人亦甚望贸易之国处于平静之地位，安居乐业，勿复掠扰。且商业凋零，则人民均受其影响，故彼等之反对亦有不得已之苦衷也。”[4] 这种厌战、厌乱心理无疑地成为“二次革命”失败的主要原因之一。当时就有人这样认为：“商人厌于满清失德，当辛亥之变，力助革党，其结果遂推翻清廷。及癸丑之役，商民望治心殷，援助袁氏，故不数月而事变全定。”[5] 商人的厌战、厌乱，

---

① 《莅临大总统任誓辞》，载《袁大总统书牍汇编》卷首，上海广益书局 1936 年版（续），第 1 页。

② 《时报》1931 年 5 月 27 日。

③ 李剑农：《戊戌以后三十年中国政治史》，中华书局 1965 年版，第 185 页。

④ 洪越、殷榕：《癸丑战事汇录》，上海民友社 1913 年版，第 15 页。

⑤ 《护国军纪事》“外论”，“中央文物供应社”1970 年版，第 516 页。

喁喁望治之心很有代表性。“二次革命”的失败因此亦在情理之中。

二、静态社会心理与政治

如果说需要、利益、情绪、情感和意识状态是社会心理的动态结构成分，那么，社会或民族性格、风俗、习惯、传统、爱好等则是社会心理结构的静态成分。前者是对社会现实生活的主观反应，后者则是历史、文化和观念在人们心中的积淀。清末民初的反满、排满情绪和思安厌乱心理更多地是对社会现实生活的直接真实的反映，它的产生在一定程度上也直接成为清末民初中国政治变动的推动力之一。但无论是反满情绪还是思安厌乱心理，都只能是一种暂时的心理状态，它随社会生活的变化而改变，不可能成为社会政治变革的持久的动力，尤其是在清末民初社会结构发生转换，政治上层建筑发生根本性变化的大变动大转折年代，新旧交替，专制向共和过渡，人们要适应新的形势，在心理上必然有一个转换的过程，而且转换的速度和质量在一定程度上直接决定着社会变革的广度和深度。这种心理转换过程包括两方面：即新的心理内容和形式在多大程度上取代传统的心理成分，以及传统的心理成分在变革转换当中起了什么样的作用。这正是我们了解这时期中国政治变革的关键之一。

辛亥革命成功地推翻了封建专制制度，结束了清王朝的专制统治，但辛亥革命的真正目的并没有达到，压在人民头上的“三座大山”依然存在，社会封建军阀、官僚政治机构除了换了一些名目外，几乎没有任何变动，半封建半殖民地社会的经济基础，更没有受到丝毫的触动。日本强迫中国接受“二十一条”，袁世凯称帝、张勋复辟，如此闹剧一幕接一幕地堂而皇之地上演，中国的现状没有得到一点实际的改善。国家的处境反而一天天坏下去，“充塞社会之空气”，依然“无往而非陈腐朽败焉”。[①]

对辛亥革命的失败，孙中山先生意味深长地感叹：“夫国者人之积也，人者心之器也，而国事者一人群心理之现象也。是故政治之隆污，系乎人心之振靡。吾心信其可行，则移山填海之难，终有成功之日，吾心信其不可行，则反掌折枝之易，亦无收敛之期也。心之为用大矣哉！夫心也者，万事之本源也。满清之颠覆者，此心成之也；民国之建设者，此心败之也。”[②] 胡汉民也认为：“革命成功之速，国民同志奋斗之力也；革命之后，朝气馁于无形，姑息是图，而忘其本来蕲至之目的，则国民心理之弱点也。”[③] 孙中山还更直接指出：“八年以来的中华民国，政治不良到这个地步，实因单破坏地面，没有崛起地底陈土的缘故”。所谓“地底陈土”，在他看来就是那些官僚、武人和政客，认为“要建筑灿烂庄严的民国，须先搬去这三种陈土，才能立起坚固的基础来。这便是改造中国的第一步。”[④]

事实上，辛亥革命的失败又何止是因为没有掘出这些“地底陈土”，那潜藏在人们心底里的封建陈腐观念和深层文化心理对人们的政治行为和民初政局的钳制作用亦是不能忽视的重要方面。章开沅先生认为辛亥革命失败的原因，如果从文化史的角度来考察，“主要是由于旧的传统势力太大，离异的力量太弱，而回归的力量则太强”。[⑤] 孙中山在总结“二次革命”失败原因时已认识到了这一点。他说，革命之失败，“一由革命方略不行……”“一由专制之毒深入人心，习于旧污者……群趋重于袁世

---

① 陈独秀：《敬告青年》，《青年杂志》第一卷第1号。

② 《孙中山全集》第6卷，中华书局1981年版，第158—159页。

③ 去非（胡汉民）：《发刊词》，载《民国》第一年1号。

④ 《孙中山全集》第5卷，中华书局1981年版，第124—125页。

⑤ 章开沅：《离异与回归——传统文化与近代化关系试析》，湖南人民出版社1988年版，第201页。

凯，将挟以为推翻民国之具，而袁世凯亦利用之。以自使其私。积此二者，袁世凯于是有划除南方党人势力根据之计画，有推倒民治、恢复帝制之决心。于狙杀宋教仁，小试其端，于五国借款不经国会通过，更张其焰”。① 胡汉民则认为革命党人的消沉、姑息，正是国民心理的弱点，“吾人以谓今日之救济，非开民智、民德、民力三者，急图其进步不可，而其效又当视决心实行之如何”。② 孙中山在袁世凯垮台后也多次认为过去失败于没有为民国打下思想基础，“须知民国何由发生，亦只发生于国民之心”。民国建立后，“多数人认识未真，乃有奸人乘机簸弄，遂使民国者，一切形式机关制度，倾覆扫荡，而专制帝国几乎复活。此非徒袁氏之罪也。多数人不知自爱其宝，故强有力者，得逞志于一时”。③ 所以要巩固民国，就必须“自人民造起”，“必筑地盘于人民之身上”。④ 陈独秀则更认为：“袁世凯之废共和，复帝制，乃恶果非恶因，乃枝叶之罪恶，非根本之罪恶。若夫别尊卑，重阶级，主张人治，反对民权之思想之学说，实为制造专制帝王之根本恶因。吾国思想界不将此根本恶因铲除净尽，则有因必有果，无数废共和复帝制之袁世凯，当然接踵应运而生，毫不足怪。”⑤ 并指出当时多数国民，口里虽然不反对共和，脑子里实在装满了帝制时代的旧思想。要巩固共和，非先将国民脑子里所有反对共和的旧思想，一一洗濯干净不可。可见，这种由历史、社会和文化传统长期影响并积淀而成的社会心理深层次的内容，在

---

① 《孙中山全集》第1卷，中华书局1981年版，第68页。

② 邹鲁编著：《中国国民党史稿》第二篇，东方出版中心2011年版，第518—519页。

③ 《孙中山全集》第3卷，中华书局1981年版，第318页。

④ 《孙中山全集》第3卷，中华书局1981年版，第326页。

⑤ 陈独秀：《袁世凯复活》，《陈独秀著作选》第一卷，上海人民出版社1993年版，第239—240页。

清末民初社会政治变革过程中产生了一定的影响。

首先，长期形成的等级观念和崇拜权威、注重现实的心理特性，在清末民初社会变动时期，使人们更容易相信个人的权威与力量，这也是黎元洪被推举为鄂军都督，“非袁莫属”呼声的心理动因。武昌起义时，群龙无首，起义诸人都不敢自己出来登高一呼，组建政府。当时参加起义的工八营左队队官吴兆麟因认为自己没有一定的名望和军阶，地位较低，恐难以号召起义清人，故推来推去，最后选择了黎元洪。当时有人认为：“所以要把黎元洪拉出来，其利有三：一、黎乃当时名将，用他可以慑服清廷，号召天下，增加革命军的声威；二、黎乃鄂军将领，素得士心，可以号召部属附和革命；三、黎素来爱护当兵文人，而这些文人全是革命党人，容易与他合作。所以拉黎出来，革命必易成功。”① 这种重视军阶、名望、地位的心理是很有代表性的，而且在革命党人的身上也略有体现。颇具声威的黄兴，“骤与立宪派遇，即歉然自以为不如；还视同党，尤觉暴烈者之只堪破坏、难与建设”，对于具有较深传统文化素养的士大夫和立宪派人物态度谦和，不仅“引进张（謇）、汤（寿潜）为收缙绅之望”，而且延揽杨度、汤化龙、林长民等以争取更多的助力。② 诚然黄兴等人是为了以此壮大国民党革命阵营的力量，推动革命事业前进，但也不能排除重视名望、地位、权威的传统观念之影响。这样做的结果是：一方面“参加咨议局会议桌上之官僚政客，其声

---

① 万鸿阶：《辛亥革命酝酿时期的回忆》，载中国人民政治协商会议湖北省委员会：《辛亥首义回忆录》第 1 辑，湖北人民出版社 1979 年版，第 122 页。杨玉如《辛亥革命先著记》第 72 页亦有记载：推举黎元洪时，人们大多认为：“中国人心理重视偶像，军人尤重视军阶地位，倘无以一有名望的人出来号召，则不易成功。”

② 参见胡汉民：《胡汉民自传》，中华书局 2016 年版，第 239 页。

价反比多年革命老同志为高”[①]；另一方面，如鲁迅所说：“……它们爬上来了……咬死了许多革命人，中国又一天一天沉入黑暗里，一直到现在。……先烈的好心，对于鬼蜮的慈悲，使它们繁殖起来，而此后的明白青年，为反抗黑暗计，也就花费了更多更多的气力和生命。”[②]

如果说在武昌起义群龙无首时，拥戴有名望、有军阶的黎元洪为鄂军都督以号召天下，还有一定的革命积极意义，那么，后来人们过分地崇拜袁世凯，利用他的能力和威望来达到收和平革命之功的目的的想法就显得天真迂腐，同时于革命和建设都产生了不良的影响。还在汉阳保卫战方兴未艾之时，人们对袁世凯就寄予了很大的希望。黄兴写信给袁世凯，称他“明公之才，高出兴等万万。以拿破仑、华盛顿之资格出而建拿破仑、华盛顿之事功，直捣黄龙，灭此虏而朝食，非但湘鄂人民戴明公为拿破仑、华盛顿，即南北各省当局亦无不有拱手而听命者。苍生霖雨，群仰明公。千载一时，祈毋坐失”。[③] 孙中山也认为：“今日本大总统提出辞表，要求改选贤能。……且袁君富于经验，民国统一，赖有建设人才，故敢以私见贡荐于贵院，请为民国前途熟计，无失当选之人。大局幸甚。”[④] 过分地隆尊袁世凯，固然在孙中山、黄兴等人看来，此举不啻是“以和平收革命之功”的绝妙良方，但他们迷信袁世凯的权威和实力的心理也是存在的。正是有这种心理因素的存在，故革命党人对袁世凯等反动落后势力采取了消

---

① 温楚衍：《辛亥革命实践记》，载中国人民政治协商会议湖北省委会：《辛亥首义回忆录》第一辑，湖北人民出版社 1979 年版，第 61 页。

② 鲁迅：《论“费厄泼赖”应该缓行》，载《鲁迅全集》第 1 卷，人民文学出版社 1989 年版，第 272—273 页。

③ 湖南省社会科学院编：《黄兴集》，湖南人民出版社 2008 年版，第 82 页。

④ 《孙中山全集》第 2 卷，中华书局 1981 年版，第 85 页。

极妥协、退让的态度。孙中山让位给袁世凯原因之一，就是他认为："故欲治民国，非具新思想、旧经验、旧手段者不可，而袁总统适足当之。"①

尽管以孙中山、黄兴为首的革命党人对袁世凯作过很大的让步和妥协，也一度相信袁世凯是当今中国的强人，但他们是在有条件、有原则、有怀疑的前提下才对袁世凯等北洋军阀作了一定的让步。至于当时社会上普通的拥袁呼声，则尽乎盲目和幼稚，缺乏逻辑思考和理智的权衡，大多是凭经验、直觉来判断和取舍。长期受封建等级制度和正统观念支配的大多数人对突如其来的变革感到震惊，缺少一定的心理准备，在不了解革命的意义和革命党人的情况下，他们很容易把目光移到旧政权中少数有名望的人身上去，尤其是当革命的局势还不太明朗、旧政权还一息尚存时，这种倾向往往更明显，当清廷再次起用袁世凯时，大多数人立即把希望寄托在袁世凯这个"强人"身上。立宪党人是如此，革命党人莫不如此，社会底层的劳动人民更是如此，以为国家安危、革命成功与否全赖袁世凯一人之才干和态度，因此拥袁呼声甚嚣尘上。到"二次革命"的时候，人们相信袁世凯已远远超过相信孙中山等革命党人了。"这种幻梦，不到破毁国会洪宪制时，是不得醒的。当时所谓知识界有一种袒袁的心理，认为非袁则蒙、藏无由解决。并且以袁拥有重兵，而袁之部下，不知有国民，只知有袁宫保，使袁宫保在，专制可，共和亦不可，使袁宫保去，则乱且接踵而至；津、京兵变，已小试其端，奈何其复蹈之。因而有'非袁不可'之说。同时也有一种'非去袁不可'的心理，但此种心理一时尚不普遍，因为尚不相信袁果然要作皇

① 《孙中山全集》第 2 卷，中华书局 1981 年版，第 485 页。

帝。袁得此辈人的援助，所以着着制胜。”①

袁世凯之所以被人们看作“强人”，主要是袁世凯是清廷旧臣，且举足轻重，从实力、地位、名望等方面看都高过一般人。革命党人包括孙中山、黄兴等，一来在大多数人心目中的地位并不高，了解他们的人也不多，过去一直以“反政府分子”、“捣乱分子”等被通缉，普通人心目中总认为孙、黄等人只不过是一些不法分子或犯上作乱、不安本分的人，这种印象和感觉无疑会妨碍人们对孙中山、黄兴等革命党人的认知。同时，中国大多数人都是极其务实，注重实际效用的人，他们不可能对未经证实的英雄孙中山、黄兴等予以极大的信任和支持。一位西方观察家指出：“中国人是宿命论者。原先在他们看来使袁世凯拥有皇帝权力的帝制运动是不可抗拒的，因此许多人都压制住内心的怀疑和恐惧，但是当一个公开反对袁世凯的运动发动起来的时候，他们又纷纷聚集到新的旗帜下，各地都出现了持不同政见的人。”②“洪宪帝制”的鼓动者之一梁士诒说过一段颇带“哲理”的话，他说：“中国官方的和商业的传统和习惯都强调个人的关系。就制度和一般法律原理来说，抽象的思想形式为我国人民所不理解。在皇帝的统治下，权力将会更加稳固，因此有可能彻底进行基本财政改革，如地产税改革等。要抵制官员中贪污腐化的发展，就必须要有对个人的忠心和负责这样一个因素。中国人无法想象对一种纯粹抽象概念的个人职责。”③ 显然，辛亥革命并没有革去旧的社会心理因素，封建的陈腐观念和传统的思维方式依然

---

① 李剑农：《戊戌以后三十年中国政治史》，中华书局 1965 年版，第 185 页。

② ［美］保罗·S·芮恩施著，李抱宏、盛震溯译：《一个美国外交官使华记》，商务印书馆 1982 年版，第 141—142 页。

③ ［美］保罗·S·芮恩施著，李抱宏、盛震溯译：《一个美国外交官使华记》，商务印书馆 1982 年版，第 141—142 页。

“统治”着人们。

其次，绝大多数农民习惯了乡村安静、清贫的生活，对政治缺乏信心和参与意识，众趋人格使他们不容易接受革命或改革，因为经验告诉他们任何变动都将不利于安定和生活。他们既不参与政治活动，也不愿了解国家政治形势，政治意识淡薄。武昌起义后全国各地纷纷独立，但农村居民反应冷淡，甚至毫无反应。当时有人这样描述：“政府是帝制还是共和，对百分之五十以上的人口来说，将没有任何差别，至少在很长的时间内，它不会影响占人口绝大部分的农民、苦力或车夫们的生活。”[①] “公众舆论对革命是冷淡的。人们没有任何热情……剪掉象征满族征服的辫子，远远不是很普遍的，所以在街上很少见到剪了辫子的人。当然，由于下层群众中盛行戴头巾，从而在许多场合下使人们不可能看见他们是否还留着辫子。但是，人们预料恰恰是下层群众将坚持他们所熟悉的那些习惯；当大多数高贵的人们仍留着辫子的时候，他们是不可能剪掉辫子的。……改变统治者对大多数人是毫无意义的，而从君主制度变为共和制，对大多数人来说只不过是改变统治者而已。关于皇帝和议会，除了作为名称之外，老百姓们仍是一无所知的。”[②] 在南京，“此地的下层人士中，通常谈到孙文博士是新皇帝，他们不了解总统这个专门名词，认为它只不过是更高头衔的一个委婉的说法”。[③] 这种对政治的极不关心的态度和愚昧的表现在当时极为普遍。

正是广大下层劳动人民对政治的漠不关心和极其保守的态

① 胡滨译：《英国蓝皮书有关辛亥革命资料选译》，中华书局 1984 年版，第 583 页。

② 胡滨译：《英国蓝皮书有关辛亥革命资料选译》，中华书局 1984 年版，第 231 页。

③ 胡滨译：《英国蓝皮书有关辛亥革命资料选译》，中华书局 1984 年版，第 450 页。

度，使清末民初的社会变革和政治运动进展缓慢，同时，也是袁世凯倒行逆施和“二次革命”失败的重要原因之一。“作为政治力量的因素，农民至今在多数场合下只是表现出他们那种根源于农村生活隔绝状况的冷漠态度。广大居民的这种冷漠态度，不仅是巴黎和罗马议会贪污腐化的强有力的支柱，而且是俄国专制制度的强有力支柱。”[①] 同样，清末民初占人口绝大多数的劳动人民对政治的冷漠态度，无疑地助长了反动、落后、保守势力的声威，在客观上成了反动势力的“帮凶”。

最后，社会上普通注重道德、名誉、谦让、品行和“义理”的心理，在一定程度上影响了革命党人的价值取向和政治行为模式。在中国大多数人看来，谦虚谦让，不计较个人名利得失无疑是一种美德，有这种美德的人无疑地会受到社会各界的尊重和爱戴，名气也会越来越大。辛亥革命胜利后，许多革命党人就有“功成身退”的打算。黄兴就认为：“名不必自我成，功不必自我立，其次亦功成而不自居”，常常以“无我”、“笃实”四字自勉，并勉励各军将士“念前功之不易，思来日之大难，保统一之政权，服统一之命令，维秩序而保名誉。”[②] 主张“化除党见”，避免“政见相争”、“党名相争”。但是也有人为了达到和议的目的，以道德来要挟革命党人放弃政权，向袁世凯妥协。身任总统府秘书长的胡汉民借口过去孙中山说过“谁能推倒满清，我就让位给谁”的话，逼迫孙中山“履行他自己的所宣布的诺言”。[③] 汪精卫等人则一面别有用心地宣传“功成不居”、“权力为天下之

---

① 《德国农民问题》，载《马克思恩格斯选集》第 4 卷，人民出版社 1975 年版，第 295 页。

② 湖南省社会科学院编：《黄兴集》，湖南人民出版社 2008 年版，第 124 页。

③ 中国人民政治协商会议广东省委员会编：《广东辛亥革命史料》，广东人民出版社 1981 年版，第 363 页。

罪恶，为政权而延长战争，便无可以自恕”。[①] 要革命党人主动向袁世凯等反动势力让出政权；一面又攻击孙中山“恋战”，说孙中山“你不赞成和议，难道是舍不得总统吗?”[②] 这里，胡汉民、汪精卫言行背后的各自动机我们很难确认，但他们这些深受传统文化影响的新式知识分子太看重每个人的名誉和操行的社会评价，以致成了“名誉”和“操行”的奴隶，结果迷惑了自己也断送了革命果实这一事实是真。在中国，以道德要求人，即使是强者也不能不退却，何况孙中山、黄兴等人都是真诚的爱国者和注重自我道德修养的人，怎么抵挡得住别有用心者和大众舆论施加的道德压力呢？迫于情势，孙中山不得不向袁世凯妥协，放弃革命领导权；害怕南北误解，黄兴也不得不主动解散南方革命军队。尽管孙中山、黄兴等人“功成不居”，坦诚谦让，曾一度博得美誉，但革命的任务终究没有完成，民初政治也并没有因此好起来。

三、历史的启示

清末民初中国的政治史，其千变万化终究离不开当时的社会心理。透过这一时期动态的社会心理和静态的社会心理——文化心理现象，我们不难寻绎出历史变化的内在逻辑和规律。动态的社会心理固然可以造成一种声势，形成一股力量，推动历史车轮，但静态的社会心理是一种潜在的能量，一种神秘的武器，它常常以静制动，以柔克刚，影响着历史事变。

恩格斯指出：“我们自己创造着我们的历史，但是第一，我们是在十分确定的前提和条件下进行创造的。其中经济的前提和条件归根到底是决定性的。但是政治等等的前提和条件，甚至那

① 胡汉民：《胡汉民自传》，中华书局 2016 年版。

② 吴玉章：《辛亥革命》，人民出版社 1961 年版，第 149 页。

些存在于人们头脑中的传统也起着一定的作用，虽然不是决定性的作用。"[①] 列宁也明确地指出："千百万人的习惯势力是最可怕的势力。"[②] "人们头脑中的传统"，"千百万人的习惯势力"，对清末民初中国政治无疑地产生了深远影响。辛亥革命后，多数国民的思想依然停留在帝制时代的水平上，"民主"、"共和" 远未深入人心，所以袁世凯敢说是人民叫他当皇帝。袁世凯之所以失败，其原因亦正如孙中山所说，不在于其实行帝制，而在于他后来取消了帝制。[③] 鲁迅在 20 年代初针对中国当时的政治状况指出："现在常有人骂议员，说他们收贿，无节操，趋炎附势，自私自利，但大多数的国民，岂非正是如此的么？这类议员，其实确是国民的代表。"[④] 对于国民性或国民心理与国家政治之间的关系，黑格尔睿智地指出："每一民族的国家制度总是取决于该民族的自我意识的性质或形式……所以每一个民族都有适合于它本身而属于它的国家制度。"[⑤] 在黑格尔看来，普鲁士国家 "尽管恶劣，它仍旧继续存在，那么，政府的恶劣，就可以用臣民的相应的恶劣来辩护和说明。当时的普鲁士人有他们所应该有的政府"。[⑥] 正因为国民心理或国民性格于国家政治生活有极大的影响，所以，鲁迅痛切道："倘不深入民众的大层中，于他们的风俗习惯加以研究、解剖、分析好坏，立存废的标准，而于存于废都慎选施行的办法，则无论怎样的改革，都将被习惯的岩石所压

---

① 《马克思恩格斯选集》第 4 卷，人民出版社 1975 年版，第 477—478 页。

② 《列宁选集》第 4 卷，人民出版社 1995 年版，第 200 页。

③ 参见《孙中山选集》上卷，人民出版社 1956 年版，第 175 页。

④ 《鲁迅全集》第 3 卷，人民文学出版社 1981 年版，第 27 页。

⑤ ［德］黑格尔：《法哲学原理》，商务印书馆 1961 年版，第 291 页。

⑥ 《马克思恩格斯选集》第 4 卷，人民出版社 1975 年版，第 211 页。

碎，或者只在表面浮游一些时。"① 辛亥革命恰恰没有注意对国民深层文化心理进行批判与改造，就是革命党人自身（包括孙中山、黄兴等领导者）也始终没有摆脱传统文化心理对他们的束缚，陷入了自我矛盾和冲突之中。对传统文化心理，尤其是国民的"劣根性"诸方面缺乏认识和批判改造，应该说是辛亥革命时期革命党人的教训与遗憾。

其次，按照普列汉诺夫所说的："我如果知道社会关系因社会经济生产过程中发生某种变化而朝着什么方向变更，我也就会知道社会心理将朝着什么方向变更，因此我就有可能影响这个心理了。影响社会心理，也就是影响历史事变。可见，在相当意义上说，我毕竟能够创造历史，因此我就不必等候历史去自行造成。"② 那么，作为一个革命者，能够准确地把握大众的心理，及时地宣传鼓动，激发他们的革命热情，使他们投入到革命的洪流中来固然十分重要，但如果不加分析辨别，一味地迎合社会心理，有时又不免失去自我和迷失革命和前进的方向。胡适在谈到如何对待中西文化时，曾说："我也曾是'选择性的现代化'的倡导者之一，不过现在我表示后悔，因为我认为谨慎选择的态度是不可能的，而且也实在不必要。一种文明不具有极大的广被性，必然会影响到大多数一贯保守的人。由于广大群众受惰性规律的自然作用，大多数人总要对他们珍爱的传统要百般保护。因此，一个国家的思想家和领导人没有理由也毫无必要担心传统价值的丧失。如果他们前进一千步，群众大概会被从传统水平的原地向前带动不到十步。如果领导人在前进道路处迟疑不决，摇摆

① 《鲁迅全集》第 4 卷，《二心集》，人民文学出版社 1981 年版，第 175 页。

② 《普列汉诺夫哲学著作选集》第 2 卷，生活 · 读书 · 新知三联书店 1984 年版，第 374 页。

不定，群众必定止步不前，结果是毫无进步。”[①] 孙中山等革命党人太顾忌当时的社会心理和社会舆论，为了迎合民心，失去了应有的原则，使革命不能深入开展。从这方面说，辛亥革命成功的经验和教训的确令人深思。

---

① 罗荣渠：《从“西化”到现代化》，北京大学出版社 1990 年版，第 363 页。

第九讲　岭南人的文化心理与有个性的岭南人

一、不能忽视的岭南人

关于岭南人的性格，利希霍芬在《中国——亲身旅行和据此所作研究的成果》一书中给予我们较形象生动和细致有趣的描述，他说："在广东，居住和杂居着语言、相貌、肤色、社会地位千差万别的不同种族。广州市及其附近的开化种族，在所有的智能、企业精神、美术情趣方面优于其他所有的中国人。广东人几乎掌握着中国所有的工业，其工业制品数百年前就传到了欧洲，说不定这个种族是当年海洋殖民者中有才能的人种的后裔。当地居民有客家族和土生土长的广东人。客家族有特殊的方言，客家话完整保存着太古的语言形式，除北部和东部的若干地方外，省内大部分地区说客家话。客家族人是劳动人民，从事农耕，在城市和港口从事交通和劳动。省内都市、商市中，没有客家族人，或者说，处于上层的是广东人。广东人对经营大商业和大交通业有卓越的才能，他们生长在自古形成的氛围中，受其熏陶，形成了一个典型的人种。广东人活跃在其他各省，尤其是沿海诸省的大城市中。他们受过良好的礼节和学校教育，肤色淡黄、有色，体格健壮、肥硕，这种肤色和体格，在客家族中是看不到的。”① 但这仅仅是一个外国人的较为直观的肤浅的印象和看法，多少有些片面和武断。一方面外国人毕竟不可能深入中国社会实际生活之中，而只是一种浮光掠影式的观察，仅凭外在浮动着的一些表象去作判断，显然难免以偏概全；另一方面，岭南人的性格表现也是很复杂的，是一种类的抽象，简单地作出结论显然省略了许多更关键、更细致具体的环节和内容。

因此，要进一步了解岭南人，我们必须作全面深入的考察和心理学的透视。

二、岭南人的文化性格

就性格而言，岭南人的性格是一个极为复杂而又显而易见的矛盾统一体，它充满着神秘浪漫和喜剧色彩。具体说来，大概有以下几个方面的表征：

第一，开放的文化心态和外倾的性格。

岭南人无论是对己还是对人，都具有这种心理倾向。他们活跃和热情奔放，易于接近新的东西，注重引进吸收和开发利用。与内地一些地方的人相比，他们更注重外来的经验、认识、技术和新成果，时刻准备迎接新的事物和向更高级台阶冲刺。他们豁达开朗、乐观进取，对自己对人生充满信心，待人处事表现出热情而有分寸，严肃认真而又随和灵活。在生存竞争激烈的环境里，他们学会了“因时而变”、“适时而行”，学会了保存自己而不侵犯他人，学会了宽容和随和，学会了取人之长补己之短，学会了忍耐和等待，学会了适应环境和利用改造环境。生活经验告诉他们，必须善于适应环境，不断地吸收别人的经验，学习他人的长处，鞭策自己和完善自己。他们中，有一种对己对人、对事

---

① 沙莲香编：《中国民族性》（一），中国人民大学出版社 1989 年版，第 301 页。

对物的特殊宽容精神。他们可以与不同文化成分、不同特点、不同语言和风俗的人和睦相处、太平无事。岭南人的开放心态和外倾性格从他们那富于岭南风情的民间歌谣中就可窥见一斑。所谓“粤俗好歌，凡有吉庆，必唱歌以为欢乐”，“其歌也，辞不必全雅，平仄不必全叶，以俚音土音附贴之”，“曼节长声，自回自复，不肯一往而尽，辞必极其艳，情必极其至，使人喜悦悲酸而不能已。”① 表现了岭南人的热情奔放的性格和直抒胸臆的开放心态。

第二，急功近利，注重实际的功利价值观。

岭南人在行动上大都注重实际。他们不太喜欢不切实际的幻想，也不太喜欢奢谈主义和大道理。他们感兴趣的是事物本身和行动本身是否具有实用的价值。美国观察家亚瑟·亨·史密斯在他的《中国人气质》一书中就说：“广州一位老师看到一名外国女子打网球便问佣人：‘她那样跑来跑去付给她多少钱?’假如告诉她‘不付钱’，他是不会相信的。”② 显然在岭南人眼里没有价值的劳动或事情是不可取的。如果说北方人追求外在的评价与赞赏所引起的心理愉悦这种由外入内的境界，岭南人则更喜欢由外在的物质结构和功能构成的物我合一的世界；如果说北方人对事、对物、对人注重形式和外表，岭南人则更倾向于实在的内容和价值；如果说北方人重视行动计划的完美，岭南人则重视行动的可能性和现实性，并在行动中不断修改和调整自己的计划。在对待西洋文明和外来文化上，北方大多数人总是先从道义、原则和义理上作审慎选择与吸收，岭南人则是先大胆地学习、引进、

---

① （清）屈大均著，邓光礼、林维纯、熊福林、陈伟俊注：《广东新语注·粤歌》，广东人民出版社 1991 年版。

② ［美］亚瑟·亨·史密斯著，张梦阳、王丽娟译：《中国人气质》，敦煌文艺出版社 1995 年版，第 65 页。

吸收和为我所用。先思考后行动、重经验、讲原则、重道义，是北方人的习性；先行动后思考、重实干、讲效益、重感觉，是岭南人的特点。

第三，开拓创新与坚强柔韧。

岭南人能在蛮荒之地扎下根来创造出富有特色的文化，显然与他们锲而不舍、坚强不屈、百折不挠和勇于开拓进取的性格分不开。他们敢于拼搏，勇于冒险。坚韧的毅力和持久的恒心与大胆探索、勇于任事、自强不息的精神糅合在一起，使岭南人在恶劣的自然环境中生存下来，并成为近代向西方学习的先驱。首先信教传教的是广东人，[①] 第一个赴异域留学的是广东人，[②] 漂洋过海到异国谋生的人中，又数广东最多。近代凡是与西学有关的事和物，大都是广东人最先尝试。改革也好，革命也好，广东人为天下先。修铁路、办工厂，广东人在近代独步于前。种牛痘、设立西式医院、创办西式学校、发行新闻报纸等，也是广东人首先提倡和积极行动。岭南人这种开拓创新，积极进取的求新求异性格与他们性格中的顽强、勇敢、坚定、果断等品质分不开。尽管与内地其他地区相比，岭南地区居民的生活环境条件相对说来要舒适优越得多，但为生存而竞争比内地也许显得更激烈。匪患威胁、自然灾害、种族和区域间的冲突和械斗、外来文化的冲击和挑战、气候的炎热潮湿，都足以抵消自然生活环境激发出来的生活热情和有限的精力。生活的艰辛和社会环境的压力，孕育了岭南人顽强拼搏的精神。生活经验的积累和对人生世道的切身感受，使岭南人学会了自立，学会了拼搏，学会了抗争。这种顽强拼搏、冒风险、敢闯敢干的品格，我们从海外华侨开发东南亚和

---

① 参见胡波、关汉华：《梁发及早期岭南基督教的传播》，《学术研究》1993 年第 1 期。

② 参见李喜所：《容闳传》，河北教育出版社 1990 年版。

旧金山等地的历史中就能得到体认。[1]

第四，感情丰富、喜怒无常、爱憎分明。

首先，岭南人在情绪情感表现上重情好义，情绪兴奋性较强。有关这方面的记载比比皆是：

> 广东人富于排外性，无论政商学界，乃至劳动苦力之夫，莫不抱此思想。属彼乡人，虽甚恶之，不肯扬其恶。苟非其类，虽所爱好，必欲屏斥以为快。如对外交涉，历来争持之烈，均为它省所不逮。其爱国爱乡之忱，均堪惊叹。
>
> 粤人好大而喜新，急功而易动，故为之长官者，遂不易驾驭。彼等对于官厅，其初至也，一事之合，奉之若无人；其莅久也，一事之失，恨之若仇雠。有能以新学说、新主义相号召者，倡者一而和者千，数日之间，全省为之响应，曾以势力制之，以仆而彼起，莫能遏其炎焰。故有利用之以作奸犯科者，有善导之而创建功业者，皆较他省易于措施。
>
> 粤人性质既刚，其流而为盗贼者，则更进而为犷悍。粤盗之盛甲全国，劫兵轮，抢军械，掳人勒赎之风，视为司空见惯。但以穿窬派论之，此辈常挟利军器于身，弗愿人见，或瞪目视之，彼恐其相识也，无论如何哀求，决不相舍，必欲判其死命而后已。故老于粤中者，遇此等事，只合合眼假寐，任其胠箧，方能免于难。此亦可见粤人犷悍之一斑矣。[2]

所有这些，不仅反映了岭南人情绪极不稳定、敏感、冲动等特点，同时也体现了岭南人爱憎分明、坦荡直率、尚侠任性、崇尚自我表现、注重情感表达和喜欢热闹欢庆的场面这一性格

---

① 参见杨国标等：《美国华侨史》，广东高等教育出版社 1989 年版；李学民等：《印尼华侨史》，广东高等教育出版社 1987 年版；黄滋生等：《菲律宾华侨史》，广东高等教育出版社 1987 年版。

② 胡朴安：《中华全国风物志》（下），中州古籍出版社 1990 年版，第 368—369 页。

特征。

三、岭南人的精神气质

相对性格而言，气质则是比较稳定的个性心理特征，它是不依活动目的和内容为转移的典型的、稳定的心理活动的动力特性。

气质在不同区域文化上常常也有不同的表现，如北方人豪爽豁达、沉稳持重、朝气蓬勃，言语迅速而有力量；江浙人冷静、敏感、伶俐，语言婉丽轻柔，等等，显然这不仅仅是性格上的区别，而且还暗含着气质上的差异。“行如风，站如松，坐如钟”，显然不是南方人的气质表现；柔弱、敏感、内倾等无疑也不是北方人共有的气质类型。其区别的原因如有人所说的：“如果说江南风物可以给人以秀丽的气质，飘逸的才气的话，那么，北国的山川，塞外的旷野，则会给人以雄伟的气魄，深沉的情感，浑厚的才情。”① 至于岭南人的气质特征，则因特殊的地理环境、历史文化、社会条件等的影响，其表征自然与北方有很大差别。就是与情况类似的江浙人的气质相比也有所不同。“一方水土一方人”，也就是说不同地域里的人，其文化气质和性格特征诸方面都不同，我们可以从他们处事待人的风格，行动思考的特点，言谈举止的情态，反应的灵敏和动作的强度等方面来把握岭南人的气质特点。

首先，表现为热情持中、精力充沛、生气勃勃而又任性急躁的气质。

岭南人具有旺盛的生命力，精力充沛，不知疲倦，无论男女老少，都显示出那么一股拼劲。他们长年劳作在田地间，穿梭在

---

① 峻青著：《峻青谈创作》，中国文艺联合出版公司1984年版，第231页。

蕉叶桑林里，漂泊在河港海湾上，奔波在田间弯坳里，甚至夜晚依然活跃在茶楼酒肆、花舫青楼里，似乎身上有使不完的劲，说不出的心里躁动。

岭南人的旺盛精力和洋溢的情绪，使他们热爱生活，也知道如何生活和改善生活。他们在吃、喝、玩、乐方面可以说发挥得淋漓尽致。“广东赌风之盛，花样之繁，全国之冠。如番摊、牌九、骰宝、白鸽票、字花、扑克、十二位、鱼虾蟹、十点半、麻将、纸牌等等。各种赌法，不与这省相似，必与彼省雷同，惟闱姓赌博乃广东独有的‘特产’，其规模之大，为害之烈，影响之深远，任何一种赌博也莫能望其项背，以至朝廷多次降严禁，可是旋禁旋开，愈禁愈烈。”① 所以有“老不入川，少不入广”的说法。老不入川，只缘蜀道难，难于上青天！外省老人进川，极可能客死他乡。少不入广，乃因广东是个花花世界，外省青年到此，沉迷于灯红酒绿之中，流连忘返，耗尽万贯家财，最终也客死他乡。广东人这种由于“精力过剩”所带来的一些不良社会现象可以说是人所共知。反过来，从这些五花八门的吃喝玩乐设施和形式中，我们也不难看出广东人精力充沛，感情外露，寻求感官刺激的典型气质特征。林语堂曾有过很精细的描述，他说：“复南下而至广东，则人民又别具一种风格，那种种族意识之浓郁，显而易见，其人民饮食不愧为一男子，工作亦不愧为一男子；富事业精神，少挂虑，豪爽好斗，不顾情面，挥金如土，冒险而进取。又有一种奇俗，盖广东人犹承受着古代食蛇土民之遗传性，故嗜食蛇，由此可见广东人含有古代华南居民‘百越’民族之强度混合血胤。”②

另一方面，岭南人精力旺盛和活泼好动的气质，又使他们热

① 余松岩：《地火侠魂》，中国青年出版社 1991 年版，第 239 页。

② 林语堂：《吾国与吾民》，宝文堂书店 1988 年版，第 18 页。

衷于开拓、进取和冒险。生活需要热情，但热情也更有赖于充沛的精力和旺盛的斗志。列宁指出：“没有‘人的情感’，就从来没有也不可能有人对真理的追求。”[①] 用马克思的话来说：“激情、热情是强烈追求自己对象的本质力量。”[②] 但是，从整体上看，岭南人也不完全是一味地去尽情地宣泄自己的情欲和展示自己的内心世界，岭南各个地区的人在气质上也有不同的表现。广谚就有：“东村西俏，南富北贫。外县穷乡，民族大抵多俭啬，而耐勤苦。依山者多朴，其失也愚。依水者多智，其失也伪。濒海者多阔疏，其失也悍。”[③] 说明在岭南地区，居民气质禀赋往往因地理环境不同而天赋各异。

不过，大多数人仍然是墨守传统，循规蹈矩，安分守己的。在番禺，“缙绅尚气节，崇礼让，士耻奔竞，重儒雅”。顺德则“士夫俭啬，有戋戋风。……其俗吝相周而喜争竞”。东莞“士喜豪侠，矜气节，多以功名著声”。“从化人质朴，士不豪华，民勤耕凿，女多纺织”。花县“其俗朴野，人多犷悍”，“乐昌人性劲直，尚气节”。仁化县“俗尚直率，士朴民淳”。乳源县“农多商少，习于朴鲁，民无告讦之风”。潮州地区“士笃文行，延及齐民，号称易治”。肇庆各地大多“俗淳朴有古风。宫室不加雕绘，衣服多布素。士重气谊，好读书，不矜声气”。高州“民尚简俭，易于取足”[④] 等等，无不显示出岭南大多数人注重气节，好礼仪而又质朴淳厚的气质特征。尽管他们之中也有一些躁狂之徒，性急犷悍，好斗负气之人，但注重自尊，讲究情面，崇尚礼仪，坚

---

① 《列宁全集》第20卷，人民出版社1995年版，第255页。

② 《马克思恩格斯全集》第42卷，人民出版社1975年版，第169页。

③ 参见胡朴安：《中国风俗》（下编）《黄志》，九州出版社2007年版，第175页。

④ 胡朴安：《中华全国风物志》（上），中州古籍出版社1990年版，第261、262、267、272、274页。

守气节者仍为多数。而且到了近代，这种风气在欧风美雨的洗刷和商品经济大潮的冲击下，岭南人表现出来的文化气质则慢慢地转变为热情持中，平和处事，宽以待人，豁达开朗而注重自我节制这种气质倾向。“忍”和“静”的提倡，“忍一时风平浪静，退一步海阔天空”的说教，反映了岭南人待人处事温文尔雅、彬彬有礼，机灵沉着、雍容大度的气质特征。尽管他们之中仍然有那些感情外露、喜形于色、冲动鲁莽、易走极端的人，从总体上看，他们大多是正统而不保守，灵活而不失谨慎，热情而有分寸的人。

其次，机灵敏感、行为可塑而又缺乏黏着性和厚重性。

这种气质类型的产生，是多种因素相互作用的结果。按孟德斯鸠的理论，则与气候因素有关。他认为：“寒冷的空气使人的血液循环加快，心脏跳动有力，会使人产生较强的勇气，能对自己的优越性有较多的认识，较为直爽，较少猜疑，自信，有较大的胆略和诡计。这种气候还使人身体魁伟但不大活泼，同时人们对快乐的感受性是很低的，爱情在他们的生理方面几乎没有力量让人感觉到。因此在寒冷的气候下邪恶少，品德多，人们极坦诚而忠厚。而在炎热的气候下，人的皮肤组织松弛，神经的末端展开，最软弱的东西最微小的动作也会感受到，因此，他们的想象、趣味、感受性都是很敏锐的。人们的器官娇嫩脆弱，对一切和两性结合有关的东西，有最敏锐的感觉，他们认为爱情是幸福的唯一源泉，是生命。这种炎热的气候使人的体格纤细，脆弱，但由于过分敏感，易于发生无数的纠纷，最强烈的情欲会产生各种犯罪行为，每个人都企图占别人的一切便宜来放纵自己的情欲。至于温和的气候，则处于两者之间。这种气候使人在生理和心理上既不像寒冷使人笨拙，也不像炎热使人活泼，既不使人那样深沉，也不使人极端敏锐；他们对爱情的追求比生活在寒冷气候中的人强烈，但却没有像炎热环境中的人视爱情为生命。同时温和不像寒冷和炎热那样明确单一，气候变化较多，人民的风尚不定，邪恶和德行也一样地无常。”[①] 岭南地处热带亚热带，气候炎热，湿润多雨，这种炎热多雨的气候对岭南人的生理和心理无疑产生了深刻的影响。

广东人机灵敏感，动作迅速有力的气质特征，可以从他们说话的速度、记忆的速度、思考的敏捷度、注意转移的灵活程度等方面略见端倪。广东人说话“如大珠小珠落玉盘，嘈嘈切切如私语”，音既柔且直，“颇近吴越，大抵出于唇舌，不清不浊，当为羽音。歌则清婉浏亮，纡徐有情，听者感动”。[②] 他们几乎语句与语句之间没有太多的停顿，而是像机关枪似地噼里啪啦，虽然与吴越一带语言发音相似，但却令讲话抑扬顿挫的北方人感到颇为吃力。说话的高速度也说明一个人反应灵活敏捷、思维活跃。广东人接受新事物和对时代脉搏的把握速度之快和准确性之高，更说明他们具有敏感锐利，机动灵活，善于适应环境的气质特征。

但由于太敏感，因而有时显得多疑和超前；由于太灵活机动，因而有时给人一种狡诈油滑和随波逐流的感觉。所以，鲁迅先生分析说：“北人的优点是厚重，南人的优点是机灵。但厚重之弊也愚，机灵之弊也狡，所以某先生曾经指出缺点道：北方人是‘饱食终日，无所用心’；南方人是‘群居终日，言不及义。”[③] 在近代，岭南人常常是开风气之先，但却很少持之以恒，坚持下去，他们往往是标新立异，却常常注意力不集中，容易发生偏转。与人结交权衡利弊而又绝不会错过机会，吸收新知迅速准确但又缺乏深度和持久性，嗅觉灵敏而与时俱进，表现出好

① 孟德斯鸠：《论法的精神》（上），商务印书馆 1961 年版，第 227—230 页。

② 胡朴安：《中华全国风物志》（上），中州古籍出版社 1990 年版，第 254 页。

③ 《鲁迅全集》第 5 卷，人民文学出版社 1981 年版，第 435—436 页。

动、敏捷、浮躁、易变等心理特点。

最后，广东人具有较强的形象思维和感性认识能力。

重经验轻理论；重感性、崇真实；重形象、求生动；注重事物的类比推理，而较少上升到逻辑分析的认识阶段，这是岭南人认识事物的特点。岭南人在思维方式上注重实体性、开放性的思维特点，在语言表达上就有较为明显的体现，这一点我们在前面已作了说明。有人在谈到岭南人时曾认为，岭南人生存条件的相对优越，使他们对自然力量的体验，远不如环境更恶劣地区人们的体验刻骨铭心。岭南人对自身生存意义的思考和体验也有其特点，“岭南地区的自然环境及其生产方式，使个体在生存的过程中具有较大的独立性。岭南人的乡土家族观念虽然也很强烈，但是，由于其开放性，许多人远离家乡谋生，其乡情更多地转化为一种思乡之情，即使是固守于一隅的宗族，也常常受到外来文化的冲击。由于不同于中原地区那样承载着强大的自然力量和复杂的人群关系的双重重负，岭南人较少有生存的沉重感，随着历史的发展，这种轻重的差异也越来越大，反映在艺术审美情趣上，则是对轻松明快格调的自然的追求。”①

岭南人“追求直观的、感性的、本能的文化形态”这种价值取向和文学的轻松明快，注重喜剧效果的审美风格，以及具有强烈的时代精神和浓郁的现代生活气息的岭南画派的艺术趣味，都带有实用主义的艺术思维和审美倾向。就是那粗犷雄浑的高棠歌和缠绵悱恻的咸水歌，以及委婉动人的民谣和语言精练、通俗易懂的民谚，也无不反映出这种注重实用而少理论，注重直观而少抽象，注重感性而少理性的思维认识特征。且听“鸡公仔，尾弯弯，做人新抱实艰难：早早起身都话晏（迟），勒条围裙入下间（厨房）。后门摘个冬瓜仔，问之安人（中山方言：家婆）蒸或

---

① 《地域文化与岭南文派》，《广州日报》1992 年。

煮？安人话蒸，老爷又话煮，蒸蒸煮煮唔中意，拍台拍凳骂竹升（米升，意指桑骂槐）。三朝打折三条格木棍，四朝跪烂四条石榴裙，投告爹爹嬷嬷都吾信，解开裙带血淋淋。”① 尽管如泣如诉，但也生动具体，抒情表意中没有理性的沉思，却将生活的体验感性地摆在人们面前。再听那哭嫁时新娘的诉说：“石榴树，挂金瓯，爹妈田地我唔争。爹妈田地留返哥共嫂，爹娘打发赶我行。行到哥前哥眨眼，行到嫂前嫂皱眉。唔曾吃过哥田地，唔曾着过嫂罗衣。头上金钗爹妈打，脚下花鞋自己绣。早知爹妈爱男唔爱女，手板花轿行快些。”② 虽然哭嫁是一种风俗习惯，但新娘临嫁之前向父母兄弟姐妹们一吐心曲的吟唱，也着实反映了她们的敏感多疑、多情善感和情细思精。

如果说这些歌曲吟唱仅仅体现出岭南人重情尚气和重感性生动形象的话，那么，广东民谚则直接反映了岭南人理性上重经验总结而不大热衷于理性思辨这一思维认识特点。诸如“冬在月头，卖被置牛。冬在月尾，冷死耕田公”，“东闪雨重重，西闪日头红，南闪长流水，北闪大南风”，“蓝带贯西东，隔日有台风”，“奸奸狡狡，朝煎晚炒；忠忠直直，终归乞食”，“仔系败家精，心系心肝腚，女婿蜜糖埕，新抱系吊颈绳”，“官字两个口，兵字两只手”③ 等等，既明白表达了生活的真实感受，又直截了当地将感受化作一种经验理性传授给后人。在岭南，我们找不到对现实生活和历史文化的哲理沉思和抽象的理论概括。即使要说明某一道理或表明某一认识，也是经验理性和实用理性式的直观、形

① 刘居上：《中山采风录》，《中山文史》总第21辑，1991年版，第59页

② 刘居上：《中山采风录》，《中山文史》总第21辑，1991年版，第60、76页。

③ 刘居上：《中山采风录》，《中山文史》总第21辑，1991年版，第60、76页。

象、生动、朴素、大方的陈述。

不难看出，岭南文化自身的优势，不仅造就了一代又一代拥有这种优势性格和气质的岭南人，同时也刻下了各种文化消极因素的印痕。在岭南人的性格和气质的分析透视中，我们不难发现，无论是岭南人的文化性格，还是岭南人的文化气质，都充满了矛盾对立、积极与消极、进步与落后、激进与保守、开放与封闭、阴柔与阳刚、热情与冷漠等等错综复杂的现象，给岭南人的外表披上了一层神秘的面纱，同时也使人们对岭南文化的整体认识造成了许多难以索解的怪圈。从某种意义上讲，岭南文化是多元的、组合的，而岭南人的文化个性亦是复杂的、矛盾的、双重的。多元性，应该是岭南人个性的本质特征。正像有人所指出的那样，“岭南人的性格是充满矛盾的。活跃的生命力与老成垂暮的惰性并存；既有冒险开拓、进取、容纳、模仿、创造的气魄与智慧，又有下意识的保守、柔顺、重家族、轻个人、恪守中华民族传统的封建道德伦理准则的愚昧、麻木和奴性。每当封建王朝的压力加强时，岭南人恪守封建宗法规范的忠诚和愚昧，比起中原人往往有过之而无不及；一旦封建王朝软弱无力，或是适逢历史转折的关键时刻，岭南人民传统的潜质，又往往会率先爆发出令人瞠目的力量。多元的文化，既为封建王朝培养了大批理想的治国良才，如张九龄、崔与之、海瑞、宋湘、梁鼎芬等等，都是政绩卓著、清正廉明、忠心不异的佼佼者；也孕育了无数叛逆不羁的英雄豪杰，如侬智高、张遇贤、洪秀全、黄萧养、康有为、梁启超，以及最后给予两千多年封建社会致命一击，从而结束中国封建帝制的孙中山。这绝不是偶然的历史巧合，而是岭南文化特质作用下的历史必然。”① 对岭南文化和岭南人的认识，因此，常常需要足够的耐心和一定的智慧。

---

① 陈乃纲：《岭南文化》，同济大学出版社 1990 年版，第 14 页。

四、典型性格的岭南人

单纯地抑或抽象地谈论岭南文化和岭南人，也许给人一种漂浮不定、模棱两可、虚虚实实、空空泛泛的感觉，很难形成一种生动、具体、形象的感性认识。理性认识固然是认识的高级阶段，是认识的一个小小的终点站，但决不能代替感性的、直观的认识过程和认识特征。因此，具体分析岭南人中的典型人物，有助于我们对岭南人的理解和认识。

岭南，由于独特的自然地理条件和生态环境，以及古南越国文化的折射等因素的存在，以至历来被人们所注意。离奇浪漫的神话传说，恐怖野蛮的习俗风尚，叹为观止的稀世珍奇，错综复杂的移民村落，驳杂异趣的语言民系，以及令人谈虎色变的“瘴疠病毒”，不仅令岭南以外文化区域的人们惊心动魄和心驰神往，同时也使域内居民积淀出复杂矛盾的文化心理结构。岭南特殊的自然环境和社会历史条件，不仅招来了异域社会奇异惊羡的目光，就是岭南人自己也深深地感悟到自身的特点。有道是：物华天宝，人杰地灵。自古至今，风流人物代不乏人，而在近代则更是层出不穷。冼夫人精明果敢，正直坦荡，识大体顾大局，爱家乡亦爱民族和注重团结统一的高尚人格；佛教禅宗六祖惠能历尽艰辛而学佛传道的意志与精神以及“明心见性”、“立地成佛”的思想主张；梁发信教传教始终如一的品质；集诗人、学者、志士于一身，既有赤胆忠心的英雄侠骨，又有浪漫洒脱的诗人气质，更有博学、精思的儒家学者风度的屈大均；黄萧养、洪秀全、李文茂、陈开等不畏强暴，揭竿而起，替天行道的勇气与雄心；陈启源、张弼士、冯如等人注重实干，敢为天下先的气魄与胆略；何启、胡礼垣、郑观应、梁启超、康有为等人“但开风气不为师”和充满真知灼见的言论主张；陈献章、张穆、黎简、居巢、居廉、高剑父、高奇峰等突破传统，推陈出新，兼容并蓄，去芜存菁的思想和艺术上的追求；还有那些在历史的变革和运动中展示出自己独特个性的无数男儿侠骨、巾帼英雄，所有这些前前后后，大大小小，有名无名的个体，像一连串五颜六色的明珠镶嵌在岭南历史长廊之中，岭南文化因而也显得格外绚丽夺目，生气勃勃。再加上广府人的富于冒险、开拓创新的精神；客家人刻苦耐劳、恪守家训的品质；潮汕人精明能干、善于经商的性格特点，更使岭南文化丰富多彩、千姿百态，充满着诱人的风情和魅力。不难想象，了解文化和人，如果脱离了文化去谈人或离开个体而讨论抽象的人，我们将会得出什么样的一种认识和印象。文化与人两者是亲密的伴侣。同时，作为人来讲，也不应该简单地理解为一种类型或一种模式的人，而应该具体一些、贴近一些去了解生动形象、真实具体的个体，这样，才能从个别中见到一般，才能更准确地把握文化中的人和人的文化这两个方面的问题。

如何在历史人物画廊中选取典型性格、气质的岭南人，作为我们个案研究的对象，显然不是像“乔太守乱点鸳鸯谱”那样简单和随意。但在我们看来，讨论岭南人的性格气质特征，寻找典型个性的人作为观察的对象，也许选择近现代典型人物比在古代历史人物中物色典型个性的人要更富有意义和代表性。因为岭南文化有一个发展过程，即从不成熟到比较成熟到成熟的成长过程，岭南人的个性形成亦是如此。确切地说，岭南人的个性是到了近现代才基本定型。我们今天所讲的岭南文化与岭南人个性，实际上就是指具有近现代意义和特色的近代岭南文化和岭南人。在近代，由于广东是中西文化交流的前沿阵地或桥头堡，商品经济与自然经济的相互搏击，进步与落后的具大反差，以及商业文化与娱乐文化等的普及，所以，岭南文化在近代才显示出它的优势和特色，岭南人也在这种文化的哺育下形成了与其他文化区域居民有所不同的文化个性。因此，近现代岭南文化与岭南人便理所当然地成为我们的研究视角。

1. 广府人的文化心理

在岭南三大民系中，最耐人寻味的恐怕要算广府民系的历史和文化了。这不仅因为广府民系的形成过程直接成为岭南文化形成和发展的一个缩影，对它形成过程的具体详尽的描述可以说就是对岭南文化的进化过程的一种最好的阐释，而且更为重要的是广府民系的人文风貌和精神特质甚至成为岭南人文化心理的基本模型。

首先，广府民系的人其文化心理表现出特别明显的开放性。正像有的学者所指出的那样，广府人“富于冒险和开拓创新精神，比较易于接受外来的新事物，往往把传统文化和外来文化因素融合、消化、吸收；对外族，有较强的同化力；对内，又有一定的凝聚力”。[①] 粤语就是这种文化心理和性格特征的最突出的表现，它不仅传承保留了古越族语言的基本形式和某些内容，而且又成为中原古汉语的载体之一。秦统一岭南后，汉越混居，当时的“中县人”入乡随俗，积极学习古越族语言，而古越族人也主动地吸收了中原古汉语的语音和词汇，双方在交流融合的过程中在语言上逐渐趋于一体，形成共同的语言环境，使粤语方言日臻成熟。而且岭南人这种开放和融通的文化心理为他们吸收外来语中的词语来丰富粤语方言提供了良好的心理条件。据专家调查，珠江三角洲粤语方言借入英语的语词总数在200个以上。[②]

广府人的文化心态和性格特征表现在日常生活中，就是对于西方物质文明和精神文明的毫无顾忌，任意吸收、摹仿、学习和改造。如在饮食方面，广州是全国最先开创中西美点、西餐馆、

---

① 陈乃纲：《岭南文化》，同济大学出版社1990年版，第190页。

② 詹伯慧：《语言与方言论集》，广东人民出版社1993年版，第250页。

咖啡馆等的商业城市；在穿着打扮和居住环境方面，广府民系的人也是较早的一批学习西方的人群；在娱乐生活方面，西方的夜总会、歌厅舞榭、西洋的管弦乐器和歌剧与本土的粤剧和音乐一起充实丰富和调节着广府人的生活。在广府民系的人心目中，只要与他们的身心有益就不问来龙去脉统统受用。只要不妨碍他们生活的安宁温馨，不妨碍社会的进步，不扰乱现存的秩序，他们就不问亲疏远近，一样地承认其"合法性"，默认它的存在。这种文化心理既为异质文化和异质群体的相互渗透创造了宽松自由的环境，又为自身的发展和活动留下了广阔的空间。广府民系的每一个个体其心灵是自由的，个性是豁达的，而整个群体的文化精神则是开放的。

其次，广府民系的人具有强烈的反叛精神。这种反叛精神表现在：其一是民性强悍，争强好胜，不甘落后；其二是敢于冒险，喜出风头，善于创新；其三是不囿于传统，蔑视权威，敢作敢为。许多文献里就有广府民系民性强悍的记录，如在冼夫人的根据地阳江，这里"气习颇殊，好勇轻生，不循礼法"，[①] 械斗之事时有所闻。就是在广府文化的核心区——珠江三角洲，民间械斗之事也时有发生。至于那些敢与官府作对，聚众闹事或打家劫舍的人，为数也不少。《香山乡土志》中就有关于这方面的记载。[②] 广府人所具有的反叛精神虽有消极落后的一面，但在反抗封建专制统治和外敌入侵的正义斗争中，他们也写下了辉煌的篇章。陈乃纲先生在《岭南文化》一书中对此就格外推崇，他说："这种性格特征，在特定的历史条件下，便会爆发出敢于反对传统，否定现存制度，敢于革新的革命之火。在中国的近代史上，

① （清）屠英等修，江藩等撰：《肇庆府志》卷二，清光绪二年重刻。

② 参见《香山乡土志》卷二（手抄孤本），原件藏中国社会科学院图书馆。

广府人精英继出，首举叛旗，义无反顾，从容赴义，为推翻长达两千多年的封建帝制，建立民主共和的新中国，起到了极其重要的作用。太平天国的领袖洪秀全是广东花县人（洪秀全是客家人，这里有误）；我国第一个外国留学生，是1854年毕业于美国耶鲁大学的香山南屏镇人容闳；我国第一位早期资产阶级思想家、企业家，是今中山人郑观应。他和稍后的南海县人何启、三水人胡礼垣等，是最早提出反对封建帝制，实行君主立宪；反对洋务派'官督商办'，发展民办工商业；反对科举，提倡西学，造就人才，富国强兵的资产阶级革新者。轰动世界的'公车上书'和资产阶级维新运动的发起人，南海县人康有为、新会人梁启超等，更是其中的佼佼俊杰。众所周知的事实是，孙中山成功地领导了推翻封建帝制的伟大革命。"①

最后，广府人具有浓厚的市民意识。珠江三角洲自古以来，商业就比较发达。伴随商业的发展，重商言商经商的意识也就相应地萌芽成长起来。在珠江三角洲等地，"无官不贾，且又无贾不官"，官吏经商习以为常，中原人"崇本逐末"、"重农抑商"的观念在广府人这里成了空洞的说教，并没有人相信它，大多数人的兴趣主要还在赚钱盈利，追求实惠这一方面。早在清朝中期，以广府人为主干的"广东帮商人"就驰名全国。② 珠江三角洲圩市的迅速发展和海外贸易的频繁，以及买办阶层的出现，③ 就足以说明广府人商品意识和价值观念十分强烈。这种热衷于经

---

① 陈乃纲：《岭南文化》，同济大学出版社1990年版，第192页。

② 参见蒋祖缘、方志钦主编：《简明广东史》，广东人民出版社1987年版，第340—342页。

③ 参见蒋祖缘、方志钦主编：《简明广东史》，第417页。据统计在19世纪60年代，宝顺、琼记、洋行在各口岸有买办41人，广东籍占29人；到90年代，旗昌、怡和洋行在上海、天津、汉口等12个口岸有买办55人，广东籍占26人。

商，追求锱铢小利的市民意识固然为北方人所不齿，但广府人精明能干，善于计算，讲求实际，富有经济头脑，毕竟为岭南珠江三角洲地区商业和生产的发展提供了心理动力。但毋庸讳言，市民意识本身就充满投机性、市侩性、排他性。因此，也为广府人与外地人之间进一步交流设置了不少的沟沟坎坎，甚至出现见利忘义、不讲情面的情形，以致在外人看来，他们缺少人情味、太势利。但总体上说，广府人的商业才能和冒险创新的精神气质给人们留下了深刻的印象。

2. 客家人的文化心理

客家人，由于他们在海内外政治、经济、文化等方面均取得了巨大的成功，涌现出一大批政治、经济、文化等方面的精英，所以，一直受到国内外学术界的高度重视，并获得普遍的好评，尤其是他们那种独特的人文风貌和精神气质令海内外学人如痴如醉。

首先，客家人极其重视“敬宗睦族”，光前裕后。

有的研究者指出：“客家是一个最讲木本水源的民系，他们在迁移的时候，往往把上代的骸骨也背着出走，一同迁葬。或在避难迁移兄弟将要分散的时候，也必分抄族谱，以备将来还得敬宗睦族。……在祭祖的时候，也必仍操客语，谓这样才能报答祖宗。”① 客家人长期接受“孝悌”的思想，忠于家庭和孝顺父母、友爱兄弟，对自己的祖宗始终念念不忘。具体表现在：一是不忘祖宗盛德，以族谱、家谱、堂联等方式，向子孙宣扬本族先人世为望族的荣耀，以此代代相传，引以为荣。客家人的族谱、家谱，大都具体记录着先辈的家世、官职、煊赫地位及南迁过程，好让后代人牢牢记住祖上的功德，并以此为荣和鞭策自己。同时

① 李关仁：《客家人》，载吴泽编：《客家研究》第 2 辑，上海人民出版社 1990 年版，第 21 页。

客家人为表彰祖宗盛德，以示继往开来，不辱祖先名誉，几乎每家每户，都在大门楣上大书本族的堂号，每年除夕，总是按时在大门两侧贴出堂联。如梅县王氏，堂号为“三槐堂”，堂联为“三槐世德，两晋家声”。[①] 二是客家人始终保持着乡音。“宁卖祖宗田，莫忘祖宗言”就很能说明客家人敬祖和不忘传统的心态。他们即使与广府民系和福佬民系的人混居在一起，也较少改变其方言俚语，与广府民系的人那种积极学习，取人之长，补己之短的精神形成鲜明的对比。[②] 三是客家人把光宗耀祖、发扬家声看得比自己都重要，或者说把自己的事业和成功与自己的祖宗、父老乡亲自觉或不自觉地联系在一起，“光宗耀祖、发扬家声”成了客家人创业立业的潜在动力。客家人无论是在国内还是在国外，总是念念不忘自己的家和祖先，总是不忘服务乡梓，造福乡梓。四是由爱乡而爱国。有的学者就指出：“客家人的‘追远’，不仅只是追溯到自己的一家一姓，而是追本溯源地一直上溯到民族的祖先——黄帝、炎帝，念念不忘自己是炎黄子孙。正是基于他们对祖先如此的感情，激发了他们为国家民族效命疆场。”[③] 客家人爱乡爱国，在民族大是大非面前表现出大义凛然、刚正不阿和威武不屈的气节，所以人称客家人很有骨气。[④] 宋代的文天祥，明代的袁崇焕，清代的黄遵宪、洪秀全、杨秀清、韦昌辉、石达开、温生才、丘逢甲、罗福星等人的爱乡爱国精神和一身正气就充分地证明了这一点。但是客家人没有广府人那么开

---

① 陈乃纲：《岭南文化》，同济大学出版社 1990 年版，第 198 页。

② 参见司徒尚纪：《广东文化地理》，广东人民出版社 1993 年版，第 187—188 页。

③ 黄清根：《客家人与中法战争》，载吴泽编：《客家研究》第 2 辑，第 21 页。

④ 参见黄清根：《客家人与中法战争》，载吴泽编：《客家研究》第 2 辑，第 18—19 页。

放，缺乏与外部交流的积极性，因而显得过于保守。

其次，客家人的文化性格表现为自信自强，克勤克俭。

客家人的先祖为了逃避战乱或寻求安定的生存生活环境，多次迁徙，最后只好在无人居住的荒山僻岭安家落户。广东有句俗话说："逢山必有客，无客不住山。"就是对客家人居住和分布情况的真实写照。家住荒山僻岭，固然少了生存的威胁，多了几分生活的安宁，但相对平原地区，尤其是珠江三角洲和潮汕平原的居民来说，他们的生活条件要艰苦困难得多。为了生存和发展，客家人养成了一种筚路蓝缕、勇于开拓的创业精神。外国学者对客家人的这种精神给予了高度的评价和充分的肯定。一位日本学者指出："由于历史上曾经遭受过很大的苦难，所以客家人的性格较为成熟，他们富有耐心和克服困难的精神力量，善处逆境；他们大多能吃苦耐劳，有团结的愿望，适合集团生活；他们深谋远虑，厌恶诉诸感情的行动，具有进出海外和异族共同生活的适应能力。"① 客家人自己也有"扎起毛辫做赢人"和"勤劳耕作，有食有着"的说法。客家青年大都走出家门，四处谋生，不少人甚至不惜卖身为奴，到海外谋求生路，而客家妇女则操持家务，耕种劳作，具有一种无私奉献的美德。吃苦耐劳、克勤克俭是中国人的一种美德，但客家人在这方面表现得更为突出，他们能吃苦，但不蛮干，在提倡节俭的同时也不忘积极开源，既充满自信又能客观务实。正因为客家人具备这种品质，所以他们无论是在国内还是在国外，在他们所从事的工作中都干得非常出色。

最后，客家人崇尚读书，尊师重教。

"耕读传家"是中国人的一种文化传统，但在岭南三大民系中唯独客家人读书成风。在宋朝梅州等地"人无植产，恃以为生

---

① ［日］坂元宇一郎，李奇编译：《面相与中国人——分析你的种族源流与内在秉赋》，学林出版社 1989 年版，第 22—23 页。

者，读书一事耳”。[①] 在梅县还流行一首儿歌：“蟾蜍罗，背驼驼；不读书，无老婆”。毫不夸张地说，客家人完全把读书看作是成家立业、光宗耀祖的唯一途径。乾隆《嘉应州志》也说：“士善读书，多舌耕，虽穷困至老，不肯辍业。近代应童子试者至万有余人。前制府改设州治，疏称文风极盛，盖其验也。”[②] 的确，在封建社会，尤其是隋唐以后的中国，“学而优则仕”已成为人们发迹的公理，“布衣出将相，茅屋出公卿”的现象为这种观念提供了最好的例证，所以每一个家庭都希望送子读书，参加科举考试博取功名利禄。客家人因身居大山，缺乏其他可以发迹或改变现状的途径，办法之一就是读书进学，考试入仕。在广东，客家人最提倡读书，读书也最刻苦认真，故历来客家人才辈出。[③] 客家人最密集的梅县因此享有“文化之乡”[④] 的美誉。

3．潮汕人的文化心理

潮汕人有时也称福佬人，由于他们在海内外商业上的惊人的业绩而驰名于世，也由于潮州独具风韵的饮食文化（如功夫茶，潮州菜）以及畅销世界各地的瓷器和刺绣而使潮州人格外引人注目。因此，历来有句俗语：“到广不到潮，枉走此一遭。”潮汕文化如此艳丽动人，那么创造这些文化的潮汕人在文化互动中表现出的又是一种什么样的文化心态呢？

有人认为：潮人的文化心态，从共性来说，可以概括为务

---

① 司徒尚纪：《广东文化地理》，广东人民出版社 1993 年版，第 400 页。

② 司徒尚纪：《广东文化地理》，广东人民出版社 1993 年版，第 401 页。

③ 参见司徒尚纪：《广东文化地理》，广东人民出版社 1993 年版，第 399—403 页。

④ 陈乃纲：《岭南文化》，同济大学出版社 1990 年版，第 199—200 页。

实、精明四个字。务实是核心，精明是表现形式，目的在于求得生存和发展。务实，是面对现实，从实际出发，实事求是地把握人生。一方面要造就人才，另一方面要建设社会。这是潮汕人文化心态的最本质的特征，也是潮汕人价值取向的基本导向，思维的基本模式。从个人来说，潮汕人一向面对现实，不尚空谈，而是正确估计自己在现实中的位置，面临环境条件的利弊，考虑适应环境的对策，寻求发展的机会，强调办实事，学真本领，做个有道德、能办事、对社会有用的人。处于逆境，随遇而安，不气馁，不寄望于不切实际的空谈和幻想，不奢望别人帮忙。潮汕人提倡团结互助，但不强求于人，勉为其难，关键靠“自己骨头肉”。一抓住机遇就拼命发展自己，并设法帮助别人，共同发展，促进社会进步。潮汕人有务实的思想观念，充满务实的理性精神，虽然其主旨在于实用和应用，但决不会与实用主义等同起来。而精明，则是潮汕人在潮汕这个具体环境中长期锻炼造就出来的素质。从思维方法到办事作风，以至种田和日常生活的饮食、工艺品，处处表现出精明的特点，因而有些人认为，潮汕人的特点，可以概括为一个“精”字。务实理性通过精明能干的形式表现出来，形成了潮汕人文化心态许多突出的优点。比较突出的有四点，即家乡观念强，有凝聚力；精明能干，善于经商；刻苦耐劳，勇于开拓；注重人际关系，热忱待人。①

也有的人认为潮汕人最明显的文化性格是善于经商，颇有经营头脑，并且富有创业精神和开拓意识。其总的特征是人民勤劳俭朴，刻苦自励，精于商务，文风较盛。②

---

① 参见杜松年：《潮汕人的文化心态》，载《南方经济》1994 年第 2 期。

② 参见李权时主编：《岭南文化》，广东人民出版社 1993 年版，第 67 页。

以上两种看法是对潮汕人文化心理研究的最有代表性的结论，虽然两种见解有粗有细，侧重点或视角稍有区别，其共同点也很明显，即都认为潮汕人善于经商，刻苦自励，具有开拓意识和创业精神。我们认为，潮汕人文化性格中最大的特点是精明、务实和家乡观念强。潮汕人不管走到哪里，总是离不开老乡，只要是讲潮汕话的，自然就黏在一块儿，彼此格外亲热和相互信任。诚然，中国人都有一种所谓的乡土情结，乡土观念都比较强，但很少有像潮汕人那样思乡、爱乡、回乡的欲念那么强烈。世人都说："潮州帮特别团结，有凝聚力。"尤其走出潮汕，到国内海外各地，遇到讲潮州话的人倍感亲切，所谓"老乡见老乡，双眼泪汪汪"，对于潮汕人来说真是一点不假。潮汕人的家乡观念强，不仅遇到乡亲特别亲热，而且特别关心和支持家乡建设。潮汕人在家乡常常内讧，兄弟之间闹纠纷，族氏之间搞械斗的现象虽然影响他们的事业和生活，但一走出潮汕，他们就彼此和和睦睦，非常团结。这恰好与其他地方的中国人在家客客气气，出外则互相攻击，彼此拆台形成鲜明的对比，这也许与潮汕地方狭小、人口稠密、生存竞争激烈有关吧。①

4. 梁启超的个性心理

在近代史上，无论是在政治风浪和社会变革中，还是在学术思想文化阵营里，梁启超都算得上一个颇有影响的历史人物。这位以其充满激情的如椽巨笔赢得了巨大声誉的启蒙思想家，也以其思想"流质易变"而著称于世。他的"保守性与进取性常交战于胸中"的思想矛盾，使其成为集中国现代化变革的先驱者和文化保守主义运动的肇基人于一身的复杂人物。虽然在他的个性心理中有着深厚的时代气息和个人秉性的基调，但也打上了岭南近

① 参见杜松年：《潮汕人的文化心态》，载《南方经济》1994 年第 2 期。

代文化深沉的烙印。从他身上，我们不难发现：他那优点和缺点都很突出的性格表现与大多数同时代岭南人的性格特征又是何等的相似！

正像有人指出的那样，梁启超一生无论是行文还是做事，都显示出性格的双重性。“他是近代史上一个非常有趣的人物，有远大的政治抱负，强烈的时代使命感和社会责任感”，忧国忧民，成了他一生中始终活跃奔腾的主旋律。“他学识渊博，聪明过人，极其敏感；而且才气纵横，锋芒毕露，热情洋溢，富于活力。”表现出极强的进取心。戊戌变法失败后，他曾写诗言志：“志未酬，志未酬，问君之志几时酬？志亦无尽量，酬亦无尽时。世界进步靡有止期，吾之希望亦靡有止期……一登高山复有高山，出瀛海更有瀛海。任龙腾虎跃以度百年兮，所成就其能有几许！……呼嗟乎，男儿志兮天下事，但有进兮不有止。”[①] 其胜不骄，败不馁，积极进取，充满自信的性格于呼号之中表现得淋漓尽致。难得的是，对自己的性格诸方面的特征，梁启超自己有过极其客观的表白：“启超夙不喜桐城派古文，幼年为文，学晚汉魏晋，颇尚矜炼，至是自解放，务为平易畅达，时杂以俚语韵语及外国语法，纵笔所至不检束，学者竞效之，号新文体。老辈则痛恨，诋为野狐。然其文条理清晰，笔锋常带情感，对于读者，则有一种魔力焉。启超既曰倡革命排满共和之论，而其师康有为深不谓然，屡责备之，继以婉劝，两年间函札数万言。启超亦不慊于当时革命家之所为，惩羹而吹齑，持论稍变矣。然其保守性与进取性常交战于胸中，随感情而发，所执往往前后相矛盾，尝自言曰‘不惜以今日之我，难昔日之我’。世多以此为诟病，而其

---

① 方志钦、刘斯奋编注：《梁启超诗文选》，广东人民出版社 1983 年版，第 550 页。

言论之效力亦往往相消，盖生性之弱点然矣。”[1] 虽是论己，但亦算中肯客观。除此之外，梁启超还是一个勇敢、自信、直率、豁达的人。[2] 他一生曾与许多人唇枪舌剑、激烈争论，打过不少笔墨官司，如与汪康年、康有为、章太炎、孙中山等的争论，但从不记私仇，就是对维新派的政敌李鸿章，他也努力做到持平公论。[3]“要而论之，李鸿章有才气而无学识之人也，有阅历而无血性之人也。彼非无鞠躬尽瘁死而后已之心，后彼弥逢偷安以待死者也。彼于未死之前，当责任而不辞，然未尝有立百年大计以遗后人之志。谚所谓做一日和尚撞一天钟。中国朝野上下之人心，莫不皆然，而李亦其代表人也。虽然，今日举朝二品以上之大员，五十以上之达官，无一人能及彼者，此则吾所敢断言也。嗟呼！李鸿章之败绩，既已屡见不一见矣。后此内忧外患之风潮，将有甚于李鸿章时代数倍者，乃今也欲求如李鸿章其人者，亦渺不可复睹焉”。这段话对李鸿章来说，评价是公允的。这种宽容大度、率直豁达的品格无疑也是岭南人品格的一个缩影。

梁启超亦是一个重感情，富于人情味的血性男儿。与家人师友，都有一片纯情至性。其关于康有为、谭嗣同、夏曾佑、黄遵宪、麦孟华、王国维和夫人李惠仙等人的回忆或有关的悼念文章，可说是字里行间，均含有深情厚意，细枝末节，无不哀哀动人。[4] 如他为怀念爱妻，曾写下了千古名文《祭梁夫人文》，字字含情，句句蓄泪，不妨读其中一小段：“我德有阙，君实匡之；

---

① 《清代学术概论》，载《梁启超论清学史二种》，复旦大学出版社1985年版，第70页。

② 参见孟祥才：《梁启超传》，北京出版社1980年版；李喜所、元青《梁启超传》，人民出版社1993年版。

③ 参见梁启超：《李鸿章传》“结论”一节，海南出版社1993年版。

④ 参见吴廷嘉：《戊戌思潮纵横论》，中国人民大学出版社1988年版，第245—248页。

我生多难，君扶将之；我有疑事，君榷君商；我有赏心，君写君藏；我有幽忧，君燠便康；我劳于外，君煦使忘；我唱君和，我揄君扬；今我失君，双影彷徨。”①

但是，梁启超似乎情绪太不稳定，注意力也常常被这事或那物所分散，表现出多变和善变的性格特征。他有时因局势左右摇摆，缺乏坚定的信念和执著的人生追求，或者说他的信念和追求就是因时而变。他自己也说：“自认为真理者，则舍己以从；自认为谬误者，则不远而复……此吾生之所长也。若其见理不定，屡变屡迁，此吾生之所短也。”② 在学术上，他也坦率地承认：“启超务广而荒，每一学稍涉其樊，便加论列，故其所述著，多模糊影响笼统之谈，甚者纯然错误，及其自发现而自谋矫正，则已前后矛盾矣”，“启超与康有为最相反之一点，有为太有成见，启超太无成见。其应事也有然，去治学也亦有然。……启超不然，常自觉其学未成，且忧其不成，数十年日在彷徨求索中。……启超‘学问欲’极炽，其所嗜之种类亦繁杂，每治一业，则沈溺焉，集中精力，尽抛其他；历若干时日，移于他业，则又抛其前所治者。以集中精力故，故常有所得；以移时而抛故，故入焉而不深。”③。这既是岭南人学习接受新知新学的一种态度表现，也是岭南人灵活、实际，注重效用原则的心理的间接反映。在古代，岭南人就是积极接受、吸纳、模仿各种文化的能手；在近代，岭南人更是标新立异、锐意创新的文化传人。他们常常是大胆提倡而不囿于传统，开风气之先却很少穷根究底，探本索源、

① 丁文江、赵丰田编：《梁启超年谱长编》，上海人民出版社 1983 年版，第 1022 页。

② 丁文江、赵丰田编：《梁启超年谱长编》，上海人民出版社 1983 年版，第 334 页。

③ 朱维铮校注：《梁启超论清学史二种》，复旦大学出版社 1985 年版，第 73 页。

发扬光大。似乎他们只是开拓、创新、首倡，而那传播、深化、扩大等方面的事情应由其他的人去做。岭南人重“用”而不重“理”．重“器”而不重“道”的价值观，在梁启超身上亦有一定的影响。

梁启超的个性心理的形成与其所处的社会环境和所受的教育不无关系。他在《三十自述》里就作过相当客观的描述：“余乡人也，于赤县神州，有当秦汉之交，屹然独立群雄之衰数十年，用其地，于其人，称蛮夷太长，留英雄之明誉于历史上之一省。于其省也，有当守元之交，我黄帝子孙与北狄异种血战不胜，君臣殉国，自沈崖山，留悲愤之记念于历史上之一县。是即余之故乡，乡名熊子，距崖山七里强，当西江入南海交汇之冲，其江口列岛七，而熊子宅基中央，余实中国极南之一岛名也。先世自宋末由福州徙南雄，明末由南雄徙新会，定居焉，数百年栖于山谷。族之伯叔兄弟，且耕且读，不问世事，如桃源中人，顾闻父老口碑所述，吾大五父最富于阴德，力耕所获，一粟昂，辄以分惠诸族党之无告者。”① 不难看出，梁启超的个性心理形成与岭南式的家庭教育和社会熏陶有着密切的联系。② 正如有人指出的那样，“梁启超生于半耕半读的儒学世家，自幼受中学陶冶长大。这给他打下了深厚的学问根底，又使他难以与旧的文化传统彻底决裂，也就很难对之进行有力的改造。梁启超的祖父重民族气节，热心社会公益事业，启蒙了梁启超最早的爱国精神与社会责任心。但他对梁启超进行的宋明理学的说教，无疑又成为梁启超其后难以挣脱旧道德桎梏的原因之一。”③ 应该说这种分析和概括

① 《三十自述》，载李华兴、吴嘉勋编：《梁启超选集》，上海人民出版社 1984 年版，第 374 页。

② 参见李喜所、元青：《梁启超传》第一章，人民出版社 1993 年版。

③ 吴廷嘉：《戊戌思潮纵横论》，中国人民大学出版社 1988 年版，第 255 页。

是比较切近实际的。虽然梁启超的个性心理与时代条件和精神气候有关，但与岭南地区特殊的文化模式和文化氛围的濡染渗透亦有内在的联系。梁启超既是他那个时代知识分子群中的杰出代表，也是岭南人中的佼佼者。他那带有多血汁气质的性格特征，从某种意义上讲，也是岭南人性格特征的一个真实具体的写照。

5. 洪秀全的个性心理

如果说梁发信教传教是出于一种理智的选择[①]，那么，洪秀全信教传教，创立“拜上帝会”直到发动轰轰烈烈的太平天国革命运动，最终的起因却是一种外在的刺激和情感的冲动。

洪秀全也是出生在一个自耕农的家庭，客家人“耕读传家”的思想观念对洪秀全产生过深厚的影响。他三番五次地应考却又每次名落孙山。考场的屡试屡败，以及家庭和社会的期待，在洪秀全身上造成了一股强大的压力。外在的压力和内在的心理紧张，使挫折沮丧的洪秀全心力交瘁，大病一场。病中的洪秀全神志错乱，步履艰难，卧床 40 余天，并产生了种种梦幻：他梦见自己升入天国，在那里脱胎换骨，得到了净化和再生。一位年高德劭、蓄着金色胡须的人交给他几面王旗和一柄剑，要他起誓铲除一切恶魔，以便使世界重新回到纯粹的教义上来。洪秀全陶醉在至高无上的正义和所向无敌的力量的幻想之中，怒不可遏地冥游了宇宙，按照指示降妖斩魔。当幻觉消失后，他似乎又恢复了与外面世界的联系，但在性格上却发生了明显的变化。奇怪的是，清醒后的洪秀全还能完完全全记得自己的梦境，并“相信自己无所不能和圣洁无瑕。”[②] 显然，洪秀全性格形成与转变的原因

---

① 参见胡波、关汉华：《论梁发及早期基督教在岭南的传播》，载《学术研究》1993 年第 1 期。

② ［美］费正清编：《剑桥晚清中国史（1800—1911 年）》上卷，中国社会科学出版社 1985 年版，第 291—292 页。

芜杂繁复，仅仅一场大病和一次梦幻就能改变他的性格，这显然是一种极其武断的说法。应该说影响洪秀全性格形成与变化的因素有许多，按照中外学者的理解应是：

其一，新近发生的鸦片战争对他的影响。“如果说中英冲突对他没有影响，那才是不寻常的，因为当时的广东民怨沸腾，对清廷的轻蔑之情随处可见。只在洪秀全故乡的县境之外，就蓬勃兴起过抗英的民兵运动。他的领袖们蔑视满人在外夷面前的软弱无力。”①

其二，梁发所作《劝世良言》的影响。尽管梁发在《劝世良言》中宣传的基督教与中国传统的文化和民间信仰之间有着本质的差别，但洪秀全却从中找到了重新振作起来，寻找新的出路的门径。他把这本书看作是上帝对他本人的直接召唤。他现在按照基督教的教义来领悟自己的梦幻：年高德劭、蓄着金黄色胡须的人是天父耶和华；中年人是耶稣；他本人是上帝的次子而被授以神圣的使命，务使世界重新尊崇上帝。②

其三，儒家正统文化教育的影响。洪秀全出生在一个农民家庭，从小就习惯了艰苦朴素的生活，习惯了农业劳动。他一生的大部分时间，是在农村度过的，熟悉农民，对他们的痛苦有深切的体会，了解他们最迫切的要求和愿望。劳动人民那种刚毅朴素的品德也哺育了他，使他在青年时期就培养了刻苦自励，不畏艰难，勇于与旧势力奋战到底的性格。③ 同时，儒家正统文化对他的影响还表现在对他的思想意识和行为方式等方面，这在他后来的反清革命生涯中就有较为明显的表现。

---

① ［美］费正清编：《剑桥晚清中国史（1800—1911 年）》上卷，中国社会科学出版社 1985 年版，第 291 页。

② 参见［美］费正清编：《剑桥晚清中国史（1800—1911 年）》上卷，中国社会科学出版社 1985 年版，第 292—293 页。

③ 参见田原：《洪秀全传》，湖北人民出版社 1982 年版，第 4 页。

其四，岭南近代文化的直接影响。洪秀全生活的年代，正是中国清王朝国运式微的时期，中外接触和交往的日益频繁，商品经济正以紧张的韧性向中国的农业自然经济直刺过来，岭南地区正处在中国社会变革的前沿阵地，岭南文化正以前所未有的速度发生着裂变。可以肯定，岭南文化在特定的时代里以一种特殊复杂的方式铸造了洪秀全的个性。

那么，洪秀全到底是一个什么样的人呢？或者说洪秀全的性格和心理特征是什么？这正是我们要了解的问题。从上面的影响因素分析和他早期生活经历以及一生的言行诸方面上看，洪秀全的性格和心理特征大致表现如下。

其一，从外向型转变为内向型性格。洪秀全在少年时，“性情活泼，对人感情热烈。他读书用功，却没有书呆子的习气，在是非问题上能坚持己见，不轻于随声附和。他喜欢谈论，很诙谐，遇有争执，又能以犀利的言辞把对方驳倒。他对人坦率，诚实，才学和识见也比较高，所以凡是和他接触过的人，对他都很敬佩，乐意同他相处”。[①] 但是，他在 25 岁时经过一场大病，性情却发生了明显的变化，对人沉静庄严，不苟言笑，而且意志坚定，目标明确，注重实干。据载：“自 1837 年得病后，彼之人格完全改变，其态度高尚而庄严。坐时体直容庄，双手置膝，两脚分列而从不交股，辄正襟危坐，不俯不仰，亦不斜倚左右，如是历数小时而无倦容。彼目不斜视，亦不反顾，步履不疾不徐，常现庄严态度，自后寡言鲜笑。”[②] 表现出一种成熟的人格之美。不过，这里我们必须明白，洪秀全性格的重大改变，只是他个人的特殊遭遇和经历体验所致，岭南文化在其中的作用大小是很难估

① 田原：《洪秀全传》，湖北人民出版社 1982 年版，第 9 页。

② ［瑞士］韩山文：《太平天国起义记》，载《太平天国》第六册，上海人民出版社 1957 年版。

计到的。

其二，待人处事，有“君子风”的精神气质。从洪秀全的言行来看，他既有一副救世救民，为民请命，超度众生的菩萨心肠；又有对敌坚决、果敢、冷酷、不卑不亢、针锋相对的顽强毅力与斗争精神。与洪秀全曾有过一段交往的罗孝全经过观察，也说他“品行甚端，态度行为雍容，有君子风”。[①] 洪秀全很重视人的品行，认为正正派派、“修好炼正”最好，而厌恶那些邪门歪道，损人利己的行为。这在他制定的《天条书》中就可以得到充分的体现。如他特别强调要“孝顺父母”，而反对“奸邪淫乱”、“偷窃劫抢”、“杀人害人”、“讲谎话”、“起贪心”等。据《太平天国起义记》载：“洪秀全禁吸鸦片，即平常烟草及饮酒均在被禁之列。关于鸦片，颇有一讨，原文曰：烟枪即铳枪，自打自受伤；多少英雄汉，因死在高床！关于饮酒，秀全谓以米蒸酒，是夺去人所必需之粮食，其后复予人以无用而有害之饮料。从前秀全之酒量甚大，其后则为应酬友人只饮三小杯。自入广西后，大概完全禁绝。”[②] 足见当时的洪秀全是一个为人正派、自我克制、富有理想的人。

其三，注重实用的理知态度和反叛精神。洪秀全出生在广东花县，是客家人的后代。客家人勤劳俭朴、勇敢坚定、开拓进取、注重实用的性格和气质特征，在洪秀全身上得到了一定的体现。同时，从洪秀全身上我们也能窥视到岭南人的某些性格和气质特点。为了宣传拜上帝教，组织人们起来反抗清统治，建立理想太平的天国，洪秀全先是不顾传统社会的巨大阻力，砸烂了孔子牌位，破除人们对孔子的迷信，后是四处奔走，求教访友，吸

---

① 罗孝全：《洪秀全革命之真相》，载《太平天国》第六册，上海人民出版社 1957 年版。

② 《太平天国》第六册，上海人民出版社 1957 年版，第 867 页。

收教徒，发动武装起义。其间历尽了千辛万苦，甚至有生命之虞，但他义无反顾，自始至终都保持着自己的战斗精神，也自始至终坚守自己的信念。这种强烈的反叛精神，既是岭南人共有的心理表现，也成为洪秀全个性心理的重要组成部分。至于他那种灵活运用，大胆改造，“一切为我所用”的学习原则和对事物的理性态度，在他对基督教义的利用、吸收、改造的过程中就能一叶知秋。正如大多数学者所认为的那样，洪秀全并不是照搬西方基督教经典，而是根据社会和大众的喜好对此作一番改造，以服务于革命的目的。在对待杨秀清代天父传言和肖朝贵代天兄传言这两件比较敏感而又十分棘手的内部权利、名分的问题上，洪秀全表现出宽容豁达，灵活善变的态度，巧妙安排而又妥善地解决了这一些既矛盾又复杂的问题。这一处置，既显示了洪秀全超人的智慧和难得的豁达，又从侧面证明了岭南人处事灵活、注重效用的实践理性精神。

洪秀全应是岭南人特别是客家人的一个典型。作为一个半知识分子和农民的革命者和反叛者，他在近代中国的影响也是难以抹掉的。在洪秀全身上，我们不难看出岭南人，特别是客家人那种既有血性又有韧性的鲜明性格特征。之所以把他作为岭南人的典型代表，不仅在于他是农民，是知识分子，是教士，是反叛者和领导者，是客家人的代表，而且更重要的是他的历史影响，尤其是他对孙中山的间接影响。

第十讲　孙中山的个性心理研究

一、问题提出：他是什么样的人

对于关心孙中山的事业和他的时代的人来说，孙中山的名字是响亮的；但对于当今中国大多数人来说，“孙中山”这个名字似乎比较陌生，就是对历史稍有了解的小部分中国人来说，孙中山在他们心目中的印象也是十分模糊的。

其实，这并不奇怪。一来孙中山早已作了古人，他的事业和他的历史也差不多随他而去，消失在大多数中国人的记忆里；二来孙中山与我们生活的终究不是一个时代，他距离我们太远。纷繁复杂、斑驳陆离、变幻莫测的世俗生活使追求快餐文化和大众娱乐文化的中国人应接不暇，哪有闲情逸致和平静如水的心情去作历史的回忆和玩味过去的风景？再说，舆论宣传还不太重视。改革开放后，我们对孙中山作过一些宣传，但大都涂上了浓浓的政治油彩，结果孙中山在国人头脑中的印象更显得模糊浮泛。

“孙中山是怎样的一个人呢?”

好奇心和对历史有着特殊兴趣的人或许有了勾画孙中山肖像的愿望和尝试。

要勾画出孙中山的肖像，并不太难，存留下来的大量孙中山生前的照片使这种尝试成为可能。孙中山青年时代的照片显示了他的容貌：“瘦弱的骨骼和洁净的衣着，似乎是自炫于人的修剪得整整齐齐的八字胡须；他的黑发精致地向左边分开，涂着发油，向后卷起一个轻微的波浪，他的眼部肤色多少有些黧黑。但，正是他的'赏心悦目的容貌'和'矮小的身材'打动了一位记者，当孙中山在差不多要满 30 岁的 1896 年从驻伦敦的中国大使馆获得戏剧性的释放的时候，这位记者正巧在场，拍下了这张珍贵的照片。"①

1912 年的孙中山担任中华民国临时大总统时所拍的照片显示出孙中山的形象是："坦率的面容，友善的笑意，目光炯炯有神。在集体摄影中的孙中山总是坐在前排的中心位置，挺身直立，显得精神威严，被他的追随者和同事好友们凑拥着。"孙中山的美国友人林百克先生在《孙逸仙传》中对孙中山曾有过生动的描述："中山状貌魁梧，英武如军人，额耸而阔，鼻准丰隆，颧平、眼陷，肩膀敏活，四肢灵便，幼时在田间习于操作，故肌肉强健有力。他的容貌英伟，而望之蔼若春风。他的眼光清澈照人，无微不烛，凝眸注视时最有吸引力，火灼灼地摄人如狮。见他的人都觉他眉宇间威棱逼人，就是说：这是一个你可以信托的人。"②俄国记者斯达杨诺维奇和 A. 霍多罗夫在《和孙中山的一次谈话》中也这样记载："孙中山博士体格健壮，身材匀称……他举止文雅，镇定自若，使人觉得他是一个坚强的人，是一位对自己的一言一行都很自信的人。孙中山个子不高，容貌整洁，圆脸庞，身穿着一件很普通的灰色短上衣。"③ 事实上，晚年的孙中山开始有些发胖，稍后的照片显示，他的后脑部分脱落的头发笼罩着一张慈祥和蔼但又饱经忧患的脸庞，在那依然充满自信的表情里隐隐约约地呈现出一种叫人捉摸不定的忧郁和焦虑。可以说，

① [美]：韦慕廷著，杨慎之译：《孙中山——壮志未酬的爱国者》，中山大学出版社 1986 年版，第 2—3 页。

② 尚明轩、王学庄、陈崧编：《孙中山生平事业追忆录》，人民出版社 1986 年版，第 848 页。

③ 尚明轩：《孙中山传》，北京出版社 1981 年版，第 243 页。

迟暮之年的孙中山的外表与青少年时的风貌明显不同，但孙中山的那种典型的个性心理特征却依然如故。

从面相上看，孙中山似乎更像他的母亲。宽阔饱满的额头，保持头部稳定的宽大的双耳，浓眉下面炯炯有神而又显得秀美的双眼，高隆的鼻子和稚童般的圆圆的下巴，厚薄得恰到好处的嘴唇与微微上翘的嘴角，黑发下略显圆形的面庞，以及呈现出来的高傲和顽强的神情，像母亲有福气，男人女人像将来也必有所作为。这种说法我们姑且不论，但我们可以肯定的是，孙中山受其母亲的影响比受其父亲的影响要大得多。其母亲的个性无疑地或多或少地“遗传”给了孙中山。[①]

二、心理分析：有个性的孙中山

要真正了解孙中山的个性心理，毫无疑问必须借助现代心理学的有关理论和方法。正确的理论和科学的方法有利于我们透过现象看本质。依据个性心理学的理论和方法，我们试图进一步揭示出孙中山个性心理的内在奥秘，解开孙中山的个性之谜。

1．外向型性格的孙中山

凡是与孙中山有过接触和交往的人，都认为孙中山是一个乐观自信、热情洋溢、好学不倦、博闻强记、兴趣广泛、敏捷灵活、宽厚仁慈的人。黄季陆先生曾谈到他第一次见到孙中山时的印象：“在未见到总统以前，我总认为这位推翻满清，创建民国的大英雄，必定是像我在小说中所熟悉的那种‘八面威风’的人物。……及至见面以后，第一个觉得他穿的是洋服，很神气，因为在民国二年时的四川，是很少看见人穿洋服的。第二是觉得他十分和气，使我不感到拘束和畏惧。第三是当复生大哥为我介

① 参见华中兴：《中山先生政治人格的解析》，台北正中书局 1992 年版，第 40—45 页。

绍，称赞我十二岁就参加革命，是辛亥革命四川保路运动小学生保路同志会会长时，总理笑了。他用手在我的头上轻轻地拍了两下，并说：你从此要好好用功求学，学成之后再来革命；没有学问不能对革命有大的贡献。”① 同盟会员吴敬恒也谈到他对孙中山的印象：“1905 年总理四十多岁，他春天从法、比、德国到英国，其时我在伦敦，他打听到了我的寓址，特别来看我。是一个很诚恳、平易近人的绅士。然而止觉是伟大，不能形容的伟大称为自然伟大，最为适当。……与总理同时的一个李鸿章，在各国亦颇受称誉。然而那种贵人气的伟大，在地毯上的唾痰，在旅馆里骂西崽，总理是没有那种恶习惯。又或者有道学气，严气正性，不可响迩，保持伟大的身分。与总理先后的，又有一个曾国藩，他的学修，不能不算伟大，但好像他做了我们的两江总督，提倡勤俭，一时换不及衣冠，把灰布袍子，卖到比宁绸袍还贵。总理又不注意那种矫枉过正，又或者有英雄气。总理一生，当然革命了十来次，十三岁即想做洪秀全，然而并没有喑呜叱咤，像洪、杨那种万岁、九千岁的气概。又或者有横议气。古代公孙衍张仪，也有人称过他们为大丈夫。总理一生，苦口婆心，见人即滔滔滑滑待查的指示他的主义，然而只朴实的舒其所见，绝不肯用手段，见一人说一样话，故康有为自命长素，认为比孔子还长，然而为了作用，便立起孔教会。保中国不保大清，又为了作用，立起保皇党。所以他自以为议论伟大，终究止成了一个反复的政客。总理却成了真实不二价的党魁。世俗亦以为伟大者，或者能摆出名士气。总理一身研究的学问，够做一个大名士气。然而，他的好学，止像周公孔子祖述尧舜，宪章文武，来集治国的大成。不像梁启超谈学派，讲家数，有志维新，却终究做了一个考

① 尚明轩、王学庄、陈崧编：《孙中山生平事业追忆录》，人民出版社 1986 年版，第 841 页。

据先生。故总理品格的伟大，纯出于自然。也绝不必四十不动心，说大人则藐之，下一番矜张工夫。他往来欧美，无论何国的王公贵人，高人学士，都一见而心折，待之如最诚实之绅士。他也绝不拘什么夜礼服、白帖子等繁重仪式，而周旋亦自然中节。”①

这些虽是人们后来对孙中山所作所为的一种追忆和评述，言语之中免不了带有一定的感情，但从中也能说明孙中山其人其事的确有许多值得回味追忆的地方。孙中山本人也许有不少过人之处值得人们折服和崇拜。翻开有关孙中山的历史记述和有关论著，展读《孙中山全集》《孙中山集外集》以及《孙中山集外集补编》，追寻孙中山的革命和生活足迹，睹物思人，更觉以上诸人所言不虚。细细思量，倍感孙中山其人可亲可敬。其之所以能“鼓动风潮，造成时势”，登高一呼而从者众，不是凭权力的强制而是靠人格的感召。哲人伏尔泰曾说：“造就政治家的，决不是超凡出众的洞察力，而是他们的性格。”尼克松也曾指出：“对一个人来说，真正重要的不是他的背景、肤色、种族，或是他的宗教信仰，而是他的性格。”孙中山之所以能够成就伟业，造成时势，显然不仅仅因为他的思想主张，还更因为他的性格。

从性格的特质方面看，性格就是魅力；从性格的功能作用上看，性格就是命运；从性格的生成来看，性格又是环境的产儿。就孙中山而言，其性格的形成与岭南文化圈内的天文、地文和人文三种因素的共同作用密不可分。那么，孙中山的性格又在哪些方面受到了岭南文化的影响呢？其性格中又有多少岭南文化的成分？孙中山的性格又有什么特点特征呢？问题的回答需要我们在分析总结归纳孙中山的性格特征的同时，将岭南文化与孙中山生

① 尚明轩、王学庄、陈崧编：《孙中山生平事业追忆录》，人民出版社1986年版，第707—708页。

平历史统一起来。当我们将“人与文化”的镜头对准孙中山生平历史和岭南文化这个聚焦点时，孙中山的性格特征也就清晰明亮起来。

首先，孙中山始终乐观自信和充满激情。

真正说来，乐观自信和充满激情，是岭南人共有的性格特征。古代岭南人我们姑且不论，近代史上的岭南人性格上的这一特征就格外鲜明。岭南人对任何事似乎都有一股热情和浓厚兴趣。西洋人打进来后，出于激情和义愤，他们起来抗争过，捍卫过，战斗过，却很少考虑这种捍卫、抗争和战斗是否能达到预期的目的。洪秀全、洪仁玕、冯云山和太平天国的将士们那种中国农民式的宗教信仰是那样地狂热；容闳、何启、胡礼垣、郑观应等所倡导的新政和遗留下来的惊世骇俗的盛世危言，是那样地情理交融；康有为、梁启超对维新变法和君主立宪的追求是那样地一往情深。孙中山亦是如此。自从选择了医国的事业，他便把反满、革命、推翻帝制，建立独立自主、繁荣富强的民主共和国作为自己人生奋斗的目标。辛亥革命前，为了宣传革命排满救国的思想主张，组织和发动武装起义，建立资产阶级民主共和国，孙中山付出了巨大的代价，投入了全部精力和热情。辛亥革命后，为了维护约法，捍卫国家独立自主和中国的现代化，他同样又用心筹划建国方略，殚精竭虑地四处奔走呼号，既热情洋溢又充满自信。尽管他屡起屡伏，屡战屡败，壮志难酬，但他仍然生龙活虎地保持着对于革命和建设的信心。难得的是，他对自己的政治主张和从事的事业，始终乐观自信，从不怀疑自己所做的一切，也从不因频繁的失败而情绪低落。“说到底，孙中山对于革命的主要贡献在于他的革命乐观主义。甚至在例如黄兴、胡汉民和汪精卫这样坚定刚强的人有时也难免为革命的机运而悲观沮丧的时候，孙中山却继续拼命地干下去，用许诺资金来提高战士们的信心和勇气，用胜利指日可期的谈话和答应投资机会来激发海外华侨。……如果说，孙中山无限的革命乐观主义未能使他的追随者们对 1911—1912 年决定性的战斗作好思想准备，那么，无论如何，这种乐观主义给了他们最后推翻清王朝的迭次武装起义的活力。在辛亥革命爆发之时，他被公认为是‘无庸置疑的主要的发动者。’”[①] 尽管这样估计孙中山在辛亥革命中的作用有失片面，但孙中山的乐观自信和充满激情的性格特征在孙中山一生当中，的确是不可缺少的行为驱动力。

孙中山这种乐观自信而又充满激情的性格在他的谈话和演讲中表现得更是淋漓尽致。林百克曾对孙中山的演讲场面作过十分精彩的记述：

> 有一次中山演说，环聚而听者无数，中国人外国人都有。在一个大厅里面，声音恐怕很不容易传达到四处罢。
>
> 中山说了几句开场话之后，向前面走几步，听众掌声雷动。他静默移时，再前进一步，掌声又起，夹杂一片欢呼声。他等了一等，将手举起，听众肃然，寂静无声。中山仍举手静默，屹立不动，乃开始演说。
>
> 他演说时差不多换了一个样子，骤然响朗的声音，中人如有电力。他的话句句是真实的，个个字是迅疾、准确、锋利，像一支机关枪，只听得，“嗒嗒嗒”的声音，高、下、疾、徐，如合音节；演词平稳如流水，煞尾清楚，戛然而止，他依旧静立在讲厅回声的中间，而他的话已深入听众脑筋里了。
>
> 欢呼和鼓掌声又起，但是中山如立海岸上看海里的波浪。他再举手，喧闹的大众又静下来；他又雄辩滔滔讲了一

① ［美］史扶邻：《孙中山之谜》，转引自［美］韦慕廷著，杨慎之译：《孙中山——壮志未酬的爱国者》，中山大学出版社 1986 年版，第 19—20 页。

回；于是一停顿，呼声又起，此时中山一口气差不多说五百个字。

中山在讲坛上受人欢迎，演说词很快的传到各处，各处都有同样的欢声。他到一处就有他的演说，在危险的时机是唤醒人们的清响的钟声。在困难的境遇是指示人们正路的导灯。长时期同恶势力奋斗，热烈的欢呼之回声传遍大地，多么可惊，多么伟大呵！①

黄季陆先生平生聆听过多次孙中山的演讲，他也认为：

总理讲话的声音并不大，却很清晰明朗，坐在讲堂较远的人，也能听得十分清楚。他好似一个极有素养的音乐家，咬字和发音好似从丹田发出，声浪异乎寻常的均匀悦耳。他的态度雍容，时露微笑；姿势在活泼中显出庄严；演说到重要的地方特别加重语调，把字句重复一番，显出非常有力，使听讲的人随着他讲的重点，进入更深的境界。他的讲话亲切而诚恳，使你并无一点受他煽动的感觉，一切诉之于理智，使你从理智中不能不为他所感动。他演讲时，有时直立在讲桌中间，身体笔直，足跟站得很稳；有时移立在课桌的两侧，用手势来补助他的说明，又使你感觉到轻松；听众的视线，随着他身体的移动而转动着。有时他用一浅近而平凡的譬喻或故事来说出一番高深的道理，使每一个听讲的人留下很深的回味！他的讲辞是一篇有感情、有理智、有内容、有条理和有结论的美丽文章。他的国语发音虽然仍带有一些广东话的鼻音，却是可以使你清清楚楚地明白他所讲的内容

① 尚明轩、王学庄、陈崧编：《孙中山生平事业追忆录》，人民出版社1986年版，第849—850页。

是无比的动人。[1]

当年侨居美国的青年王宠惠有过一段逼真的回忆：

> 孙逸仙是一个具有感染魅力而且口齿流利的演说家。他能使听众聚精会神地在一次讲演会里连续听好几个钟头。听众的人数或多至几百人几千人，或寥寥可数。他在更深夜静的时候，仍然精神奋发，和少数革命同志在煤油灯下，在狭小的洗衣作坊后面的房间里，谈论中国军事上的失败情况，以及外交上丧失权益的屈辱。然后阐发他的使中国人民自己起来治理国家大政的方略。他总是风尘仆仆，穿着朴素地出现在人们面前，为了革命运动事业，他总是热心诚挚，永不灰心丧气。[2]

演讲是一门难度很高的艺术，也是人格的一种折射。擅长演讲的人总是将演说的内容连同自己的身心一起情绪化地传递给听众。孙中山的演讲虽然没有同乡汪精卫的讲演极富感情和煽动性，但在以理服人的同时，孙中山也无意识地采取了以情动人的方式。所以他所给予你的是亲切的言辞，是理智的启发，你一时可能有不了解他的地方，时间久了，经历增多了，你终会领悟到他所言之不虚与见识之远大。

其实，孙中山的那种天生的富有激情和热情奔放的性格，在其革命活动中也得到了明显的体现。激情使孙中山在革命和建设过程中始终保持旺盛的斗志和生气勃勃。热情奔放则使孙中山作为一个普通人更容易被大众所接纳和认同，也更使孙中山的革命积极性和创造性得到充分发挥。但是，热情和激情又常常使孙中山失去辨别真假的能力，轻易地上当受骗。1895 年，孙中山为了

---

① 尚明轩、王学庄、陈崧编：《孙中山生平事业追忆录》，人民出版社 1986 年版，第 850 页。

② 李联海：《孙中山轶事》，广东人民出版社 1985 年版，第 112 页。

发动广州起义，事先在香港结识了三合会的头目，并询问他们有多少会员可以参加起事。两个三合会头目随口说出了一个很可观的数字。孙中山又喜又疑。因为要按人数付饷的心理不踏实，便问一个头目："怎样能证明你有这么多人？"这个头目拍着胸膛说："请先生点名，然后发饷。"孙中山又问另一个头目，得到的回答同样干脆。孙中山又问："在香港，怎么可以让我点名呢？"两个头目说："可以约定钟点在茶楼饮茶，先生在前，我们在后，凡起立的是同志，不起立的便不是我们的人。那时，先生便可以点数。"于是孙中山按他们约好的时间前往茶楼，由他们带领着与茶客见面。茶客看见头目呼拥着来人，便纷纷起立凝视。孙中山默默点数，起立者果然如所报的人数。再到其他几个茶楼，情况也是一样。孙中山喜出望外，就按头目所报的人数发了饷，可是，起事的时候，所到的人却远没有这么多。后来才知道是一个骗局。[①] 诸如此类上当受骗的事，孙中山经历过不少，尽管他自己后来意识到了这一点，但在实际活动过程中这种事却总是时有发生。这显然与其性格有着某种内在的联系。

其次，宽宏大度、富有同情心、开放性与包容性并存的性格特征。

长时期的人口流动和文化交流，使岭南人对周围的人和事都抱有一种忍让、宽容、理解、同情、接纳和认同的态度。孙中山也毫不例外地承继了岭南人这一性格特征。诚然，这一性格特征并不是岭南人独有的品质，其他文化区域里的人也同样具备，只是岭南人在这方面显得格外引人注目。孙中山从小生活在岭南。后来虽流亡海外，但他主要是在属于岭南文化圈内的华侨社会里活动，接触的仍然是岭南文化，在生活和交往中，耳濡目染，自

---

① 参见李联海：《孙中山轶事》，广东人民出版社 1985 年版，第 66 页。

然也就受到一定的影响。

孙中山的卫士张猛曾回忆说：

> 孙中山先生是一个度量大、待人宽厚、能使人改恶从善、心服口服的革命思想家，明知他是来骗他的人，但他相信十人中有一人不骗他的，这就是革命的力量，可以依靠。我是当他的副官，代他接见过不少宾客，其中有求差事的，或要求给钱生活的，孙先生总是要使来求的人无不满而去。但有些专搞民军的人想来骗钱，开口便说有多少部队，多少枪械，要求跟孙中山先生效忠革命，要多少钱开拔费才能把队伍开到广东来听命任用，从几多万元减到几多千元，再减到几多百元，甚至最后只要几十元给往来传讯信息的人作费用便算。我们每次都告知孙先生这个人是假的，要来骗钱的，孙中山先生总是说："岂有不知他是骗的？但他只敢来骗一次，不敢再来骗二次。古人说十室之邑，要有忠信，十人中有一人不骗就成功了。这种来骗的人，骗得到手便说你好，骗不到手就说你坏，好的是一句，坏的也是一句。来骗多少没关系，得他说句好的，就当给他一点宣传费，帮我们讲好话，帮敌人讲坏话，岂不是有利于我们吗？"孙中山先生持革命的远见待人，值得我们学习。又如沈鸿英三次叛变，三次认错，孙中山先生不但没有杀他，只要他认错，孙中山先生又起用他了。[①]

岭南人有一个特点，就是从不拒人于千里之外，凡是来找他求他的人，不管是否达到来访的目的，但离去时都会感到高兴，因为他们受到主人很温和友好热情的礼遇。孙中山曾经说过："宁愿天下人负我，不愿我负天下人。天下可以欺伪成功，我宁

---

① 张猛：《孙中山先生的革命言行》，转引自尚明轩、王学庄、陈崧编：《孙中山生平事业追忆录》，人民出版社 1986 年版，第 437—438 页。

愿以不欺伪失败。”他一生也是抱着这一宗旨待人处事的，所谓“不念旧恶，恕自用希”，真是完完全全的不折不扣、能够奉行到底的谦谦君子。与心狠手辣、奸诈阴险、铁面无情的曹操就形同天壤。曹操那“宁可我负天下人，决不许天下人负我”的胸怀与孙中山信奉的原则更是大相径庭。就是与孙中山同时代的章太炎、宋教仁、陶成章、居正等人，其待人处事的方式和特点与孙中山也有很大的区别。这里固然有个体的差异，但文化影响上的不同也是重要因素之一。

政治家不可能没有对手或政敌。孙中山一生团结和争取了许许多多的有用之人，同时也不可避免地招惹了不少是非，树立了不少“敌人”。但是，对于那些曾经要抓他、反他、杀他、骗他、骂他、笑他的人，孙中山统统淡然处之，很少意气用事，大打出手，寻求报复。有的甚至后来有求于孙中山，孙中山仍然给了那些人以适当的满足。邓廷铿，这位曾经在英国伦敦诱骗孙中山进入清政府驻英大使馆而使之被绑架的广东人，中华民国成立后，来南京求见孙中山，孙中山仍然以礼待之。丘逢甲，这位平时对孙中山极不信任，以为孙中山是不能办大事的老官僚，孙中山也仍是积极与之交谈，主动与之交往，改变了他的态度，争取了他的支持。就是背叛他的陈炯明，孙中山也曾表示只要陈炯明悔过自新，仍然可以不计前嫌。又有一次，一个以前反对他的北方小官僚大概潦倒不堪，竟来广州想见孙中山找点小差事，当时就有人主张将其拘禁起来，孙中山却说：“他已景况堪怜，不接见他就是了，何必将之治罪？”还有一次，程天斗在粤筹备广东银行，在外国印钞票，运到时陈炯明叛变，未发行，钞票存储沙面，其后事定回粤搬回，少去一箱，有人告发程事先已偷运香港发行，孙中山即扣留查办。组织军事法庭，派胡汉民为审判长，审理此案，但程拒不承认，孙中山特地关照不可用刑逼供，他说：“给他硬饼干吃，不准饮水，他就难受了。”[①] 孙中山的宽容大度和仁慈善良由此可见一斑。

宽容大度和仁慈心善是一种美德，也是一种性格特征。政治家为了达到某种政治目的有时表现出这样一种品德。尤其是在中国，德行和操守往往是评价人的标准，政治家的良好的道德情操和行为品质就更显得必不可少。古往今来就有许许多多的豪杰英雄常常是道德和品行方面的榜样才受人尊重和景仰。但也有不少野心家为了欺骗舆论，愚弄公众，常常煞有介事地披上道德和善良的外衣，把自己粉饰成替天行道、为民请命、劫富济贫、乐善好施的正人君子。孙中山却不同，他那宽容大度和仁慈心善的品质纯然是一种自然的流露，随意的挥洒，决没有一丝一毫装腔作势或乔装打扮的虚伪和做作。西式教育固然使孙中山形成了一种开明豁达、务实求真、率直大胆、民主自由的性格特点，但岭南文化孕育化生出来的那种开放、包容、谦让、随和、仁慈、友善的人文精神，对孙中山的这种性格形成不能说没有丝毫的影响。毛泽东同志说：“孙先生是一个谦虚的人。我听过他多次讲演，感到他有一种宏伟的气魄。从他注意研究中国历史情况和当前社会情况方面，又从他注意研究包括苏联在内的外国情况方面，知道他是很虚心的。”[②] 正如有的研究者所指出的：“显然主要不是由某种外表体征所造成的印象，而是一种经由言谈举止传神达意的内在气质。它首先同一种开放型、立体型思维方式相联系。孙中山眼界开阔，思路宽广，当别人只注意局部的时候，他往往能看到全体；当别人只忙于应付现实时，他却能回溯历史，展望

---

① 尚明轩、王学庄、陈崧编：《孙中山生平事业追忆录》，人民出版社1986年版，第831—832页。

② 毛泽东：《纪念孙中山先生》，载《人民日报》1956年11月12日。

未来。”①

心胸宽广，常常与深厚的同情心是一对孪生兄弟。宋庆龄在《我对孙中山的回忆》一文中谈道：“孙中山好几次告诉我说，就在这早年正是贫农家里的贫儿的时候，他变成为一个革命的人。他下了决定，认为中国农民的生活不该长此这样困苦下去。中国的儿童应该有鞋穿，有米饭吃。就为这个理想，他献出了他 40 年的生命。”② 应该说孙中山的同情心不仅包括对劳动人民悲惨境遇的真诚同情和深切关怀，希望“亟拯斯民于水火”，同时又包括更广义的“普及于人人”的“兼爱”或“博爱”。对千千万万劳苦大众的同情和关怀，以及对世界被压迫被奴役的国家和人民的支持和帮助，都说明孙中山具有深厚、广袤而又纯朴的同情心和爱心。

孙中山对劳苦人民的同情和关怀，决非是一种装模作样的表演和敷衍视听的自我溢美之词。许多事例足以证明这一点。一次，孙中山驱车去黄花岗凭吊七十二烈士，下车后，一位 30 岁的麻风病人突然跪下向他行乞，卫士们喝令他跑开，但孙中山却说：“不要吆喝他，你是人，他也是人；他患了麻风病，无法谋生，十分凄惨的。”孙中山让卫士给他些钱，甚至还主动给病人把脉诊治，送他去了麻风病院治疗。③ 在攻打陈炯明盘踞的惠州城时，炮火轰塌烧毁了不少民居，孙中山从望远镜里见到此种情形后感到十分难过，对身边的官兵说：“这样打法，打死了老百姓，炸毁了他们的房屋，只会激发他们对我们憎恨，致使他们帮

---

① 中国孙中山研究学会编：《孙中山和他的时代——孙中山研究国际学术讨论会文集》（中），中华书局 1989 年版，第 1409—1410 页。

② 尚明轩、王学庄、陈崧编：《孙中山生平事业追忆录》，人民出版社 1986 年版，第 513 页。

③ 参见李联海：《孙中山轶事》，广东人民出版社 1985 年版，第 254 页。

助敌人来攻打我们。……你们千万不要再开炮乱打了，要想办法发动各村乡民组织十字会，由政府拨款购买粮食及建筑材料，来救济和帮助受害的老百姓，这样，才可以挽回人心，也是爱民的策略。”① 诸如此类的体恤民情疾苦和救死扶伤，“老吾老以及其人之老，幼吾幼以及其人之幼”的事例实在太多，在这里不便一一列出。

这种出自真情的表现是孙中山本性的一种流露。传统的观点以为每个属虎的人都很仁慈，是一个诚实、柔情和慷慨的人。这在孙中山身上似乎得到了佐证。康德黎博士曾指出：“和字面真实意义相符的博爱，这就是孙中山突出的品格。口是心非，为非作歹，对于孙中山的品格来说，确实是冰炭不容的。在他的每一言行中，一种对于周围人们寒暖饥饱的亲切关怀是显而易见的，在现代人当中所梦想不到的大公无私的程度：一个活生生的崇高道德的榜样。……他的成功的秘密在于无私：他只是为了祖国的富强而不断追求探索，并非为了一己的飞黄腾达。……当祖国的利益将有所保障的时候，他准备渴求引退。”② 宽宏大度和仁慈心善又与开放和包容密不可分，或者说宽宏大度和仁慈心善本身就具有开放和包容的机能。没有开放与包容的心理条件，宽宏大度和仁慈心善最后也只能是一句空话或纯粹是一种骗人的假象。可以说，没有开放和包容的心灵，就不可能有“团结一切可以团结的人”的信心，就不可能有集百家之长补己之短的热情，就不可能有接受新知识新观念新事物的勇气。只能是排除异己、党同伐异、苛求于人和自以为是，或者是偏激固执、抱残守缺、冷酷残

---

① 参见李联海：《孙中山轶事》，广东人民出版社 1985 年版，第 278—279 页。

② ［美］韦慕廷著，杨慎之译：《孙中山——壮志未酬的爱国者》，中山大学出版社 1986 年版，第 4 页。

忍和绝对权威主义。孙中山之所以在生前和死后仍然成为中国人民乃至世界人民心目中的杰出人物而备受推崇和景仰，其中固然与他本人的主义和他的理想以及从事的工作有关，但不能否认，他的宽宏大度和仁慈心善的高尚品质和开放包容的性格特点所散发出的迷人气息也有着特殊的吸引力和感召力。

再次，旺盛的求知欲和实用主义理性是孙中山外向性格的又一特征。

孙中山曾经说："我一生的嗜好，除了革命之外，只有好读书，我一天不读书，便不能生活。"① 几乎所有与孙中山有过交往的人，都称赞孙中山好学不倦的精神。黄季陆曾在《国父的读书生活》一文中有过很精当的评述："凡是知道中山先生的人，都晓得读书几乎是他闲空时间一种嗜好，是他一种读书癖，勿论在平时，或在紧张的时期都是如此。他一生最为同志称道的有两件事：一是每遭革命失败的时候，别人或是沮丧叹气；或是乞灵于诗词小说，以作消遣，暂时安顿心灵。而他往往在这时期，取专门巨著而细读之，从容一如平时，一点无沮丧悲观的形象。胡汉民先生每每谈及此事，认为是他平生所见的第一人。胡先生为人极富自信，据他自己所说，在他遭遇革命挫败，或遇拂意事的时候，也只能以诗词小说或弈棋自遣，远不如孙中山先生从容镇定阅读专门巨著而引以为乐。二是中山先生每遇挫败或拂意的事而为他人所不能忍受者，他皆能处之泰然。"② 曾经追随孙中山的陈劭先在回忆中也说："中山先生除革命工作以外，唯一的嗜好便是读书。我记得在头山满宅谒见他时，他住的只是几间很小的日

① 黄昌谷：《孙中山先生之生活》，转引自马敏：《论孙中山伟人品质》，载《历史研究》1986 年第 6 期。

② 尚明轩、王学庄、陈崧编：《孙中山生平事业追忆录》，人民出版社 1985 年版，第 838—839 页。

本式房子，书房里图书很多，特别是英文的报刊。他回国以后，无论是在兵马倥偬之中，艰困危难之际，也经常手不释卷。由于他好学深思，广泛地接触到世界的先进思想，所以在他的同代人中间，始终比别人更明了世界大势，见解更高更远。”①

孙中山好读书，好买书，在当时革命党人内部是很出名的，其酷爱读书几乎到了迷狂的地步。为了买到好书新书，孙中山常常弄到衣食住行难保的地步。一次在英国伦敦，曹亚伯看到孙中山旅费不足，便集了 40 镑钱送他，结果孙中山却将钱买了一大捆书。② 还有一次，孙中山、宋庆龄和卫士马相一起外出，走进一间旧书店，选购了一大堆线装书，因书重步行吃力，想雇一马车却身无分文。③ 爱买书是孙中山的癖好，好读书则更是孙中山的一大乐趣。孙中山给人的印象总是手不释卷，聚精会神地看书学习。在他一生之中可谓一日不离书，即使是在指挥作战的时候仍然读书不辍。他自己曾对人说：“我数十年来因革命居无定所，到处奔波，书读完后，或是送与友人，或是遗失，读过多少书。已不能尽记了。但在革命失败时，每年所花的书费，至少四五千元；革命工作繁忙的时候，每年买书则只是二三千元而已。”④ 我们从上海孙中山故居藏书目录中就可以发现，仅在 1918 年到 1924 年这段时间内，孙中山就留下了 1932 种共计 5230 册图书。包括有中、英、法、德、俄、日等六国文字，其中中文编目的有 389 种，1528 册；日文编目的有 15 种，58 册；其余均为欧文

---

① 尚明轩、王学庄、陈崧编：《孙中山生平事业追忆录》，人民出版社 1985 年版，第 204 页。

② 参见尚明轩、王学庄、陈崧编：《孙中山生平事业追忆录》，第 703 页，人民出版社 1985 年版。

③ 参见尚明轩、王学庄、陈崧编：《孙中山生平事业追忆录》，人民出版社 1985 年版，第 121 页。

④ 李联海：《孙中山轶事》，人民出版社 1985 年版，第 244 页。

（包括英、法、德、俄文）书籍，有389种，3143册。在这些图书中，社会科学书刊是重点，包括有：百科全书、年鉴类28种；政治（含法律、军事）类484种；经济（含铁路）247种；社会学203种；哲学（含心理学、宗教学）54种；科技（含医学、体育）109种；天文、地理（含地图）55种；历史116种；文学（含传记）170种，期刊62种。这是孙中山和宋庆龄的共同藏书，至少可以肯定孙中山在此时买了和读了不少的书籍。[1]

读书买书，是求知欲望得到满足的一种途径，也是求知欲的一种外在表现。一个具有旺盛求知欲的人，其性格至少可以说应是外向型的。但对于孙中山来讲，就不能太过简单。正如有的学者所言："不能纯然从个人兴趣爱好上理解孙中山的求知欲，而必须看到这是近代先进人士从封闭、狭隘的中世纪跨进广阔多变的近代社会空间后，感到亟须调整、补充知识结构的普遍心理趋向，只不过它在孙中山身上又表现得尤为强烈突出罢了。"[2] 旺盛的求知欲与其说是发乎自然，起于孙中山的天性，毋宁说是孙中山为了自我价值实现和指导革命与建设的具体实践而表现出来的一种求知和探索的心理冲动。所以，孙中山的求知欲从一开始就带有明显的目的性和实用性。很多资料都反映了孙中山的这一性格特点：即孙中山自立志从事革命后，便主要围绕社会改革的大目标采撷新知，读书求知也就带有明显的倾向性。如他只注重学习政治、哲学、历史、军事、经济和天文地理等方面的知识，而对小说、诗词之类则相忽略。给人的印象是他除了读书和革命，似乎就没有其他的爱好。

戴季陶常说孙中山博览群书而有其特别独到的观点。他说：

---

① 《团结报》1993年6月16日，第二版。

② 马敏：《论孙中山伟人品质》，载中国孙中山研究学会编：《孙中山和他的时代》（中册），中华书局1989年版，第1412页。

"我们读书是弯着腰去接近书，中山先生则是挺着胸膛在读书，合于他的需要的便吸取之，不合于他的需要的便等闲视之。我们役于书，而他则是役使着书。"[①] 随侍孙中山较久的人都知道他虽然对中西典籍、报纸杂志，无不喜欢阅读，但从未见过他阅读小说杂部及其他无关学术的书。有人就指出："总理毕生可谓不读无益之书者，凡中西典籍以及报章杂志，无不博读，然从未见总理一读小说杂部，及其他无关学术之书，故博而能精，无泛滥丛杂之弊。"[②] 还有人认为："自他30岁在广州第一次革命失败，受了满清的通缉，当然东奔西走，辗转筹划，一面又要把他的主义研究得有条有理，本来亦没有工夫腾出来消遣与闲谈。所以总理诗也知道，棋也知道，从来亦不肯花去有用的精神，用来做诗下棋。他的书法，特别得凝练，人家都说乾清宫有'正大光明'四字的匾额，相传是福临的手迹，是有天生真主的气度。总理的字，出笔相类，还比他朴伟。然而，他又不喜欢临摹什么碑帖。被人央求不已，也破工夫替人写赠联帖，这算是他顶闲杂的应酬。其余客人终日满座，无非向他募得几多部下，现有多少利器，或那里的要塞，有无通道，何处粮食足够支持多少时间，财政是怎样计划，民困是怎样救济；读教育的，问他学校的情形；讲政治的，问他政治的组织。他不是故意算留心，实在是自然的需要，这种他自己说的，专一了四十年，在求中国之自由平等。这可以算他的精神的一丝一厘，都专一用在中国之自由平等之上，自然不会浪用他一丝一厘的精神，供做别用，他是毫不勉

---

① 尚明轩、王学庄、陈崧编：《孙中山生平事业追忆录》，人民出版社1986年版，第697页。

② 尚明轩、王学庄、陈崧编：《孙中山生平事业追忆录》，人民出版社1986年版，第697页。

强，他只是自然。”①

这些时人所见所闻，固然带有一些溢美之词和感情成分，但也的确反映了一个事实，即孙中山所学所钻研的东西都是为了圆满他的主义，实现他的革命理想，服务于他的奋斗追求的目的。实用或有益于革命和他的主义，是孙中山求知、学习、吸收一切知识和经验的首要原则，所以他的求知欲带有明确的目的性和实用性。浏览中国的古史经籍是为了从中吸取经验教训，寻找传统文化的精神养料；学习待人处世的道理，提高自己的儒家文化修养；研读各国政治、经济和文化、科技等方面的著作，是为了博采东西方各国之长，而补己之短，也是为了建构自己的思想体系，更是为了寻找革命和建设的理论依据，丰富自己的智识，跟上时代的步伐。他曾对张道藩等即将去国外留学的年轻人语重心长地说：“我希望你们到外国去不要以读死书求得一点知识为满足。你们应该除了专门科目以外，随时随地留心考察各国的人情、风俗习惯、社会状况，以及政治实情等等。这些活的智识于你们学成归国之后，对国家社会会有很大贡献的。”② 带着问题为了目的去读书学习，不读无用之书，不做无用之事，做到学有所思，学有所用，无疑是孙中山的一个最明显的性格特点。

其实，为了有用而读书，带着实用主义理性去求知，也是岭南人，甚至是整个中国人的共同特点，所不同的只是岭南人在这方面表现得更为突出。岭南人的传统是重实用和讲实际，强调的是“用”字，对抽象的概念和逻辑推理的知识并不是十分热情。

在他们看来这些都是空洞无物，不能生金生银生粮油和迅速

---

① 尚明轩、王学庄、陈崧编：《孙中山生平事业追忆录》，人民出版社1986年版，第710—711页。

② 尚明轩、王学庄、陈崧编：《孙中山生平事业追忆录》，人民出版社1986年版，第785页。

给自己带来实际的利益以及解决目前所面临的问题。所以岭南人很少把读书看作是人生奋斗的唯一目标。他们更多的是乐于从事一些与谋生密切相关的实际工作，即使有人送子读书那也仅仅是让子女具备做人、处事、谋生的基本知识和技能，太高的要求对于他们来说毋宁是一种奢望。一些读书人也往往是只求大意而不求甚解，只求结果而不问原因。这样做的好处在于不空谈误事，不易受制于书，而能够学以致用，经邦治国，活学活用。但也容易盲目偏激，浅尝辄止，于智识的提高有害无益。孙中山虽然受西方文化的熏陶较深，好学深思，但岭南人的读书态度和读书学习的原则对孙中山的影响确实不小。为了实用而求知，既是岭南人和孙中山的优点，也是他们的不足之处。

再次，是顺应时势与务实风格。

有不少人认为，孙中山一生最大的特点就是适应时势，并总是走在时代的前列，不断地更新观念改变自己。的确，在近现代史上很少有人像孙中山那样能在思想、观念、学识和行动上与时俱进，常领风骚。康有为、梁启超算是能超时的了，但后来又做了复古倒退的“旗手”，章太炎、严复也曾大倡进化论和革命论，但后来也做了国粹派的中流砥柱。陈独秀、胡适等文化革命的闯将，后来也思想落后，被历史所淘汰。对此，鲁迅先生曾有过一段十分精彩的文字：“广东举人多得很，为什么康有为独独那么有名呢，因为他是‘公车上书’的头儿，戊戌政变的主角，趋时；留英学生也不希罕，严复的姓名还没有消失，就在他先前认真的译过好几部鬼子书，趋时；清末，治朴学的不止太炎先生一个人，而他的名声，远在孙诒让之上者，其实是为了他提倡种族革命，趋时，而且还‘造反’。后来‘时’也‘趋’了过来，他们就成为活的纯正的先贤。但是，晦气也夹屁股跟到，康有为永定为复辟的祖师，袁皇帝要严复劝进，孙传芳大帅也来请太炎先生投壶了，原是拉车前进的好身手，腿肚大，臂膊也粗，这回还是请他拉，拉还是拉，然而是拉车屁股向后，这里只好用古文，‘呜呼哀哉，尚飨’了。”① 孙中山就不同，他一生时时在求索，时时在进步。从“医人”生涯到“医国”事业的转变，从早期的改良进到反满推翻帝制实行民主革命，从旧三民主义体系的形成到联俄、联共、扶助农工的新三民主义的提出，从单纯依靠会党华侨进行武装起义到发动新军，团结组织知识分子和鼓励农民参加民主革命，孙中山的思想言论和行动方式，都有很大的改变，而这种改变与时代的大潮涨落基本上是合拍的。胡适对孙中山的持之以恒的勤奋好学的精神极为敬佩，他曾回忆说：“民国八年初，我去访中山先生，他的寓室内书架上装的都是那几年新出版的西洋书籍，他的朋友，可以证明他的书籍不是摆架子的，是真读的。中山先生所以能至死保留他的领袖资格，正因为他终身不忘读书，到老不废修养。其余那许多革命伟人，享有盛名之后便丢了书本子，学识的修养就停止了，领袖的资格也放弃了。”② 正因为孙中山不断自我更新，与时俱进，所以他才得以成为时代的骄子、历史的巨人。

许多对孙中山的思想主张和行动的目的并不太了解的，与孙中山同时代的人，常常对于他的“不切实际的夸夸其谈的计划”以及他的“极大的个人虚荣心理”③ 啧有烦言。在那时的北方，孙中山充其量是被人们当作一个不务实的理想主义者来看待的。其实这并不奇怪，中国人向来就有急功近利、注重效用、强调实惠和立竿见影的习惯，那种“今朝有酒今朝醉，明日无酒明日忧”的得过且过，缺乏人生终极关怀的短期行为，在中国社会已

① 《鲁迅全集》第5卷，人民文学出版社1981年版，第535—536页。

② 黄艾仁：《胡适与中国名人》，江苏教育出版社1993年版，第17页。

③ 胡汉民：《中山先生的海外革命活动》，载尚明轩、王学庄、陈崧编：《孙中山生平事业追忆录》，人民出版社1986年版，第179页。

是根深蒂固。所以，孙中山那些建设国家的宏伟规划很难被当时的中国大多数人所接受。在他们看来，这些庞大的发展计划既不适合中国的国情，又没有太多的现实意义，在国难当头、民不聊生的动荡年代里，与其描绘未来的蓝图，还不如致力解决眼前的实际问题。出于这样一种心里，孙中山受到冷落和嘲讽也就不足为奇了。

但事实上，这是当时人们的一种偏见，也是对孙中山的一种误解，甚至可以说是很不公正的看法。孙中山一生最可贵的就是他能言能行，理论与实践同时并举。我们知道，任何革命运动需要具备三大要素，即组织（立党）、宣传、起义。孙中山对此就有明确的认识，他说："求天下之仁人志士，同趋于一主义之下，共同致力，于是有立党。求举国之人民共喻此主义，以身体而力行之，于是有宣传。求此主义之实现，必先破坏而后建设，于是有起义。"① 并指出推动这三项工作还须要思想、武力和经验。考察孙中山一生的历史就会发现，在这三方面孙中山都曾努力地去行动过，组建兴中会和同盟会，改组国民党，可以说是组织工作上的实现；民族主义、民权主义和民生主义以及"联俄、联共、扶助农工"的三大政策，是其主义的完成；办报，注重舆论、讲演等是使其主义扩大影响、掌握群众的一种努力；而利用会党，争取华侨，团结知识分子，策动新军，兴办军事学校，发动武装起义，东征西讨和两次北伐等，则是武力之实现；想尽一切办法集资筹款，孙中山几乎耗尽了心血，所有这些都说明孙中山是一个注重实干的人。

倒是这位曾对孙中山的著述颇有微词的胡适先生对孙中山的被误解给予了一定的同情和理解。胡适在 1919 年 7 月 20 日的

---

① 吴相湘：《孙逸仙先生传》（上），台湾远东图书公司 1982 年版，第 513 页。

《每周评论》发表评论说："中山先生是一个实行家。凡是真实行家都有远见的计划，分开进行的程序，然后一步一步的做去。没有计划的政客，混了一天算一天，嘴里说专尚实际，不务空谈，其实算不得实行家，只可说是胡混。中山先生一生所受的最大冤枉就是人都说他是'理想家'，不是实行家。其实没有理想计划的人决不能做真正实行家。"① 并指出："大多数政客都是胡混的，一听见十年二十年的计划，就蒙着耳朵逃走，说'我们是不尚空谈的'。中山先生一生就吃了这个亏，不是吃他的理想的亏，是吃大家把他的理想，认作空谈的亏，他的革命方略，大半不曾实行，全是为了这个原故。"②

最后，是幽默风趣与坦率真诚的性格特征。

在大多数人的心目中，孙中山似乎是一个刻板、严肃、不苟言笑、很难接近的人。其实不然。黄季陆在《孙中山先生的健谈和好学》一文中谈到自己与孙中山接触的亲身感受："……先生说话，无论演讲和对谈，都是亲切、诚恳之至，且能雅俗共赏，有时也颇富于幽默感。记得先生曾经告诉我一个幼年的故事，事虽平常，他却说得非常有趣。先生的哥哥德彰先生，是檀香山的畜牧大王，家里自然有很多的马匹。但这些马多是用来驮物的，并不惯于被骑。先生小时曾去过檀岛看他的哥哥，有一天，见着马夫牵着马来，他便天真地爬上无鞍的马背上去了。这马既是不惯被骑，立刻就受惊而乱跳起来。先生这时自然是非常危险，却又无法下来，便只有用力将马抱着，口里不断的'一、二、三、四……'的数着，用机械的动作来缓和紧张的场面。先生说：

---

① 黄艾仁：《胡适与中国名人》，江苏教育出版社 1993 年版，第 18—19 页。

② 吴相湘：《孙逸仙先生传》（下），台湾远东图书公司 1982 年版，第 1753 页。

‘当我数到七八下的时候，我便不知道了！’我听了这话，莫名其妙，为什么数到七八下就会不知道了呢？他说：‘当我能够知道事的时候，我已经躺在医院的床上了。’原来先生不久即从马背上被抛下地，跌昏了，失去知觉，一直到医院里施诊后才醒转过来。这个故事本来是极其平常的。可是因为先生善于辞令的缘故，却把它说得娓娓动听。”①

孙中山的幽默风趣还给许多同盟会员和国民党内的同志留下了深刻的印象。吴敬恒深有感触地说：“孙先生是平凡的伟大，也就是说他和平凡人一样有感情，也好风趣，一乐以忘趣；何况孙先生受英国人教育，得英人‘幽默’的启发，也就是中国传统的诙谐。太史公所谓‘谈言微中亦可以解纷’。孙先生革命，失败次数多，不能不有感伤，而其确信‘失败是进步之母’，即基于他有读新书嗜好，可有新知以补旧失，自然可继续前进。有诙谐或幽默，在失败气氛中也可以忘忧。孙先生可说很知养生之道，这是习医的心得。”②

其实，幽默也是岭南人和北方中国人的一大特点。不过中国人尤其是岭南人的幽默主要不是表现在言语上，而是见之于行为动作之中。孙中山的幽默自然也不完全是习医的心得和英国人的影响。

关于幽默，古今哲人智者均有相当精辟的论述。有人认为幽默是智慧创造的，是以奇巧方式曲折含蓄地表达思想情感从而引人产生轻松有趣的笑的艺术。③ 有的认为幽默又是善意的玩笑，

---

① 尚明轩、王学庄、陈崧编：《孙中山生平事业追忆录》，人民出版社1986年版，第702页。

② 吴相湘：《孙逸仙先生传》（下），台湾远东图书公司1982年版，第1780、1781页。

③ 参见方成：《幽默·讽刺·漫画》，三联书店1984年版，第57页。

是和蔼可亲的欢笑，是一种喜剧感。[①] 林语堂认为，“一般地说，幽默家比较接近事实，而理论家则比较注重观念，当一个人跟观念本身发生关系时，他的思想会变得非常复杂。”[②] 可以说，幽默风趣在大多数情况下是学不来的，它需要足够的智慧和机巧，而智慧与机巧常常与个人的先天禀赋和后天的学习与生活经历有关。孙中山虽算不上绝顶的幽默，但他注重事实则是千真万确的。观念的抽象和枯燥的东西对他来说，似乎并不一定非要用深奥的文字来表述，重要的是将抽象的观念化作浅显的生动有趣的语言文字表达出来。孙中山正是这样努力去做的，那“邓师爷厨房演说，陈和叔冷巷失鞋”的故事和“我是个猴子”的幽默，也许对孙中山这段趣事稍有所知的人都会于此心领神会，拍案叫好吧。[③]

幽默还要有坦率真诚的品质，才能化敌为友，才能化干戈为玉帛，才能启人心智，令人畅美。孙中山一向为人光明磊落，对人坦诚相待，率直爽快，不拐弯抹角，遮遮掩掩，吞吞吐吐，而倒是像北方中国人那样堂堂正正、洒洒脱脱地展示自己的胸怀。宫崎寅藏讲过一件耐人寻味的故事：有一天，犬养毅问孙中山：“你最喜欢的是什么？”孙中山毫不犹豫地答说：“Revolution 革命。”犬养毅又问：“你喜欢革命，这是谁都知道的，除此以外，你最喜欢什么？”孙中山边看犬养毅夫人，边笑而不答。犬养毅再催问：“答答看罢。”孙中山答说：“Women 女人。”犬养毅拍手说：“很好！”并问：“再其次呢？”“Book 书。”“这是很老实的说法，我以为你最喜欢的看书，结果你却把喜欢女人排在看书前

① 《喜剧美学研究》，第一辑（上），内部铅印本，第 19 页。

② 林语堂：《生活的艺术》，中国戏剧出版社 1992 年版，第 80 页。

③ 参见吴相湘：《孙逸仙先生传》（下），台湾远东图书公司 1982 年版，第 1780 页；李联海：《孙中山轶事》，人民出版社 1985 年版，第 248—249 页。

面。这是很有意思的。不过喜欢女人的并不只是你！”犬养毅哈哈大笑，并佩服孙中山说：“你这样忍耐对于女人的爱好而拼命看书，实在了不起。”[①] 作为一个革命家和领袖人物，能够这样毫不掩饰、毫不回避地将自己对女人的兴趣爱好，大大方方、坦坦然然地讲出来，恐怕历史上也没有几个人像孙中山这样。由此也就不难看出孙中山的真诚坦率了。

不过真诚坦率南北有别。南方人，尤其是岭南人的真诚坦率是务实、客观、自信、合作、开放的一种表现，北方人的真诚坦率更多的是气质的一种自然流露。岭南人真诚坦率令人放心、安稳和使你感到他的精明；北方人真诚坦率则使人有一种溢于言表的喜悦和难以抑制的激动。孙中山的真诚坦率给人的感觉显然是前一种。

2. 有气质的孙中山

性格和气质在某些方面的特征基本上是一致的，但并不能因此说性格和气质是可以等同的。事实上气质与性格的发生和发展并不总是同步的。实验和观察表明，初生婴儿最先发展起来的心理特点只是与神经系统特征直接相联系的一些气质特征，性格则是随着儿童自我意识发生、发展而发生发展的。由于气质较多地受生物因素制约，因此它变化较难、较慢；而性格是后天形成的，由生活实践决定，它也具有稳定的特点，但比起气质来，它的变化较易较快。气质在一定程度上影响和决定了人的性格形成和发展。所以，研究孙中山的个性，我们不得不了解他的气质特征。

从心理学上看，孙中山的气质又是如何呢？有的学者认为：“孙中山心理品质中主要优缺点相反相成，截然并存，从纯心理

---

① 李敖：《孙中山研究》，台湾李敖出版社1988年版，第285—286页。

学角度解释，是强型胆汁质气质的二重性：肯定规定性的热情、积极、刚强和否定规定性的躁急、偏颇、固执两极并存转化，辩证统一使然。”① 这样分析虽不无道理，但仍然有所忽略：一是每个人的气质不可能是绝对的胆汁质、多血质、黏液质和抑郁质这四种气质类型中的一种，它总是混合交叉出现的。因为一个人的气质是先天的因素决定的，但在特殊的情况下又是可以改变的，生活环境和教育状况，以及年龄阅历等，都会使人的气质走向混合，趋于交叉。在日常生活中，我们就会发现：少年期兴奋强，而抑制弱，在活动中表现出好动、敏捷、热情、积极、急躁、轻浮等特点。壮年期兴奋与抑制平衡，在活动中的表现是坚毅、机智、活泼、深刻。老年期则兴奋弱而抑制强，表现为沉着、安静、坚定、冷淡、迟缓。所以，对人的气质不能简单地归为某一类，也不能静止不变地去看待。二是有许多研究资料表明孙中山除了偶尔暴跳如雷、急躁冒进和偏激固执这一气质特点外，更多的是显示了孙中山的平易近人、和蔼可亲、冷静沉着、灵活敏捷、坚强刚毅这一气质特点。若仅仅把这两种气质特点归结为一种气质类型中的两个方面或说是气质的二重性，则似乎忽视了气质内在的规定性。要进一步了解孙中山的气质特征，就必须具体分析。综合考察，可以发现，孙中山的气质特征有如下表现：

第一，过人胆略与轻率莽撞。

孙中山的过人胆略和轻率莽撞的气质，在他一生中似乎都是一个明显的特点。还在少年时代，孙中山就表现出了他大胆、勇敢、无畏的气质特点。清兵凶神般冲到翠亨村封屋围捕犯人，人人闻风丧胆，孙中山却若无其事；威严的教书先生虽然令孩子们唯唯诺诺，却阻挡不了孙中山好奇大胆的质问；威风凛凛的“关

① 马敏：《论孙中山伟人品质》，载中国孙中山研究学会编：《孙中山和他的时代》（中），中华书局 1989 年版，第 1413 页。

帝”和“北极帝君”塑像，以及“金花娘娘”泥塑，被人们奉为神明，不可侵犯，然而孙中山却毁之、嘲笑之；当人们对封建官僚的胡作非为和暴殄天物表示不满时，孙中山却振振有词地放言高论造反革命……可以肯定，孙中山的那种天不怕地不怕的胆略与先天因素有关。[①] 待到他立志从事医国事业的时候，他的过人胆略就更得到了锤炼和强化。广州起义失败后孙中山受到通缉，但他却不慌不忙、从从容容地脱离了险境；10 多年的海外流浪生活，以及武装起义的一次接一次失败，组建新的民主共和国，与袁世凯和大大小小的军阀长时期的抗争和搏斗，还有与各资本主义国家的交锋和周旋，事事处处都显示了他那过人的胆识和惊人的气魄。对“关余”事件的处理，就是一个极为典型的事例。由于清政府腐败无能，关税不能自立，受外国人控制，关税除了用作赔款，剩下来的关税（即关余）也要中国政府向外国的海关税务司伸手来取。孙中山成立南方革命政府时，这笔“关余”自应为南方革命政府收用。但当时粤籍海关税务司（英人）百般刁难，不肯将“关余”交出，各国战舰集中白鹅潭示威，大炮指向孙中山的大本营，气势逼人。但孙中山毫不畏惧，义正辞严地提出抗议，并亲自出马去粤海关，一方面强令他们交出“关余”百余万元，另一方面又致电要外国军舰迅速退出白鹅潭。既解决了大部分军费和行政费，又打击了帝国主义的嚣张气焰，孙中山的大无畏的斗争精神和敢于抗争的胆略，由此可见一斑。[②]

但是，大胆和勇敢，一旦离开了智识和谋略，也就表现为轻率莽撞和盲目冒进。年轻时的孙中山给人的印象就是一个“无法

---

① 没有太多的证据可以说明孙中山的父亲或祖辈的“天不怕地不怕，敢想敢干，与人抗争”的性格气质特点，但孙中山一早所表现出的斗争精神和胆略，与先天遗传应有一定关系。

② 参见尚明轩：《孙中山传》，北京出版社 1981 年版，第 296—298 页。

无天”、“胆大妄为”的狂少年，所以当时他就有诸如“石头仔”、“洪秀全第二”、“孙悟空”之类的绰号。兴中会会员谢缵泰在他的日记中有一段这样的记载：“孙逸仙看来是一个轻率的莽汉，他会为建立‘个人’的声望而不惜冒生命的危险，他提出的都是易招物议的事物，他以为自己没有什么干不了的——事事一帆风顺——大炮！”，“孙念念不忘‘革命’，而且有时全神贯注，以致一言一行都显得奇奇怪怪！他早晚会发疯的。我也是一个认为不能把领导运动这个重大责任信托给他的人……”这里虽然有谢缵泰对孙中山的成见，但也说明了孙中山的某些性格气质特点。上书李鸿章，在伦敦大胆地走进使馆区，不切实际地接二连三向华侨筹款和发动武装起义，以及让位袁世凯，相信军阀们的许诺和伪善，都与孙中山的盲目、冒进、轻率莽撞的性格气质有关。在这一点上，他又与岭南人好勇斗狠的性格特点相一致。

孙中山一生所言所行，从性格气质的积极方面看，是不畏艰险，勇于任事，不怕牺牲，敢于斗争，积极进取，勇于开拓；想尽快地实现自由平等，及早实现中国的现代化。从性格气质的消极方面看，是轻率莽撞、急躁冒进、偏激固执、盲目自信。在理想与现实之间差距太大或在应激的情况下，孙中山气质性格的这一消极的部分就显露出来，左右着孙中山的行动和言语。

性急，可能是孙中山最大的毛病。吴铁城在回忆录中说孙中山有一次因滇桂军阀在广州鱼肉市民，气得“欲以首碰壁”。[①] 平心而论，孙中山一生所遭遇的惨痛经历，尤其是晚年时被认为是自己左右手的陈炯明背信弃义欲置孙中山于死地这一变故，更使他痛心疾首，躁狂心急。他自己感慨万千地说：“此番粤变，功败垂成，深可太息。其尤痛者，则陈炯明以誓共生死之人，而竟

---

① 吴铁城：《忆述总理言行二三事》，载尚明轩、王学庄、陈崧编：《孙中山生平事业追忆录》，人民出版社 1986 年版，第 831 页。

出于枭獍之为，使人类伦理减灭耳。”“陈逆叛乱，乃伦常之变，痛曷可言。”“成功之毁，固深足惜，纲纪之坏，尤所痛心。”人心难测，世事险恶，愤懑和失落感使孙中山不能平静下来。他那种气质上的暴躁激进的特点使他多年修炼的自制乐观情绪黯然失色，气质的本质又得到了还原。性急的毛病，孙中山自己也似有所悟，他在与人谈话时曾说：“我现在病了，但是我性太急，就使不病，恐怕于善后会议，也不能有多大补助。”[①] 从医学上讲，孙中山晚年得肝病而早逝，与他的暴躁脾气和性急有着因果关系。

第二，顽强意志与强烈使命感。

意志虽然是一种心理过程，但它与人的气质性格有着密切的关系。一个人的气质性格决定了他的意志行为表现，所以个体间的意志行为存在着极大的差异。任何成就伟业的人，都必然有他自己的独特的意志特征。孙中山也不例外，他的顽强意志不仅使他在长达 40 年的革命生涯中留下了许许多多的动人故事，时时也激励了自己和振奋了人心，造成了时势,[②] 中国有句古话：无志之人常鼓动了风潮，在一定程度上改变了历史。

意志和毅力，是孙中山战胜困难、取得革命成功的奥秘。孙中山在总结自己革命经历时说：“文奔走国事，三十余年，毕生学力尽萃于斯；精诚无间，百折不回，满清之威力所不能屈，穷途之困苦所不能挠。吾志所向，一往无前，愈挫愈奋，再接再厉，用能鼓动风潮，造成时势。”

立志，有志之人志不移。孙中山的可贵之处就在于他一旦确立了自己奋斗的目标，便义无反顾地去追求。青年时代的孙中山

---

① 习平近编：《林语堂论中西文化》，上海社会科学院出版社 1989 年版，第 1 页。

② 参见《孙中山全集》第 6 卷，中华书局 1981 年版，第 157 页。

虽曾在改良主义立场上徘徊犹豫了好一阵，但在他上书李鸿章，试图依靠李鸿章的开明，借他来实现救国、振兴中华的方案流产后，便迅速在改良与革命两者之间作出了自己的人生选择，踏上了武装反抗清朝统治的革命道路，从此再也没有动摇过或怀疑过自己当初的这种选择。

选择革命，对于年轻的孙中山来说，就意味着要面临艰辛痛苦和巨大牺牲。在当时即使是对现政府表示不满也不敢公开发泄的环境下，畅言革命和组织武装起义就更不能被多数人认同。孙中山在这样一种环境下还居然言反和闹革命，就必须具有承受由此而来的一切于己不利的后果的意志和心理素质。在近 40 年中，孙中山忍受了离乡别井、颠沛流离的痛苦，经受了多次失败和挫折的打击，但他却从不灰心丧气、悲观失望，而是愈挫愈奋，愈战愈勇，愈斗愈强，恰到好处地将失败和挫折的经历与感受转化为继续革命和不断进取的动力。

一些与孙中山同时代的革命者和革命的同情者，对孙中山的顽强意志都有很深的印象。张难先说："首先，令我最难忘记的是孙中山一生坚韧不拔、勇往直前、热烈追求真理的革命精神。"[①] 吴玉章也说："中山先生那种忍辱负重、坚持革命的精神，使他在屡次革命失败时不灰心、不气馁，相反地常常引古话所说'失败者是成功之母'作为教训，不屈不挠，再接再厉。"[②] 叶恭绰曾这样认为："先生是一个意志坚强、不屈不挠的人，其反对军阀和帝国主义的主张是永远一贯的。曹锟、吴佩孚下台后，段祺瑞派抬头，先生希望国内和平统一，以一致应付帝国主义，因

① 张难先：《我对孙中山先生的回忆》，载尚明轩、王学庄、陈崧编：《孙中山生平事业追忆录》，人民出版社 1986 年版，第 374 页。

② 吴玉章：《对中山先生的一段回忆》，载尚明轩、王学庄、陈崧编：《孙中山生平事业追忆录》，人民出版社 1986 年版，第 267 页。

此不惜亲自扶病北上，与段派协商，以开国民会议为轴心，导致全国统一对外的战线。而不知事有大谬不然者，段派执政后，首先不赞成先生废除不平等条约的主张，且发出外崇国信的通电，给先生以当头一棒。又因奉天张作霖到津迎接先生，备致尊崇，复生疑忌，遂致先生到京，段未与之一面。先生的无比热诚，遭此挫折或者可说先生的信人太过，然先生因未尝不知段派与他思想主张不同，第本其大无畏的精神，仍拳拳于一试，以冀达于万一，其事固可歌可泣。”①

一些研究者也一致认为孙中山具有顽强的意志。韦慕廷的研究感受是：“另外一个印象是孙中山的执着顽强的决心。1894 年，攻读医科刚刚毕业的中国学生，就把自己置身于反对统治其国家 250 年的清王朝的斗争。孙中山不顾可怕的挫折和屡次的失利，在这场斗争中坚持了 17 年之久。在 1913—1924 年之间，他投入了反对袁世凯和每一个继起的北京政府的斗争，在偏远的南方，他组织了三次地区性的敌对政权。人们对于一种虚无缥缈、似乎不可能实现的目标，能够这样全心全意地为之奋斗，这是需要惊人的自信和热忱的，而且还需要对自己事业的正确性深信不疑，孙中山的确具有这种品质。”②

顽强的意志来源于强烈的使命感。孙中山最喜欢讲的两句话是“天命无常”和“有志竟成”。前者强调人的命运并非派定，而在于主观争取创造；后者意指只要不懈奋斗，终能如愿以偿。两题合解，即为要有所作为的人生使命感。与众不同的是，孙中山的人生使命感又同更高层次的历史使命感相结合，从而具有

① 叶恭绰：《我追随中山先生的回忆》，载尚明轩、王学庄、陈崧编：《孙中山生平事业追忆录》，人民出版社 1986 年版，第 245—246 页。

② ［美］韦慕廷著，杨慎之译：《孙中山——壮志未酬的爱国者》，中山大学出版社 1986 年版，第 298—299 页。

“替天行道”，以天下为己任的意味。[①] 强烈使命感，是孙中山那个时代，乃至整个中国知识阶层共有的一种心理现象。在国难当头的年代里，知识阶层所固有的那种“修身、齐家、治国、平天下”的责任感和使命感，表现得更加强烈。稍早一点的龚自珍、魏源、林则徐、洪秀全、洪仁玕、王韬、冯桂芬，稍晚一点的何启、胡礼垣、郑观应、康有为、梁启超、严复，以及后来的章太炎、黄兴、宋教仁、陈天华、邹容、胡汉民、汪精卫、廖仲恺、朱执信、陈独秀、鲁迅、胡适等等，谁都是爱国的热心士子，他们那种“天生我才必有用”、“改造中国救中国舍我其谁”和“我不入地狱，谁入地狱”的英雄气概，谱写了许多可歌可泣的动人篇章。与大多数人不同的是，孙中山的强烈使命感不是一时的心血来潮和感情冲动，而是在对历史和现实，以及对自我价值有较清晰的认识之后表现出来的一种理知状态。同时岭南人那种爱国保家的精神和乡土观念在一定程度上强化了孙中山的使命感和责任感。明清以来，岭南人那种顽强的反抗斗争精神和种种爱国保家的义举，无疑在孙中山的精神世界里树立了醒目的路标。民族先贤们爱国的言行和外国侵略中国的历史，对孙中山来说则更是一种激励和刺激。所以，孙中山比他同时代人在意志、立场上表现得更坚强更坚定。个人的名利对孙中山来说似乎并不重要，重要的是集体的利益、国家民族的前途和自己既定目标的实现，所谓“我不管革命失败有许多次，但总要希望中国的革命成功，所以便不能不总是奋斗”，[②] 就是这种心态的最好表达。

第三，机智灵活与充沛的精力。

---

① 参见马敏：《论孙中山伟人品质》，载中国孙中山研究学会编：《孙中山和他的时代》（中），中华书局 1989 年版，第 1411 页。

② 《黄其翔对孙中山先生的回忆》，载《光明日报》1956 年 10 月 31 日。

也许，伟人总有与众不同的地方，机智灵活和精力充沛就是伟人胜于常人的地方。常人也许有充沛的精力，但却不一定有机智灵活的心理素质，也不一定能好钢用在刀刃上。所不同的是伟人精力格外充沛，他们仿佛就像西西弗斯那样不知疲倦地反复从山脚下将巨石推到山顶，没有停顿，也没有休息，工作、思想的时间多过一般人。历史资料一再显示这一点：凡是在人生中有一番大作为的人，都有相当充沛的精力。

孙中山就是如此，既机智灵活，又精力充沛。有一次孙中山的哥哥叫他送一篮东西到三乡去，孙中山高兴地去了。路上遇见一个陌生人。那人见孙中山是一个小孩，就心怀鬼胎地问他："细佬，细佬，你这样早去那里呀?"孙中山机警地说："去三乡。"那人便说与孙中山正好同路，要求一起走。孙中山想起妈妈说过这里地方僻静，常有"卖猪仔"的坏人在这里活动。再看这个人行动鬼祟，心中甚为怀疑，但又不敢得罪那人，怕吃眼前亏。于是孙中山装出欢迎的样子，并说了一些好听的话稳住了对方。后来，孙中山找借口脱身，让那人等他。不久，孙中山引来了一群人，抓住了这个人，盘问后果然证实了此人就是贩卖人口的人。①

伦敦蒙难，固然显示了孙中山轻率鲁莽的性格气质特点，但他的机智灵活、反应迅速、行动快捷的性格气质特点在这一过程中也表现得淋漓尽致。他不仅灵活巧妙地争取了英国人柯尔的同情和康德黎、孟森等人的帮助，而且迅速快捷地写成了名噪一时的《伦敦蒙难记》，巧妙地使自己在这次蒙难之后一举成名和使清政府斯文扫地。若不是孙中山敏锐快捷地抓住了这次事件潜藏的成名长志气的机会，也许孙中山很难迅速成为众望所归、举世

---

① 杨连逢：《中山先生青少年时代的生活片断》，载尚明轩、王学庄、陈崧编：《孙中山生平事业追忆录》，人民出版社 1986 年版，第 14—16 页。

瞩目的领袖人物。[①]

机智灵活、反应迅速和行动快捷固然使一个人能够抓住机遇，积极迎接挑战，但若是精力不济，体力不支，身体素质差，成就伟业的可能性就会相对减少。诚然，历史上也有不少伟人终生与疾病为伴或生理上存在某些缺陷，但是至少可以肯定“疾病使他们的行动受到致命的改变，他们也在某种程度上使其同胞承受其病痛的重压及其能力的衰退所产生的结果。”[②] 孙中山的生平历史显示出他是一个精力极其旺盛、富有活力和朝气的强人。与大多数人不同，孙中山很少有对革命前途表示灰心和对从事的事业表示厌倦的情绪，他始终像一个整装待发的战士，渴望着战斗和冲锋。他一生为了国富民强、不畏艰险，勇于斗争，足迹遍及欧美、东南亚、港澳、内地许多省市和地区。[③] 他先后组织了兴中会、同盟会、中华革命党，改组了国民党，发动了数十次武装起义和反抗军阀的战争，组建了南京临时政府和三次短命的南方政权，创立了新旧三民主义，提出了宏伟的“建国方略”，可谓头绪纷繁，业绩巨大。若没有充沛的精力和良好的身体素质，显然不能承受这么多内在和外在的压力，担当历史重任。精力充沛这一点似乎是岭南人的一大优点，尽管西方地理环境决定论者们曾认为南方炎热气候使人懒散，容易疲倦，但善于适应环境并能自我调节的岭南人似乎是一个例外。他们在东西方观察家们的眼里，显然就是一个生命力极其旺盛，好斗狠显勇的群体。

---

① 参见胡波：《孙中山与英国析论》，载贺守仁等编：《孙中山研究论文集》，中山大学出版社 1993 年版。

② ［法］皮埃尔·阿考斯、［瑞士］埃尔·朗契尼克著，何逸之译：《病夫治国》（续集）前言，新华出版社 1992 年版，第 2 页。

③ 参见梁华平等编著：《孙中山先生的足迹》，《湖北文史资料》第 2 辑，1991 年。

3. 有能力的孙中山

人要顺利地成功地完成任何一种活动，总要有一定心理和行动方面的条件作保证。没有一定能力或不具备承担某项任务的能力，再大的抱负和决心，都无济于事。对于伟人来说，具有了平常人所具有的能力是远远不够的，他必须具备多种能力，并能将这些能力在活动中最完整地结合起来，并经常创造性地完成一种或多种活动，表现出天才般的能力品质。

天才般的能力形成固然与遗传因素有关，但更多地取决于教育和实践活动。天才人物的出现总是与社会生活条件和革命实践相联系。恩格斯在分析欧洲文艺复兴时代涌现出来的大量天才人物与历史时代的制约关系时指出："这是一次人类从来没经历过的最伟大的、进步的变革，是一个需要巨人而且产生了巨人——在思维能力、热情和性格方面，在多才多艺和学识渊博方面的巨人的时代。给现代资产阶级统治打下基础的人物，绝不受什么资产阶级的局限，相反的，成为时代特征的冒险精神，或多或少地推动了这些人物。那时，差不多没有一个著名人物不曾作过长途的旅行，不会说四种语言，不在几种专业上放射出光芒。利奥纳多·达·芬奇不仅是大画家，而且是大数学家、力学家和工程师，他在物理学的各种不同部门中都有重要的发现。阿尔勃来希特·丢勒是画家、铜板雕刻家、雕塑家、建筑师，此外还发明了一种筑城学体系，这种筑城学体系，已经包含了一些在很久以后被蒙塔朗贝尔和近代德国筑城学重又采用的观念。……他们的特征是他们几乎全部在时代运动中，在实际斗争中生活着和活动着。站在这些方面或那些方面进行斗争，一些人用舌和笔，一些人用剑，而一些人则两者并用。因此有了使他们成为完人的那种性格上的完满和坚强。”① 这也就是我们常说的“时势造英雄”。孙中山所具有的非凡的才干，无疑也是时代环境和实践活动的产物。岭南地区特殊的历史、社会和文化构成特定的行为情境和心理氛围，给了岭南人（包括孙中山）自由思想的空间，提供了社会实践活动的人生大舞台和发挥其聪明才智的机运。反过来，考察孙中山的能力结构和品质，对于我们了解孙中山和他生活的那个时代的历史文化风貌，也具有一定的作用和意义。考察孙中山的能力同样也离不开它赖以存在的基础——岭南文化这个哺育他的“老祖母”。

过去史学界不太注重对历史人物能力品质的揭示，似乎历史人物在能力上天生就有过人之处，用不着加以讨论研究，或者认为人物的能力在历史变革和社会发展中不具备什么特殊的功能，左右不了历史变化发展的趋势。这是传统史学伦理道德价值取向和社会进步的现实价值取向的必然结果。但是历史人物，尤其是杰出的领袖，他的能力对于社会的变革和发展就绝不是一个可有可无的条件。尼克松曾说过很有哲理的话：“一位领袖只知道什么是正确的事是不够的，他还必须能够去做正确的事。对作出正确决定缺乏判断力或洞察力而又想当领袖的人，常常因为缺乏远见而导致失败。知道什么是正确的事但又做不到的人，常常是因为软弱无能而导致失败。伟大的领袖既要有远见，又要有能力去做正确的事。”② 也就是说，领袖人物的个人能力对于某个具体的历史事变或某个特殊的时代来说并不是无关紧要的因素。

细心的研究者在接触有关孙中山的史料中就会发现，在能力

---

① 《马克思恩格斯全集》第 20 卷，人民出版社 1971 年版，第 361—362 页。

② ［美］尼克松著，刘湖等译：《领袖们》，知识出版社 1985 年版，第 6 页。

上孙中山拥有许多令人着迷的优点。有关他童年的故事就表明孙中山具有认识能力强，记忆力好，机灵、敏感、富于正义感和同情心等心理品质。[①] 不过，作为领袖人物所应具备的能力素质更多的还是在以后的革命实践和学习生活过程中逐渐获得的。孙中山的能力具体说来，有以下几个方面。

第一，灵敏的政治嗅觉与非凡的洞察力。

尼克松曾强调："伟大的领导能力要求有一个伟大的远见，这种远见能激励领袖，又使他有可能去鼓舞全国人民。"[②] 孙中山之所以能够成为19世纪末20世纪初中国乃至世界的名人，与他那高度敏感的政治嗅觉、对时势和人心的深刻的洞察力有着内在的联系。当人们还沉浸在改良和维新变法的声浪之时，他就意识到了改良在当时的中国是很难达到救亡图存、振兴中华的目的，所以在上书李鸿章失败后他便迅速转向革命排满。当革命处于低潮，党员同志情绪低落时，孙中山却已经看到了革命时机的到来和成功希望之所在。当人们被眼前的胜利和大好形势迷惑了视线而欢欣鼓舞时，孙中山却已经感到了危机的存在和斗争的来临。1896年12月3日，《德臣西报》刊登了题为《想象中的中国革命》的文章，对孙中山的能力与性格作了初步的估计，文章原意是："孙中山……未必不会成为历史上一个杰出的人物，［因为］可以有把握地说，他是个非凡的人，对于中国千百万人民毋庸置疑的悲惨处境，有着极为开明的看法。……他以其极大的才智，努力去驯服在中国反动的密谋中那些总是显得很突出的狂热轻率的人，调和各种相互冲突的利益，不仅在他本国的各党派之间，

---

① 参见《孙中山史料专辑》，载《广东文史资料》第二十五辑，广东人民出版社1979年版，第275—290页。

② ［美］尼克松著，刘湖等译：《领袖们》，知识出版社1985年版，第6页。

而且在中国人和外国人，以及在外国列强之间……此外，他还意识到任何一个大的改革运动都必须在很大程度上依赖外国人的帮助。……当整个中国到处弥漫着需要加以克服的排外偏见的时候……孙博士是唯一把对形势的充分了解和不顾一切的勇气结合起来的人，单凭这种勇气就能使一个国家复兴。……他身材适中，瘦而结实，言谈深刻，态度诚恳，在中国人中是少见的。……在他沉着的外表下藏着一个迟早必然会在中国起巨大影响的人格。如果命运作美的话。”① 很明显，这时作为一个未来的革命领袖的孙中山已经具备了领袖人物应备的心理素质。其对形势的洞察力已经充分地显示了这一点。

对于形势的深刻的洞察力和判断力，孙中山似乎充满自信。1911 年 11 月他在与伦敦《滨海杂志》记者的谈话中就踌躇满志地说：“迄今为止的发展一切如我所料，只是事机来得稍快一点。”② 因为在这之前的 1911 年 8 月，他就对当时国内的形势作了科学的分析，并预言革命会很快成功。他说：“吾人不避艰险，出万死一生之计，力行此事二十余年，功夫已算完满，时机亦已成熟。今只听海外同胞的援助，筹集资财，以济军用。倘能人人协力，能集足发难之经费，则可一战成功也。现时各省民心之望革命军起，以救彼等脱离清朝之苛政者，已若大旱之望云霓。而十八省之新军，以多欲倒戈相助。故此时只有财政一难题耳。能解决此难题，则其他有如破竹矣。吾党无论由何省下手，一得立足之地，则各省望风归向矣。今日之事，已无难矣。”③ 后来的形势发展和事态的发生均一如所料。再如他对袁世凯其人的认识和

① ［美］史扶邻著，丘权政、符致兴译，黄沫校：《孙中山与中国革命的起源》，中国社会科学出版社 1985 年版，第 111—112 页。

② 《孙中山全集》第 1 卷，中华书局 1981 年版，第 557 页。

③ 《孙中山全集》第 1 卷，中华书局 1981 年版，第 534 页。

评价后来也证明了他的预见性是十分准确的。李书诚在《辛亥前后黄克强先生的革命活动》一文中说："在议和期间，同盟会内部在让位给袁世凯的问题上是大有分歧的。孙先生和一部分同志，认为袁世凯是一个巨奸大憝，把建立民国的大任托给他是靠不住的。"[①] 尽管后来孙中山还是让位于袁世凯，但那也是迫不得已之所为。即使是决定让位于袁，孙中山仍然在内心深处对袁世凯的诚意表示怀疑，因此他提出了一系列限制袁世凯的方案和防止袁世凯有变的具体措施。

不过，孙中山的敏锐的洞察力带有十分明显的直观性、模糊性和神秘性。直观、模糊、神秘的感知方式是岭南人共同的心理特点。与北方人那种写实性、厚重性、稳定性的感知特点略有不同，岭南人更倾向于变动性和情绪化。孙中山注重事实（尽管这种所谓的事实不是十分准确，但毕竟是一种存在。与北方人心目中的事实有所不同，北方人的"事实"是实实在在的、经过权衡度量的事实），根据事实说话，这是他认知事物的一大特点。但在实际活动过程中，他又不自觉地凭自己主观的感觉行事。他常常讲"天命无常"，说明他对己对事对物的看法具有明显的宗教神秘倾向。有时他的言行又使我们觉得他十分相信经验和看重感觉到的东西，相信感性的东西往往超过了对理性的重视。正因为这样，孙中山常常被表面的假象所迷惑。对袁世凯的态度前后相左，恰恰说明他对事对物对人的本质的认识不是依靠理性的分析和思考，而是凭自己的亲身感受和事物外在的表象。孙中山之所以容易上当受骗，容易被他人说服，容易改变对人对事的看法，大概就是因为他太相信自己的那种感觉能力吧。

第二，善于随机应变与具备雄辩之才。

有一个很有趣的故事，读来觉得意味深长，故事梗概是：

---

① 《辛亥革命回忆录》（一），中华书局1962年版，第200页。

1897年，孙中山到达日本不久，一天，日人头山满设宴招待他和陈少白，并请了不少客人和东京新桥一带一流的艺妓。晚宴间，孙中山像往常一样，既不喝酒，也不跟艺妓谈笑。当一些轻薄的客人与艺妓调情、嘻哈大笑的时候，孙中山却背靠柱子专心看他的书。头山满请艺妓的本意，是要为孙中山解闷，并借此炫耀自己的风流倜傥。现在他见孙中山对此态度冷漠，便上前去"启发"他："你觉得在座的女人哪一个最漂亮？"孙中山见问，只得合上书本，瞧了一眼，礼貌地说："都很漂亮。"头山满又问："但其中谁最漂亮？"孙中山说："都一样地漂亮。"这时头山满指指自己身旁的艺妓，问："是不是这位最漂亮？"周围的人都沉静下来，想听听孙中山的回答。因为这是一位鼎鼎有名的艺妓，而且和头山满关系特别密切。头山满凝望着孙中山，似乎是期待着他给予肯定的回答。孙中山看看头山满期待的神情和这个女人搔首弄姿的模样，便说："十年前一定比现在更漂亮。"大伙鼓掌欢笑。这艺妓自觉没趣，嘟着嘴说："看他那样子很老实，却会说出这么刻薄的话。"①

这个故事既反映了孙中山的幽默和辩才，又说明孙中山是一个特别灵活机智的人。

1906年夏天的一个夜晚，中国同盟会新加坡分会召开成立大会。盟誓仪式刚刚结束，正要议论工作，忽听得园外人声鼎沸。同盟会员林义顺到园外打听，原来是茶房的人在打车夫。林义顺见义勇为，上前去制止，但无人听他的，遂奋力拼搏，救护车夫，弄得衣襟鲜血斑斑，终于把车夫解救出来。他回到园中，把这事向孙中山作了汇报。孙中山听了称赞他的见义勇为精神，并

---

① 李联海：《孙中山轶事》，广东人民出版社1985年版，第125—126页。

针对当时一些人的迷信思想，高兴地说："见血大吉，我们今天正需要以血祭旗呢。"众人听了，觉得孙中山的话化凶为吉，心里都很高兴。①

"二次革命"失败后，追随孙中山革命的一些同志，对革命前途感到迷惘，其中有几个自称会推算"八字"的人，很想知道孙中山出生的年、月、日、时，以便推算孙中山什么时候才能否极泰来，打倒袁世凯。他们便委托马逢伯去问孙中山，孙中山问他，"你想知道这个干什么？"马逢伯告知原委，孙中山又气又好笑，他严肃地对马逢伯说："你们年轻人，为什么也这样迷信，竟然相信'八字'这一套。难道我的'八字'不好，你们就不想革命了？你回去可以告诉他们，我的'八字'就是打倒军阀，继续革命！"短短的几句话，把马逢伯说得惭愧地低下了头。以后，他们再也不问孙中山的"八字"了。②

还有一次，孙中山的日本友人问他："我们是同文同种的亚洲国家，为什么贵国人民甘受欧美人的压迫、奴役、掠夺，而对于日本人占了些微便宜时，却大加仇恨呢？"孙中山很幽默地说了一个故事巧妙地作了答复。他说："有一个家庭，兄弟二人同住在一个地区内，弟弟孔武有力，哥哥因病身体稍弱。某晚，有外来的强盗，劫掠了哥哥的家，哥哥大声呼救，弟弟反来乘机打劫，你看像这样的情况，究竟是恨强盗还是会痛恨弟弟呢？"③ 日本人不禁哑然而退。孙中山敏捷的思维能力和出色的辩才，以及灵机应变的能力，从这些事情之中便可得到说明。

---

① 参见李联海：《孙中山轶事》，广东人民出版社 1985 年版，第 131 页。

② 参见李联海：《孙中山轶事》，广东人民出版社 1985 年版，第 200—210 页。

③ 尚明轩、王学庄、陈崧编：《孙中山生平事业追忆录》，人民出版社 1986 年版，第 260 页。

灵活机动的应变能力和巧妙睿智的辩才，使孙中山赢得了较多的革命同情者和广泛的革命支持者。孙中山那迷人的风度，动人的表情，风趣的谈笑，精彩的演讲，灵活的动作，敏捷的反应，睿智的头脑，的确曾使不少人为之倾倒，并受其影响而走上爱国救国的革命道路。但是，由于太过机动灵活，常常给人一种乖巧易变、把握不定、捉摸不透的感觉。尤其是在具体的策略运用上，孙中山的做法给人就有这种印象。所以，在人们的心目中，孙中山似乎是一个为了目的而不择手段的人。梁启超在孙中山逝世后说："孙君是一位历史上大人物，这是无论何人不能不公认的事实。我对于他最佩服的：第一，是意志力坚强，经历多少风波，始终未尝挫折。第二，是临事机警，长于应变。尤其是对群众心理，最善观察，最善利用。第三，是操守廉洁，最少他自己本身不肯胡乱用钱，便弄钱也绝不为个人目的。孙君人物的价值，就在这三件。我对孙君所最不满的一件事是，'为目的而不择手段'。在现在这种社会里头，不会用手段的人，便悖于'适者生存'的原则；孙君不得已而出此，我们也有相当的原谅。但我以为孙君所以成功者在此；其所以失败者，亦未必不在此。我们很可惜的是孙君本来目的没有实现的机会，他便死去了。"① 的确，反应太快，灵活机警，使人们感到孙中山在玩弄权术。在中国人心目中，玩弄权术，翻手为云，覆手为雨的做法是君子贤人所不齿的。所以，孙中山的这一特点既是他成功的因素，又是他失败的契机。不过，善于应变，不择手段来达到目的，并不是孙中山所独有的，在这方面，岭南人有许多与孙中山相同之处。梁启超自己难道不是如此？就是老成的康有为也难免不受这种功

---

① 《孙中山评论集》，第93页，转引自唐德刚：《论孙文思想发展的阶段性》，载中国孙中山研究学会编：《孙中山和他的时代》（中），中华书局1989年版，第1372页。

利性目的性太强的社会风气的影响。为了目的而不择手段固然容易在道德上受到指责，然而这种做事目的性强、办事效率高，善于因势利导的行为风格也有其积极的一面。

第三，非凡的社会活动能力与适应能力。

领导是通过交互作用的过程，创立组织的目标，联系组织内成员间的人际关系，建立组织成员间结合力，寻求组织所需要的信息，向组织目标推进的一种历程。[①] 领导的概念表明，领导者应该具备协调能力和社会交往能力。他要善于与人交往，倾听各方面的意见，善于同各种各样的人打交道，争取更多的支持者和同情者，团结更多的人，使之服务于组织的政治活动。

在社交场合上，应该说孙中山是一个引人注目而又颇有收获的政治家。他一生与广东的农村、海外华侨、香港澳门、东南亚、地下秘密会党、英国、法国、俄国、美国、基督教传教士、以及日本的浪人会社和国内政治上的反对派、军阀、官僚、士绅等，都有着特定的关系，他的成功和失败也直接与这些地区的人、事和物有着密切联系。孙中山一生为了实现自己的革命理想，与许许多多、形形色色的人打过交道。在与各种各样的人交往过程中，孙中山既赢得了广泛的支持，又使自己在交往中得到了锻炼。

在动员学界和争取华侨这两方面，孙中山几乎是唯一的胜利者。史扶邻指出：学界之所以能成为孙中山的追随者，主要“还不是由于他的学问，而是由于他的公认的活动能力”。[②] 这是比较客观的看法。活动能力也是领导人物必备的素质，只是孙中山的活动能力是在岭南文化圈内得到锻炼和发挥的。他所接触的人、所积累的经验，都与岭南文化和岭南人有着特定的联系。岭南人

---

① 参见林秉贤：《管理心理学》，群众出版社 1990 年版，第 193 页。

② ［美］史扶邻著，丘权政、符致兴译，黄沫校：《孙中山与中国革命的起源》，中国社会科学出版社 1985 年版，第 318 页。

胜于北方人的交际能力和活动能力在孙中山身上得到了充分的体现。在争取华侨经济上和物质上的援助方面，孙中山虽未曾筹集到足够他的军事冒险实际所需的经费，但他似乎总是能够感动许多华侨，使他有旅费一站一站地走下去，并发动为数不算少的军事行动。① 在社会交往和宣传方面，孙中山的确有许多过人之处，他善于适应环境，及时地调整自己人际关系的对象，扩大人际关系的范围。不管是在什么场合，孙中山都显得自信和轻松自在。他能很好地把握自己社交的分寸，抓住发展各种社会关系的机会，不断地寻找新的合作者和支持者。在波谲云诡的国内外政治事务中，孙中山也不失其革命家的风度，仍然不失时机地拓展社会交往的范围。从社交能力上看，孙中山不愧为一个典型的“外交家”。

史扶邻在分析孙中山与欧洲留学生接近的历史时指出，孙中山具有灵活而又不失风度的社交才能。他说：“调和各种不同的，互相排斥的因素。每当孙中山求助于一个特定的集团时，他常常提到其他一些他自认为可以控制的集团的重要性。他努力证明其他的这些集团正在聚集力量，而新的集团参加进来就会马上起决定性的作用。他表示要给每位听众一份他认为即将获得胜利的成果。他对学生谈会党，然后他又对华侨谈会党和学生。有了华侨的钱和知识分子组织者，他就可以在三合会的基础上发动起义，这样也就可以从海外筹措更多的资金。外国人是他力求联络的另一部分人，长期以来他一直在告诉他们，他个人主张在一切进步分子中鼓动反满，其中包括知识分子和军队。当他和外国的联系给知识分子留下深刻印象时，他的圈子就臻于完成了。虽然这个方法中有几分明显的欺骗（孙中山力求尽快地把希望变成现实），

---

① 参见仇智源、胡波：《孙中山与南洋华侨》，载《“孙中山与亚洲”国际学术讨论会论文集》，中山大学出版社 1994 年版。

然而这也是真的，即没有一个人像他那样坚持不懈地同五花八门的人打交道。”[①] 这正是孙中山的可贵之处。在当时，知识界与会党、农民间的关系似乎还很不密切，他们不太愿意与他们认为毫无文化教养、毫不懂得“主义”、“理论”的下层劳动人民和粗鲁的军人武士打交道，以为与他们交往会降低自己的身份。孙中山则不同。岭南人的精明、务实和灵活的性格特点，决定了孙中山不可能放弃对这些人的联络、号召和组织。这样也自然使孙中山成为知识界、会党和军人相互联系、相互交流和相互协作的桥梁。在国际事务上，孙中山又比知识界、国内上中层人士更有权威、更有能力、更有经验与外国人打交道。所以史扶邻认为“知识分子拥戴他，又主要基于他的素负盛誉的外交才能。”[②]

第四，把握人心的本领与宣传的艺术性。

孙中山的外交和社会活动才能，还与他能准确及时地抓住时代的主题和大众的心理有关。

与海外华侨打交道，孙中山宣传的是“反满”和建立中华民国，并向他们保证，一个进步的中国新政府将提高其海外儿女的地位，他们可以作为一个中国人而引为骄傲。孙中山一生似乎从来不曾在海外华侨中间丧失掉自己的魅力，也许与他巧妙的宣传和真诚爱国爱乡的态度有关。在与海外留学生打交道时，他又准确地抓住了年轻的中国人的心理。他的乐观主义，他的诉诸基本的民族感情和他的反对不彻底的温和的解决办法，在年轻人中间无疑引起了强烈的共鸣。在近代史上，作为社会政治活动家，几乎很少有人像孙中山那样能够长时间地引起青年人的共鸣，并成

---

① ［美］史扶邻著，丘权政、符致兴译，黄沫校：《孙中山与中国革命的起源》，中国社会科学出版社 1985 年版，第 305 页。

② ［美］史扶邻著，丘权政、符致兴译，黄沫校：《孙中山与中国革命的起源》，中国社会科学出版社 1985 年版，第 305 页。

为青年人心中的榜样。梁启超、严复、陈独秀、鲁迅、胡适等人，虽然也曾在年轻人当中激起过波澜，但似乎远没有孙中山那样在政治领域令青年人激动不已，并成为自己的追随者。他们与孙中山的区别在于，孙中山的理论使年轻人的抱负得到了满足，内心对社会、政治生活的不满得到了发泄的正确途径，因为孙中山恰到好处地向这些热血青年暗示了他们改变中国和世界历史的作用和可能性。在与列强周旋时，孙中山又充分地利用了他们对中国的兴趣和图利的心理，因而得到了外国表面的同情和口头上的某些许诺。从孙中山的言谈和举止上可以肯定他对各国的情况和各国政府的心理是有一定认识和了解的。他在与蒋介石谈论外交时曾说过一段极其深刻的话："美国素重感情，主持人道；法国尊重主权，又尚道义；而英国外交，则专重利害，惟其主张，中正不偏，又能识别是非，主持公理，故其对外态度，尝不失其大国之风，在在令人敬爱。吾国建设，当以英国公正之态度，美国远大之规模，以及法国爱国之精神为模范，以树吾民国千百年永久之计。然而今日中国之外交，以国土邻接，关系密切言之，则莫如苏维埃俄罗斯。至于以国际地位言之，其与吾国利害相同，毫无侵略顾忌，而又能提携互助，策进两国利益者，则德国是也。惜乎国人不明俄、德真相，徒以德国大战失败，为不足齿列，而不知其固有之人才与学问，皆足资助吾国发展实业、建设国家之用也。又以为俄国布尔什维克为可怖，而不一究其事实。吾忆三年前，日本参谋本部员某访余于上海，问余是否赞助俄国之无政府主义者？余答其俄国列宁政府，组织完备，固为其堂堂正正之政府，焉得指其为无政府耶？该员闻此，亦不知其言所自出，乃竟不能复答。今日吾国人士，对俄之恐怖心，固犹如昔。至于今日俄国之新经济政策，早已变更其共产主义，而采用国家资本主义，并弛私有之禁，其事已逾一年，而国人不察，至今尚指其为共产主义，为过激派，其故盖由某国不能发展其侵略主义于东亚，而又与俄国利害冲突，积不相能，故俄国明明有政府，乃强指其为无政府，俄国早已去弛私有之禁，而又宣传其为共产国，为过激派，以彼之恐怖而不相容者，而又忌人缔交亲善，故特布此恐怖之宣传。吾国外交，本非自由，向落人后，而又不能研究其利害与得失之所在，殊可叹也！今后吾国之外交，对于海军国，固当注重，而对于欧亚大陆之俄、德二国，更不能不特别留意，不宜盲从他国，致为人利用也。"① 从中不难看出，孙中山对各国政府在外交中的立场和心理是作过一番揣摸和研究的。

由此可以发现，孙中山是一个极其敏感而又善解人意的人。他能抓住华侨的心理、大众的心理、外国人的心理、知识阶层的心理，"投其所好"地进行宣传鼓动，从而引起他们心理上的共鸣。辛亥革命时期，他提出"驱除鞑虏、恢复中华、创立民国、平均地权"的理论，宣传"反满"，迎合了大多数中国人的排满心理，因而得到了广泛的支持，孤立了敌人，从而取得了革命的成功。反对袁世凯和北洋军阀，孙中山提出了"护国"、"护法"的口号，在民主的进步的革命的人士之间又产生了共鸣，因而也能找到较多的支持者和拥护者。为了寻找外国的支持，孙中山又提出了"以俄为师"的口号，符合了当时的形势和部分人的心理，所以他又成了苏联共产党人和中国共产党人的朋友，政治上获得了新生。

从很多资料中可以看得出，孙中山是一个极富个性的领袖人物。有的学者对孙中山作了比较深入研究后，就认为："孙中山个性中有一种吸引人的魅力。许多没有特殊理由需要尊敬孙中山的西方记者，都不能不为他的虔诚真挚、言词的单纯直率以及对自己信念所持的有节制的热情而深受感染。当然，也有诬蔑孙中

① 尚明轩、王学庄、陈崧编：《孙中山生平事业追忆录》，人民出版社1986年版，第604—605页。

山的人，那就是一些被他的不现实的计划和自我中心感所摈弃排斥的人们。孙中山对于国人有着强大的吸引力，十分明显。这既归因于他的过人的禀赋素质，又归因于他所坚持的事业。反满主义和反帝国主义两者，变成了深得人心的主题。他赢得了各种团体的拥护。”① 黑格尔曾说过：“我们要从构成各个人的利益和感情的那些共同的因素来观察这般历史人物。他们之所以为伟大的人物，正因为他们主持了和完成了某种伟大的东西；不仅仅是一个单纯的幻想、一种单纯的意向，而是对症下药适应了时代需要的东西。”② 孙中山之所以能成为时代的弄潮儿和近现代史上的伟人，与他善于抓住民众的心理和社会上中层阶级以及西方各国政府的心理有关。从这个意义上看，孙中山又是一个善解民意的社会心理学家。任何伟人和政治家，大都是对民心民情十分了解的。普列汉诺夫曾指出：任何伟大的历史人物同时也是一位名副其实的社会心理学家，他并不直接去破坏现存的经济结构，而是以自己的人格和力量去影响社会心理，让它循着既定的方向前进，一直达到预期的目的。孙中山的成名成功，与他这方面的能力多少存在着一定的联系。

第五，积极的个性倾向性和强烈的自我意识。

研究孙中山的人常常不思自问：是什么力量使孙中山冒险犯难，万死不辞，对革命事业孜孜以求，一往无前？

有人认为，那是因为孙中山有一颗炽热的爱国救国报国之心；有的人认为是因为孙中山有着天生我才必有用的“天命无常”的宿命论的驱使；有的人则认为是因为孙中山有着不同寻常

---

① ［美］韦慕廷著，杨慎之译：《孙中山——壮志未酬的爱国者》，中山大学出版社 1986 年版，第 299 页。

② ［德］黑格尔著，王造时译：《历史哲学》，生活·读书·新知三联书店 1956 年版，第 86 页。

的自信心和成功动机；也有的人认为这是孙中山的性格使然。

其实，这都是一种推论或简单的概括。爱国报国救国之心的人在近代可谓层出不穷，但又有多少人能像孙中山那样始终如一地把爱国救国报国视作自己义不容辞、终生追求的事业呢？“天生我才必有用”式的自我暗示和宿命论的思想，能使一个人超越于自己的得失存亡和功名利禄吗？不同寻常的自信心又怎能使一个人长期经受得住千难万险的考验和屡遭失败的打击？孙中山却不然，他永远像“一个不知疲倦的海员一样，他热爱大海，在惊涛骇浪之中，不畏惧、不气馁、不屈服，以惊人的毅力，争取把航船驾驶到达彼岸”。[①] 要解释孙中山的所言所行，也许还得在个性倾向和自我意识这两个方面作一番探索。

个性倾向性最能反映人的活动的积极性特点，它是决定人对事物的态度和行为的动力系统。人在掌握社会经验和改造世界的活动中，总是通过活动动机、兴趣、理想、信念和世界观等内部世界去实现的。这些内部世界系统使人以不同的态度和不同程度的积极性组织自己的行动，有目的有选择地对客观现实进行反应。生活在同一社会环境的人们，总是根据个人所处的社会地位和对社会发展客观规律的认识水平，以及他们的理想和信念，有意识地选择某种生活方式和事业追求的目标。“就个别人说，他的行动的一切动力，都一定要通过他的头脑，一定要转变为他的愿望的动机才能使他行动起来。”[②]

对于孙中山来说，促使他行动的动机又是什么呢？在我们看来，驱使孙中山行动的动机主要是孙中山的成就动机。孙中山从小就被认为是一个不同寻常的人，关于孙中山出生时的种种带有

① ［美］韦慕廷著，杨慎之译：《孙中山——壮志未酬的爱国者》，中山大学出版社 1986 年版，第 432 页。

② 《马克思恩格斯选集》第 4 卷，人民出版社 1974 年版，第 247 页。

神秘色彩的传闻更使他身上笼罩着一层神秘的光环。在那个迷信的时代，人们特别相信偶然的因素和某种巧合的事情所具有的神秘的力量。所以孙中山出生后周围的人们就用一种特别的眼光看他。童年的孙中山从周围人的目光中已经感受到了自身的价值和分量。待到稍稍懂事之时，太平天国遗老所讲述的关于洪秀全反满的故事，以及众人都说孙中山像洪秀全之类的戏言，在一定程度上使孙中山受到某种暗示，激发了他斗争反抗的勇气。父母的期望、乡亲们的评价、儿童嬉戏中的角色扮演，使孙中山逐渐地意识到了自己的“不平凡”。在中国，大多数人不是为了自己的价值而活着，而是为了他人的荣辱而活着，个人在传统社会里总是被动地接受教化和熏陶，自我价值的实现在事实上也是群体价值的实现。孙中山虽然长期生活在国外，但乡亲们、朋友们、华侨同胞们的期望和评价，始终是孙中山自我评价的一杆秤，也是驱使孙中山去自觉地塑造自我的启动器。

诚然，我们无法进入孙中山的心灵深处，很难准确完全地了解他一生行动的真正原因，但我们可以肯定的是，在孙中山的内心深处有着一股强烈的使命感、责任感和成就事业的心理冲动力。如果说，早期的经历对孙中山来说还只是成就动机的预演和角色暗示，那么，伦敦蒙难对孙中山来说则更是对成就动机的一种强化和成就模式的确立。孙中山在致区凤墀的信中就透露了自己的内心感受：“初六七日内无人知觉，弟身在牢中，自觉必死，无再生之望，穷则呼天，痛痒则呼父母，人之情也。弟此时惟有痛心忏悔，恳切祈祷而已。一连六七日，日夜不绝祈祷，愈祈愈切。至第七日，心中忽觉安慰，全无忧色，不期然而然，自云此祈祷有应。蒙神施恩矣。……幸天心有意，人谋不臧，虽清虏阴谋，终无我何，适足以扬其无道残暴而已。虏朝之名，从兹尽丧矣！……弟遭此大故，如荡子还家，亡羊复获，此皆天父大恩。敬望先生进之以道，常赐教言，俾从神道而入活道，则弟幸甚，苍生幸甚。"① 显而易见的是，伦敦蒙难获释这件事，在孙中山心灵里留下了深刻的印象，这对他以一个中国民主革命者和政治家的身份走上中国和世界政治舞台，无疑也起了特殊的定向作用，使实现自我这一欲望再一次在孙中山心里点燃。伦敦蒙难使孙中山一举成名。孙中山自此以后也自觉地扮演着革命家、政治家和名人等多种角色向世人讲话，可以说，自此以后孙中山不再代表个人而发表言论，而是站在中国的立场上去积极开展革命活动。在他的期望值里又多了更大的砝码，他不再为自己而活着而是为了整个中国或亚洲人而活着。

毫无疑问，大众的评价，团体的压力，社会的期望，是驱使孙中山一往无前的动力，在孙中山身上表现出来的则是强烈的成就动机。孙中山一生似乎一直受成就动机的支配，多次组织武装起义和几次在广东建立革命政权，虽然有其他方面的原因，但与成就动机的压迫显然有着某种内在的联系。只是孙中山的成就动机已经不是那种"一人得道鸡犬升天"式和光宗耀祖式的成就动机，而是已经超越自身利益得失的高尚动机。

从某种意义上看，孙中山既是一个如同马斯洛所说的"自我实现的人"，更像一个正处于高峰体验中的人。处于高峰体验的人通常感到处于自身力量的顶峰，正最佳和最充分地发挥着自己的潜能。他感到自己比其他任何时候更加聪明，更加敏锐，更加机智，更加强健，更有风度，他这时行动自如，往往刻不容缓，疲于奔命的苦差重负，现在做起来轻车熟路，势如破竹。优美的感情和优雅的风度现在浑然一体，伴随着充分发挥作用的得心应手，驾轻就熟，正如水到渠成，瓜熟蒂落。此时，他表现得胸有成竹，明察秋毫，好像完全清楚自己在做什么，毫无怀疑。他的行动不是有气无力，虚张声势，而是精力充沛，命中要害。他比

① 《孙中山全集》第1卷，中华书局1981年版，第45—46页。

其他任何时候更富有责任心，更富有主动精神和创造力，更加感到自身是自己行动和感知的中心。他更加真切地感到自己就是第一推动者，自己决定着自己的一切，而不是被引动的，被决定的，被支配的无能为力、守株待兔、暮气沉沉的弱者。他感到自己就是自身主宰，自己就是自己命运的主人。他充分体会到自己的“自由意志”。他既感到重任在肩，责无旁贷，又感到信心百倍，无坚不摧。在行动时，他更具有自发性、表达性、纯真性、即正直、天真、诚实、公正、坦率、童真、朴实、无防备、无防御。他在行动时更加自然、放松、不踌躇、简单诚恳、不做作、直截了当，有一种特殊的纯朴。他更加不受控制，自由的奔涌出生命力，即他更加自动地、冲动地、反射般地、“本能地”、非控制地、自我意识地、无意识地表现自己。① 孙中山总是那样充满自信，武昌起义失败后他乘船回国，在广州与胡汉民、廖仲恺等人的谈话就表明了这一点，他说：“以形势论……至此其谓我何……故今日可先成一圆满之段落，我若不至沪宁，则此一切对内对外大计主张决非他人所能任，子（胡汉民）宜从我即行。”

孙中山个性倾向的第二种表现是他兴趣的目的性和实用性。孙中山说他有多种兴趣，其中革命、女人和书是最重要的兴趣，但事实上，革命和读书占据了他的整个身心。作为一个人，他也有七情六欲，有爱、有性的要求，然而，孙中山给人的印象始终是一个革命者，是一个战士，是一个嗜书如命的人。在孙中山的心里，读书就是为了更好地帮助革命，革命是为了“亟拯斯民于水火，切扶大厦之将倾”。就是读书，孙中山也是有所选择，有所注意的。在他看来，读书要读有益于进步有益于增进学识之类的书，要读新书，他说：“读书要多读新出版的名著，这样才能

① 参见［美］马斯洛著，许金声、刘锋等译：《自我实现的人》，生活·读书·新知三联书店 1987 年版，第 258—261 页。

渊博，才能吸收新知，阅读专著也很要紧，这样学问才有系统。”① 读书是为了用，这在孙中山看来是毫无疑问的。他平生所读之书，都是为了有利于构筑他的理论大厦和服务于革命和建设，对于那些他认为于学问和实际无多大用处的书则概不与闻。曾有日本友人在行李中藏有几张春宫图，经常暗自观赏，后来张永福等同盟会几个同志也出于好奇，要求观看，孙中山知道了，对他们进行了批评教育，要求他们取出焚毁。② 可见，孙中山是十分讲究读书的质量和效用的。

就是在其他方面的兴趣，孙中山的实用态度也是极其明显的。孙中山在别人的眼里似乎是除了革命和读书外再没有什么爱好和兴趣了。他“既不喜阅小说，也不嗜丝竹音乐，不好花卉，不畜禽鹊猫狗，不嗜古玩古磁，珠宝古玉字画及照相机等玩艺，赌具纸牌尤未见有一着手”。③ 这是极少见的。因为富裕的广东人大都喜欢赌博玩牌和收藏古玩，稍稍贫困的人也喜欢玩牌，种花养猫和养狗。孙中山对此却几乎毫无兴趣，唯独喜欢下棋。他旅行时，行囊中除了书籍就是象棋和棋盘，但孙中山的棋术不精，比胡汉民稍逊，比其他人稍强。在新加坡时常常与张永福对弈，各有胜负。每天晚上客人走后他便约张永福下象棋，常常深更半夜还激战犹酣，不见疲倦。一天，与张永福下棋已逾半夜，骤然刮风下雨，大雨洒入窗户，孙中山便说：“我们上楼在房内继续工作。”张永福便携油灯上楼，孙中山捧半局棋盘登楼，在林时

① 吴相湘：《孙逸仙先生传》（下），台湾远东图书公司 1982 年版，第 1778 页。

② 参见李联海：《孙中山轶事》，广东人民出版社 1985 年版，第 133 页。

③ 吴相湘：《孙逸仙先生传》（下），台湾远东图书公司 1982 年版，第 1780 页。

爽、谢心准所睡床前设棋局再战，直到曙鸡初唱才撤棋停战。① 这大概是孙中山最有兴趣的一种娱乐消遣的方式了。不过，孙中山闲暇时候的娱乐活动，后来在宋庆龄的影响下稍稍有所改变。有一位很了解孙中山的人说："他在家玩一种小象棋，有时按照他的兴趣放映一场家庭电影。至于户外娱乐，到有趣味的地方去野餐和郊游，孙夫人是很有办法地精心安排的。他最感兴趣的是和孙夫人打户外槌球。我的妻子和我经常应邀观战，并和他们一道喝茶。在打槌球的时候，孙博士总是用力挥动木槌，在他获得了第一个机会的时候，就把球送到离孙夫人很远的地方去。碰到这种场合，而且预测到最坏的遭遇，孙夫人总是站在边线地方转身面向我们，突然大笑大嚷：'看住那个布尔什维克！'"②

表面看，孙中山似乎兴趣爱好不太多，缺乏做人和生活工作的乐趣，给人一种严肃冷峻、紧张局促的感觉。但事实上，孙中山有着广泛的兴趣，只是为了革命和中国的建设事业，他实在没有太多的闲暇时间去舒展自己的身心。对于他来说，乐趣就在革命和工作中。

一般说来，兴趣可以使人善于适应环境，对生活充满热情。因为一方面兴趣可以扩展一个人的眼界，丰富人的心理生活内容，并推动人去积极活动，表现出人的个性积极性；另一方面有多种兴趣可以使人善于应付多变的环境。兴趣在活动中的动力性作用已为古今中外的心理学家和教育家所承认。杜威就把兴趣看成是活动的原动力，他说："除非一个对象或一个观念里面有了

---

① 参见张永福：《孙先生起居注》，载尚明轩、王学庄、陈崧编：《孙中山生平事业追忆录》，人民出版社 1986 年版，第 820 页。

② ［美］韦慕廷著，杨慎之译：《孙中山——壮志未酬的爱国者》，中山大学出版社 1986 年版，第 40 页。

兴趣，其中便没有鼓励人去做的压力。”① 皮亚杰也认为兴趣是“能量的调节者”，起发动储存在内心的力量的作用。孙中山以惊人的毅力在近现代历史的惊涛骇浪中搏击了 40 余年，虽然浮沉不定而又常常有生命之虞，但他仍然精神饱满，斗志昂扬，对胜利充满信心。孙中山行动的原动力恐怕就与他的兴趣爱好有关。

三、孙中山的个性与岭南文化

那么，造成孙中山如此个性的原因又是哪一些呢？学者们表示了不同的看法。

一种意见认为，孙中山个性心理形成是两方面原因造成的。一方面是时势造英雄；另一方面是文化因素的影响。他们认为：“出生于珠江三角洲的一户贫农家庭，既构成了孙中山人生经历的起点，也是对其心理品质和以后的政治品质施以深刻影响的重要因素之一。”而“较系统、长期的西式教育和西方生活经历，对孙中山伟人品质的形成无疑起了决定性作用。”“孙中山伟人品质中格外引人注目的人道博爱特色和实践献身精神，很大程度上即应溯源为这两大因素的潜移默化”。②

另一种意见认为，海派文化对孙中山个性形成起了重要作用。乐正指出：孙中山是在近代海派文化背景中成长起来的，甚至可以说他是这个新的文化群体的典型人物。他的知识、阅历和思想观念的形成，从一开始就是同西学东渐这一新的文化潮流密切相连的，他比当时大多数中国知识分子更早更多地受到了这股新文化潮流的洗礼。这里既包括孙中山在母体文化圈（指他的家

---

① 高玉祥：《个性心理学》，北京师范大学出版社 1991 年版，第 89 页。

② 中国孙中山研究学会编：《孙中山和他的时代——孙中山研究国际学术研讨会文集》（中），中华书局 1989 年版，第 1420—1422 页。

庭、家乡的文化环境）中受到的熏染，又包括他学生时代的特殊经历。在这些方面，孙中山与传统士大夫们有很大差别，突出表现了海派文化群体的一些重要特征。①

还有一种意见认为，孙中山对于中国传统文化有一个从离异到回归的曲折历程。持这种观点的主要代表是章开沅先生，他在《从离异到回归——孙中山与中国传统文化的关系》就对孙中山与传统文化的关系作了深层次的理论分析。他认为孙中山一生虽然曾经受西方文化教育，与传统文化产生了一定离异的倾向，但最终还是回归到传统文化上来。作者并没有直接指出传统文化对孙中山个性心理等方面所产生的影响，我们从此文中不难发现其看法的侧重点。

更有一种意见认为，孙中山的“基本思想，完全渊源于中国正统思想中的中庸之道，先生实是在孔子后，中国道德文化上继往开来的大圣”。②

显然，以上诸说大都强调中西文化对孙中山性格、思想等所起的作用，但是他们较少地注意传统文化和岭南文化之间存在着的差别，也忽视了华侨文化圈与传统文化、岭南文化之间的联系。孙中山固然受西方文明影响较深，在思想方法、个性心理和行为模式等方面均受到西方文化的影响。但是，孙中山是一个在农民家庭里生长的孩子，他早期社会化的过程是在翠亨村完成的，即使去了檀香山、香港，也仍然没有脱离岭南文化和中国传统文化的影响。华侨文化圈严格说来主要是岭南文化圈和中国其他区域文化圈。当时檀香山、香港、澳门等地，广东人的居多，尽管这些地方“海派文化”的趋势比较明显，但从本质上看，岭南文化具有相当的影响力（岭南文化事实上也应是海派文化范

① 参见《孙中山研究》第2辑，广东人民出版社1989年，第314页。

② 戴季陶：《孙文主义之哲学的基础》，民智书局1927年版。

畴)。孙中山生活在这样一种文化环境下，难免受其影响和制约。美国人类学家 R · 本尼迪克特这样说：“个体生活历史首先是适应他的社区代代相传下来的生活模式和标准。从他出生之时起，他生于其中的风俗就在塑造着他的经验与行为。到他能说话时，他就成了自己文化的大小的创造物，而当他长大成人并能参与这种文化的活动时，其文化的习惯就是他的习惯，其文化的信仰就是他的信仰，其文化的不可能性亦是他的不可能性。”① 马克思也指出：“一个人的发展取决于和他直接或间接进行交往的其他一切人的发展；彼此发生联系的个人的世世代代是相互联系的，后代的肉体存在是由他们的前代决定的，后代继承着前代积累起来的生产力和交往形式，这就决定了他们这一代的相互关系。”②

岭南文化对孙中山的个性心理形成与发展起了铺垫和陶铸作用，这从以下的事实当中就可以得到充分的说明。

孙中山的个性心理形成的关键时期——童年和青少年时期，是在翠亨村度过的。这个并不算大的村庄，尽管它毗邻澳门，与香港隔海相望，受到西方近代文明的冲击较早，但中国乡村那种落后贫穷和充满伦理色彩的特点，似乎一点也不少。过去许多人过高地估计了翠亨村和广东珠江三角洲的西化倾向和与传统文化相背离这一特点。事实上，传统是一股很大的力量，它是一个社会的文化遗产，是人类过去所创造的种种制度、信仰、价值观念和行为方式等构成的表意象征；它使代与代之间、一个历史阶段与另一个历史阶段之间保持了某种连续性和同一性，构成了一个社会制造与再创造自己的文化密码，并且给人类生存带来了秩序

① ［美］露丝 · 本尼迪克著，何锡章、黄欢译：《文化模式》，华夏出版社 1987 年，第 2 页。

② 《马克思恩格斯全集》第 3 卷，人民出版社 1975 年版，第 515 页。

和意义。[①] 可以说，传统是不会轻易被改变的。

有关资料显示，翠亨村虽位于珠江三角洲，却是一个极端落后的中国农村，村中自然经济占着统治地位，商品化的农业生产极少。地主对农民的剥削同内地并没有两样，甚至还会变本加厉。他们为维持其封建压迫和剥削制度，还利用神权对农民进行精神统治。如他们设立翠亨村祖庙——北极殿，大搞迷信活动，每年元宵还举办规模盛大的“游神”仪式，并用竹制炮筒燃放火药，以祈丰年，名曰“炮会”。他们还有意使这座村庙拥有最高的权威，规定凡是在翠亨定居时间不长的，或属于所谓“下户”姓氏的，不得加入庙会，而不入庙会就不算“翠亨人”。[②] 而且翠亨村还保留有奴隶制的残余。陈、钱、梁三姓被称作“下户”，给所谓“上户”（即地主家）当奴做婢。当奴婢期间，人身自由完全遭到剥夺。“下户”各姓被禁止加入村庙，不得与外姓通婚，并被冠以侮辱性的称谓——男人称“亚娣”，女人称“亚嫂”，即使年迈也不得称为“亚伯”或“亚婆”。在地主的压迫下，曾发生过婢女自尽的惨剧。[③]

孙中山的童年是在地主和农民存在着一定矛盾对立、统治者与被统治者矛盾对立的社会环境中度过的。这使他有机会亲身体验到整个中国的劳动群众的贫穷痛苦和地主官吏的贪婪凶残。尤其是孙中山的家庭本身就是一个地位卑微而又极为贫穷的农户，祖孙几代以种田为业，贫瘠的土地很难给这个勤劳节俭的家庭以富裕的生活资料。在那个以钱以财产论社会地位的年代里，孙中

① 参见［美］E·希尔斯著，傅铿、吕乐译：《论传统》序，上海人民出版社 1991 年版，第 3 页。

② 参见《孙中山史料专辑》，载《广东文史资料》第二十五辑，广东人民出版社 1979 年版，第 276—278 页。

③ 参见《孙中山史料专辑》，载《广东文史资料》第二十五辑，广东人民出版社 1979 年版，第 277—278 页。

山的家庭无疑成了被人欺凌侮辱的对象。孙达成本来就性情耿直，不贪半点不义之财，从不与人斗气现狠，再加上贫穷，所以更是老实巴交。在村子里，孙达成无疑成了被人歧视的对象。他有一片园地，种上红豆，却被邻村径仔荫一家姓何的强行占了去。还有一次，孙达成挑粪到田里施肥，路过一地主家门前，地主仔杨宝常辱骂他，并呵斥道："粪味真臭，以后再不准你挑粪经过我家门口！"孙达成不敢置辩一词，默默地走开。又有一次，地主杨启焕的妻子诬称孙达成夫妻偷了她家的一只鸡，气势汹汹扬言要抓人，后来若不是发现鸡是跌落到粪坑里淹死，孙家势必又蒙受不白之冤。[①]

卑微的家庭背景，贫穷的日常生活和世态炎凉的社会环境所造成的压抑感，曾在孙中山敏感的心灵中投下了一层阴影。这阴影又因珠江三角洲华侨甚多，翠亨村出外谋生的人来来往往和港澳交通便利的人文地理环境而变得格外厚重。孙中山后来也很有感触地说："吾自达到运用脑力思索之年龄时，为我脑海中第一疑问者则为我自己之境遇，以为吾将老死于是境乎，抑若何而后可脱离此境也。"[②] 显然，农民家庭出身，使少年孙中山直觉到生来没有凭恃和心理上感到一种莫名其妙的压抑。外在的社会文化环境又使孙中山萌发了通过个人奋斗来改变自己的厄运的内心冲动。良好的家风，对少年孙中山也无疑地起到人格的示范作用。孙中山一生为人正直坦诚，性情豁达大度，富有同情心，与家庭生活背景和社会政治经济文化环境，显然有着直接的联系。

对孙中山性格形成产生过重大影响的也许是当时翠亨村和广东地区内特定的社会氛围。广东人的那种强烈的反叛精神和追求

---

① 参见李伯新：《孙中山的亲属和后裔》，载《中山文史资料》第 27 辑，1991 年，第 1 页。

② 《孙中山全集》第 1 卷，中华书局 1981 年版，第 583 页。

独立自由的意志，给孙中山的性格和心理赋予了特定的意义。珠江三角洲向来就有反抗封建统治和外敌入侵的传统，秘密会社的盘根错节，鸦片战争后的反入城斗争以及太平天国英雄们揭竿而起打击清政府的激进行为，使孙中山从中受到某种暗示和感染。尤其是太平天国老人冯观爽早晚在孙中山住屋门前的大榕树下乘凉时所讲述的太平天国反清的革命斗争故事，使少年孙中山从小就得到极大的暗示，那种对英雄和大人物的崇拜仿效心理加深了孙中山对洪杨诸人的印象、羡慕和景仰。不用说，在孙中山幼小的心灵深处已经埋下了反抗强暴、讨回公平正义的种子。据有关资料记载，孙中山幼年读私塾时，“教师为洪杨中人，尝从容讲演当年。有太平天国败亡后仅存一老军者，亦尝至塾中伴谈，所言尤多感慨。……老军……一遇无事，则与先生详述当年战事，及洪秀全之为人。兴之所至，辄以‘洪秀全第二’勉先生。先生得此徽号，视为无上之荣，亦慨然以‘洪秀全’自居”。[①] 这表明孙中山从小就有了对洪秀全“心向往之”的内心冲动。他一生中那种引人注目的反叛传统和斗争精神，无疑受到早期耳闻目睹的生活经历的影响。

孙中山受太平天国革命运动和洪秀全故事的影响，从后来的思想发展和革命活动实践中就可以得到证明。

首先，孙中山十分敬慕洪秀全从事反清斗争的勇气和胆识，由此有意弘扬太平天国的未竟之事业。如兴中会成立前后，孙中山曾努力“搜索太平天国逸事”，“常常谈起洪秀全，称为反清第一英雄，但可惜他没有成功。”[②] 而在提出旧三民主义时，孙中山明确表示：“民生主义，即贫富均等，不能以富者压制贫者是也。

---

① 胡去非：《总理事略》，商务印书馆 1937 年版，第 5 页。

② 陈少白遗著：《兴中会革命史要》，中国文化服务社 1941 年版，第 518 页。

但民生主义在前数十年，已有人行之者，其人为何？即洪秀全是也。”① 其次，尽管孙中山为洪秀全最后走上英雄末路而惋惜，但从洪秀全的活动中，他又认为在中国搞社会政治革命也不是无所作为的。如在同盟会成立前，孙中山为《太平天国战史》一书作序说：“岂天未厌胡运欤？汉子孙不有应使然欤？抑当时战略失宜有以致之欤？”言下之意，只要战略得当，“群起亡胡，则大事易举也”。② 而“社会革命，在外国难，在中国易”③ 一类的话，孙中山一生讲过多次。再次，孙中山又十分敬慕洪秀全在太平天国运动中无庸置疑和牢不可破的绝对权威和领袖地位，由此也促使他在一段时间里具有强烈英雄史观和领导意识，所谓“慨然以‘洪秀全’自居”④ 正包含这一层内容。最后，孙中山从洪秀全反清斗争失败的历史中总结出许多经验教训，把太平天国失败的悲剧作为自己行动的借鉴。他常说：“革命的成功与否，就古今中外的历史看起来，一靠武力，一靠外交力。外交力帮助武力好像左手帮助右手一样……譬如洪秀全革命，由广西打过湖南，以至建都南京，而终不能成功的原因，大半是由于外交失败。”⑤ 不难看出，太平天国革命和英雄洪秀全对孙中山的性格、思想、观念和行动等都产生了重大影响。

青年时代孙中山虽然先后在檀香山、香港等地学习和生活，脱离了母体文化圈，但实际上檀香山和香港仍是岭南文化影响的区域。檀香山的华侨社会表面上看是异域文化风情，但事实上那里的华侨大都是广东人，香山人更多。他们虽身在异域，却心系

① 《孙中山全集》第 6 卷，中华书局 1981 年版，第 56 页。

② 《孙中山全集》第 1 卷，中华书局 1981 年版，第 259 页。

③ 《孙中山全集》第 1 卷，中华书局 1981 年版，第 329 页。

④ 本社编：《遁世与救世——中国文化名著新评》，上海文艺出版社 1991 年版，第 393—394 页。

⑤ 《总理全集》第 2 卷，上海民智书局 1930 年版，第 286 页。

神州，情怀桑梓。[1] 不仅在语言上仍然保留着岭南方言的特点，而且还在生活方式、风俗习惯、观念尽想、道德伦理等方面仍然保持着岭南文化的特色。他们与广东人一样地迷信神灵，崇拜祖宗，一样地敬老爱幼，尊师重道，一样地讲求实际，追求功利，一样地保持着强烈的反抗精神。孙中山生活在檀香山，耳濡目染的是与乡风民俗相差无几的文化规范，[2] 华侨们那种纯朴的爱乡爱国热情和勤劳节俭的品德无疑感染了孙中山。所以，从根本上说，孙中山并没有脱离岭南文化圈。

至于在香港和澳门求学行医期间，孙中山所接触的则更是岭南文化。因为香港、澳门尽管早已分离出去，被英、葡殖民统治，但这两地并没有被西方文明所完全同化，它的岭南文化成分依然厚重。无论从语言、生活习惯、风俗民情、伦理道德上看，还是从其地理空间和历史文化沿革上看，港澳地区与岭南地区在文化范型上基本上是一致的，岭南文化传统从根本上并没有在这两个地区丧失其活力。千百年的历史地理、文化风俗一体化，形成了统一的传统和共同的文化心理素质。表面上的确与岭南其他地区存在着很大的差别，实际上骨子里已经成为传统的东西依然存在，依然对这两个地区的人施加一定的影响。诚然，这两地西化倾向十分明显，制度上、经济上、甚至思想文化上与内陆和岭南其他地区有着明显的差异，但人们长期形成的文化心态和文化心态的外在行为表现却依然有着强大的生命力。大体上来说，“个人在不同程度上都接受了他们已经形成了的个性，但是，他

① 参见叶显恩：《中山县移民夏威夷的历史考察》，载汤明檖、黄启臣主编：《纪念梁方仲教授学术讨论会文集》，中山大学出版社 1990 年，第 192—214 页。

② 1950 年有人撰写美国檀香山观感时说：“那亘华侨的乡音，社会风俗和特性，包括风采，差不多个个是中山县人。”（《广东华侨》卷 2，第 3 期）那么早在这之前的华侨社会习俗与广东风俗更无差别。

们并非总是欣然接受这一事实的。如果他们成功地改变了自己，摆脱了他们已有的个性，逃离了使他们具有这种个性的环境，那么，他们靠自己所获得的不仅是过去就存在的东西，而且还有各历史阶段的后果。一般来说，他们进入了一个已绘制成图的地域，这一地域有其确立的规则、要求和需要。他们获得了一个以前不属于他们的过去。”[①] 孙中山在广州、香港求学期间，虽然所学多是近代科学知识，但当时整个广东和香港地区人民民族意识的高涨和反满情绪的激昂，也毫不例外地从社会传到大学学堂，敏感、热情、活泼的孙中山自然深受鼓舞。尤其是何启、胡礼垣、郑观应等人的改良救国主张，对于孙中山来说不啻是一剂强烈的兴奋剂。而且广东人那种一向注重实际，反对埋头于书本的务实学风，也在一定程度上影响了孙中山的人生选择和知识摄取。很明显的是孙中山在学习医学课程的同时，对凡是有关国情民福的知识他都潜心钻研。[②] 关心政治和热爱祖国，积极参与社会改革活动，在理论与实践相结合的过程中，孙中山对世界、人生和社会的看法以及自我认识等方面都发生了很大的转变。从这个意义上讲，岭南教育和岭南文化熏陶，使孙中山在西化的同时仍然与岭南文化血脉相连。

可以说，农家生活的艰辛，乡民们勤俭朴素的品质，有关太平天国英雄们反抗斗争的故事，在海外谋生的乡民们所带回来的海外奇谈、形形色色的社会不良现象，同龄群体内成员相互激励和前辈榜样的招引作用，以及岭南人务实求真，开拓进取、宽容忍耐、开放包容和强烈的反判意识等性格特点所构成的社会氛围

---

① ［美］E·希尔斯著，傅铿、吕乐译：《论传统》，上海人民出版社 1991 年版，第 63—65 页。

② 参见陈锡祺：《孙中山与辛亥革命》，中山大学出版社 1992 年版，第 48—54 页。

和文化模式，孕育了孙中山的文化性格。

与孙中山同时代的人常常指责孙中山是一个不切实际、好高骛远、夸夸其谈的空想家，嘲笑他是典型的大炮，但这只是时人对革命成功后的孙中山和孙中山所奉行的民生主义的一种误解和苛求。辛亥革命前的孙中山的形象相反地被多数人理解为革命成功的希望和象征。因为革命排满在当时被认为是中国唯一的出路，在两广沿海沿江一带发动武装起义也被认为是革命党人取得成功的目前最行之有效的途径。利用会党、策动新军、感召华侨，争取外国的支持和知识界的赞同，在当时也能为大多数人所理解和信任。而这恰恰是孙中山实用主义策略的最直接表现。辛亥革命胜利后，孙中山的三民主义理想和建国主张因种种原因没有实现，再加上孙中山在求成心切和历史紧迫感的心理支配下发表了一些脱离实际的言论，这在当时社会心理倾向于实际和成败论英雄的情境下，自然会被认为是“不切实际”、“理想太高”和空想主义者。①

孙中山性格中的实用主义倾向，在对待金钱的态度和在国际事务中所采取的方式上，就能得到充分的说明。孙中山一直认为，革命成功的关键之一就是要有足够的金钱。他一生中为革命筹集到数以万计的金钱，而自己却一贫如洗。他把拥有足够的资金看作革命胜利的保障固然片面狭隘，但在当时也不失为一种实际的想法。这种把金钱当作革命的手段而非目的的态度，已远远超出了儒家“重义轻利”传统观念的范围，而打上了近代岭南文化的印记。②

---

① 参见黄德智、胡波、申群喜主编：《孙中山、毛泽东与中国现代化》，暨南大学出版社 1994 年版。

② 参见李联海：《孙中山轶事》一书中关于孙中山对待金钱的态度的评价，广东人民出版社 1985 年版。

在国际事务中，孙中山的所作所为与其说是“狡诈的”，不如说是机动灵活和非常注意实际效用的，而且充分的自信、顽强的毅力以及坚定的信仰赋予了孙中山机动灵活和注重实际效用的外交策略以勃勃生机。获得外国的支持一直是孙中山争取的主要目标，但他一方面利用外国的力量达到革命的目的，一方面又时刻提防着外国人可能隐藏的侵略阴谋。因此，他不得不根据不同时期不同场合下的具体需要变换着交往对象和立场观点，表现出两副面孔：“软弱的追求者和自负的操纵者，追求者不得不谋求妥协；操纵者则相信他可以使妥协转过来对他有利。”[①] 无论是追求者的角色，还是操纵者的面孔，对孙中山来说都只能是一种解释，即实用主义性格特征的灵活发挥。这种注重实际效用的功利价值观，机动灵活的策略手段，不正是近代岭南文化的体现和岭南人性格的写照吗？

除了性格中的实用主义倾向受岭南文化氛围影响外，孙中山在突发性的事件和失败、胜利、挫折等问题上所表现出来的性格意志特征，也与岭南人的顽强意志、坚韧毅力、勇于开拓、善于适应环境的性格特征有关。父辈在土地上的辛劳，乡民们不知疲倦地耕作，岭南人本身具有的战天斗地的拼搏开拓精神和宽容大度，善于适应新环境的性格特征，无疑地成为孙中山性格的一部分。因为通过家庭的训导，学校的教育，社会生活和实践活动的影响，孙中山早已把岭南文化中的某些经验、知识、思想、观念、习俗等内化为自己的主观意识，自觉地实现个体的社会化。一方面，孙中山通过对前辈人中榜样人物的模仿学习（如模仿洪秀全、父辈中的权威人物、社会中主要有影响的人、同伴中的佼佼者）、主观认同（如自认为是洪秀全第二，把何启、郑观应、

---

① ［美］史扶邻著，丘权政、符致兴译，黄沫校：《孙中山与中国革命的起源》，中国社会科学出版社 1985 年版，第 2 页。

郑藻如等人的某些思想主张和人格作为自己的榜样和同道，主观上与他们保持一致或将自己归于他们这一类），角色扮演（想象自己是洪秀全，把自己看作是众人的救星和反对权威的人物、与同伴们玩打仗抓坏蛋的游戏等）和自我强化（如在鼓吹革命时受到同伴群体的刮目相看，以及在伦敦蒙难获释后一举成名，孙中山从一系列的偶发事件和自我有意识地造成的“时势”中得到了自我确证，相信冥冥之中有神在支配着自己的命运；同时一连串的胜利和希望也增强了孙中山的信心和责任感，因此在孙中山的内心深处有一种“天生我才必有用”的潜意识）等形式，自觉地摄入岭南文化的某些营养成分，实现个人社会化。另一方面，岭南文化规约下的岭南人的性格特征也通过暗示、模仿、感染、社会互动、社会评价、大众舆论、激励活动等在孙中山身上得到传承和进一步强化。如孙中山对洪秀全的认同，对三合会会员练武习操的模仿，客家妇女不缠足的习惯对他形成的暗示，广东人强烈反满情绪的浸染，“通天晓”、“洪秀全第二”、“四大寇”、“石头仔”、“孙悟空”之类的称呼和评价，乡村文化生活气氛的感染，以及同伴群体互相往来、互相激励和影响使孙中山自觉或不自觉地承继了岭南人性格特征。顽强的意志，持久的恒心，积极进取的精神，善于适应环境的能力，是孙中山性格意志特征的最明显的表现。他不像大多数人那样，一遇挫折就心灰意冷或狂躁性急，而是在挫折和失败面前，仍然保持自己的信念和矜持、保持良好的进击状态和乐观情绪，进行不屈不挠的斗争。这一点鲁迅先生看得比我们更分明，他说：“但无论如何，中山先生一生历史具在，站出世间来就是革命，失败了还是革命；中华民国成立之后，也没有满足过，没有安逸过，仍然继续着向近乎完全的革命的工作。”① 毅力、意志、恒心不是一下子就能表现出来的，

① 《鲁迅全集》第 7 卷，人民文学出版社 1981 年版，第 293 页。

所谓“冰冻三尺非一日之寒”，它是经过生活经验的积累，长时间的实践和交往活动陶铸而成的，而这又恰恰源于岭南文化的哺育和岭南社会的教化。

第十一讲　孙中山与南洋华侨（1900—1911）[①]

1900年，孙中山首次踏上了南洋这块“热土”。在以后的11年里，他先后七下南洋，不仅与这里的华侨建立了密切的联系，而且逐渐转移了革命活动中心和革命依靠对象，使南洋在同盟会成立以后实际上成了“革命活动的策源地和根据地”。[②] 孙中山与南洋华侨之间的关系因此也显得特别重要。过去，人们对南洋华侨与辛亥革命的关系曾予以极大的关注，孙中山与南洋华侨之间的关系也在一些学者的著述中有所提示，但对孙中山与南洋华侨之间的关系和相互作用，仍有进一步研究和探讨之必要。

一、华侨社会与华侨心态

孙中山与南洋华侨的关系究竟怎样？这既取决于国际国内的政治、经济和文化形势的发展，也取决于双方的态度和热情。要了解孙中山与南洋华侨之间的相互联系、相互影响和相互作用，就必须在对当时国际国内政治、经济、文化发展状况了解的基础上，对孙中山和南洋华侨各自的心理状态、思想认识、革命实践活动等作一深入全面的剖析。

---

① 发表时与仇智源合著。

② 中国国民党中央委员会党史委员会编辑：《胡汉民先生文集》第2册，台北1978年版，第445页。

众所周知，世界上华侨最多的地区是南洋。据统计，辛亥革命时期世界各地华侨总数有五六百万人，其中绝大多数在南洋一带。当时，马来半岛有华侨 915883 人（包括新加坡华侨 222655 人），荷属东印度群岛 563000 人，越南 232000 人，暹罗约 270 万人。[①] 1900 年孙中山来到这里时，华侨在这里居住、生活已有几百年的历史了，但华侨大批地迁移到这里还是 19 世纪后半期和 20 世纪初的事情。由于东南亚地区的不断开发和当地殖民经济的不断发展，这里需要大量廉价高质量的劳动力，而勤劳俭朴、善于忍受多种痛苦和勇于克服各种困难的中国劳动力，在一段时间内的确引起了殖民主义者极大的兴趣。在殖民主义者的眼中，华侨一向是“不持武器而又勤恳的民族”，对他们来说，吸收大量的华工是一种极为有利可图的事情。尽管南洋华侨界在南洋被殖民者生杀争夺，历尽艰辛，但与世界上其他地区华侨相比，处境相对要好些。这样，大批华侨接踵而至，使南洋成了华侨主要集中区。

华侨移居南洋，单个出去的很少见，不少人则是通过南洋的同宗同乡的各种关系牵引出去的，这就使华侨在南洋地区的分布形成了一个较明显的特点，即同宗、同乡往往集结在同一地区。如移居到菲律宾的华人大都是闽南人，到泰国的是潮州人占优势，在新加城、马来西亚、印度尼西亚则粤闽两省人居多。[②] 从整个南洋来看，华侨中福建人最多，其次才是广东人和其他地方的移民。在南洋的华侨除了同宗、同乡住在一个地区外，在职业或行业上还结成一定的业缘关系。如在东印度，客家人从事矿业

---

① 《南洋年鉴》（1951 年），《南洋年鉴》1951 年版，第 58—59 页；李长博：《南洋华侨史》，暨南大学 1992 年版，第 39—117 页；《东方杂志》1907 年第 10 期。

② 参见陈瀚笙主编，卢文迪、彭家礼、陈泽宪编：《华工出国史料汇编》第 5 辑，中华书局 1984 年版，第 244—249、93—94 页。

或农业的新土地开发，而福建人则较安静地在爪哇经营零售商业和类似的职业。[①] 华人企业主、店主都乐于雇佣同宗、同乡的华人当职员、店员、工人，这客观上又强化了华侨职业的家族性。由于华侨迁移和职业选择上带有浓厚的宗族色彩，使华侨在南洋分布出现大聚居、小分散的现象。虽然华侨遍布南洋各地，无论是繁华的闹市，还是穷乡僻壤，到处都有华侨的足迹，但由于华侨大都是集体迁移和在职业选择上受到宗族关系的影响。因此，更多的华侨是集中在大小城镇里从事商业、手工业和矿业等工作，这样自然形成了华人比较集中的唐人街。而新加坡、泰国的曼谷、越南西贡等地，几乎成了华人城市，中国色彩特别鲜明。

与世界其他地区的华侨一样，南洋华侨由于身在异域，缺少依靠，为了寻求保护，他们除了集居一个地区、于同一行业工作外，还保留有中国社会里各种形式的秘密结社、同乡会和同业公会。他们主要是靠这些半公开半秘密的组织来保护侨民自身利益，华侨当中十有八九都加入了类似的组织。[②] 在欧洲商业资本统治时期，南洋各国华人资产阶级的经济活动大都是在秘密会社控制下进行的，直到 19 世纪最后数十年，秘密会社一直是调节地球这一角落华侨社会生活的一个最强大的、占统治地位的社会力量。“在当时不论大小的华侨团体没有一个能没有一个秘密会社的分支组织的支持而能经营一种手工业、商业或工业部门的。”[③] 这些中国传统式的秘密会社组织固然可以保护华侨自身的某些利益，但也是华侨打破封建传统习惯，吸收新思想新观念和

① 参见陈瀚笙主编，卢文迪、彭家礼、陈泽宪编：《华工出国史料汇编》第 5 辑，中华书局 1984 年版，第 246 页。

② 参见沈卫中：《论东南亚华侨秘密会党的历史地位和作用》，载《广东社会科学》1989 年第 4 期。

③ H. A. 西莫尼亚：《东南亚的中国居民》，载《南洋问题资料译丛》第 1 期，厦门大学出版社 1963 年版。

与不同宗族、不同行业、不同方言团体之间相互交流的巨大障碍。后来孙中山到南洋活动虽得到这里的中、下层华侨的积极支持，但与秘密会社并没有多少联系，所以冯自由在论及洪门与革命之关系时说："菲律宾亦有致公堂，但与革命党向无关系。南洋英、荷两属及越南、暹罗、缅向等处之义兴会团体，星罗棋布，会员较南北美尤盛，惟以地方政府取缔过严，遂致全失本来面目，同盟会历年运动、向以南洋为大本营，独不能得义兴会之助，故谓南洋洪门团体与革命无关，亦无不可。"①

不过，南洋华侨社会并非固定不变，随着政治、经济乃至文化的发展变化，南洋华侨社会组织、社会结构和文化生活等也会相应地发生变化。其中最明显的变化表现在两方面：一方面因各人的经历、经验、能力、职业和机遇等的不同导致了各自经济状况和经济地位的极大区别，华侨的社会结构因此也有所变动，出现了华侨资产阶级；另一方面，华侨当中在思想观念、心理结构和心理状态上发生了很大变化。华侨虽然身在异域，具有强烈的思乡恋土的心理情结，但由于长期客居异国，一部分华侨后代逐渐疏远祖国文化传统，对祖国的语言、文化和风土人情等都比较陌生，民族意识并不强烈。至于老一代的华侨，由于他们长时间离乡背井，脱离了祖国和家乡，岁月的煎熬、生活的艰辛、路途的遥远，他们的家乡观念也会逐渐淡薄。加上中国人向来就有的那种"安身立命"、"知足常乐"、随遇而安和以家为思维活动中心的特性，使他们更容易安于现状。即使那种"落叶归根"、"洛阳虽好不如家"的观念对他们时有冲击，像蔡石山先生所说的"身份认同的问题随时在威胁着他们"。② 然而求生、求存、和求

① 冯自由：《革命逸史》第6集，中华书局1987年版，第43页。

② 蔡石山：《1911年革命与海外华人》，载《辛亥革命与南洋华人研讨会论文集》，台湾政治大学国际关系研究中心1986年印行。

安逸的心理需求又使他们不得不暂时忍痛割爱，压抑自己的民族情感而寄人篱下，因此，在他们的民族意识和民族情感里，仅仅是对中华民族古老文化的一种理想式的崇拜和景仰，仅仅是在某些生活方式和风俗习惯上保留中国特色而已。正如胡汉民所言，华侨的思想华侨的语言都已甚少中国的成分，仅仅是拖辫子这件事向内地中国人学来的。”①

尽管华侨社会随着时间的流逝会发生这样或那样的变化，然而这并不意味着华侨从心理深层和情感取向上脱离了中华民族的影响。从当时华侨的社会组织上看，他们保留的仍是旧式的宗族团体和秘密组织，是靠旧的组织原则和领导方式来维持内部的团结和统一。传统的血缘、地缘组织和秘密会社等受到传统组织形式的种种限制，又使华侨之间、华侨各团体之间缺少联系，缺少交流与了解。从华侨社会的阶级结构上看，南洋华侨社会大致由大资本家、中等阶级和普通劳工三部分组成，他们之同经济地位和社会地位的差别自然使他们在对待革命和保皇的问题上存在着矛盾。诚如人们所指出的那样：“南洋华侨，隐然有三大分野，殷富者多染保皇臭味，中产阶级多属革命党，劳动阶级中多归中和堂，与三合会渊源最深，尤列实为领袖，其言论行动，表同情于同盟会，立于同一战线以敌保皇党，惟迄于革命成功之日，中和堂始终未与同盟会合并，与其同而不同者也。”② 曾任同盟会南洋、南方支部长的胡汉民也很有同感。他认为华侨对革命的态度大致可以分为两种人：“一种是大资本家，还有一种是富于热诚的普通工人商人的华侨。这两种人对于革命的态度有很大的区

① 中国国民党中央委员会党史委员会编辑：《胡汉民先生文集》第2册，台北1978年版，第477页。

② 陈春声：《南洋华侨与革命》，载《中华民国“开国”五十年文献》第1编第11册，台北正中书局1964年版，第501页。

别。大资本家最不革命，最怕革命，拥了巨大资本的人总是想保守固有的资本并扩大资本的势力，革命就好像对于他是大不利。”“中等阶级的人总算能够接受革命，小商人和一般工人都是热心革命的分子。”[①] 南洋华侨中占绝大多数仍然是中下层华侨，他们所受到的压迫和剥削比华侨上层阶级要大得多。同时这些人一般地都是在 19 世纪末 20 世纪初作为华工来到这里的。他们大多既没有成家立业，又与当地政府和土著居民以及华侨上层阶级缺少广泛联系，处在一种散漫的无政府状态。他们的临时观念比较强，对祖国的依恋也较其他人强烈得多，具有强烈愤懑情绪和反抗意识。因此，他们容易为革命风潮所鼓动走上反满革命的道路，孙中山在南洋得到的正是这一阶层人的支持，他们“随随便便可以捐助二三十元，高兴的时候捐一个月二个月薪水也是很多，他不管自己袋里有没有钱，总是捐了以后再来设法”。[②] 从华侨社会生活来看，他们的生活习惯、生活方式等仍保持着中华民族的传统：他们吃的仍是中国式的菜，住的仍是中国式的住宅，穿的更与祖国居民无异。在南洋，无论是繁华的闹市或偏僻的乡村，只要有华人社会存在，就会有华人自己建立的庙宇、学校。华人家庭内摆设的也是普通中国人家庭祭祀用的神龛；中国乡土社会里那种大规模的集会如迎神赛会等在华侨社会里也照例举行。显然，华侨虽然生活在另一种与祖国完全不同的政治社会里，殖民地文化包围着他们，但是他们的生活方式仍然没有多大改变。这与其说是他们爱国主义和民族感情的一种表现，还不如说是为了生活简便，寻求安全和角色认知的共同一致而对原有生活方式采取的一种简单而又消极的处理。从华侨的社会心理和社

① 冯自由：《革命逸史》，中华书局 1987 年版，第 512、515 页。。

② 中国国民党中央委员会党史委员会编辑：《胡汉民先生文集》第 2 册，台北 1978 年版，第 484 页。

会意识上看，尽管华侨大都接触过几种异国文化思想，但他们的思想观念和文化心理基本上没作多少改动。他们与大陆居民一样地相信神灵迷信、一样地崇拜祖先贤哲；衣锦还乡、荣归故里的心理在部分人的心中依然存在。可见，决定华侨言谈举止和对现实社会生活态度的最根本因素仍然来自于中国文化传统。

特殊的经历，复杂的社会环境，造成了华侨特殊复杂的心态，决定了他们对待孙中山及其革命活动的态度。孙中山初到南洋时的情形，就使他感到沮丧。“华侨们对于中国朝廷有形式地虚荣的崇拜”① 以及他们追随康有为，视革命为犯上作乱和大逆不道的传统心态，在当时对孙中山的革命活动造成了一定的阻力。华侨的思想由保守落后到革命进步，有一个过程。诚如胡汉民所分析的：“第一步是以捐官为耀，以戴顶子为光宠；第二步以加入保皇党与康有为辈结识为荣；第三步真正认识革命意义加入本党从事革命。”② 同时，南洋华侨社会本身就很复杂，在对待革命的态度和行动上也是因人因阶级阶层而异的。因此，我们对南洋华侨的评价不能一概而论。既不能因某一个阶层或某一个人的反对革命行动而否定整个华侨社会的革命积极作用，也不能因部分华侨在某个时期或整个革命时期对革命的大力支持而无视华侨当中的某些消极因素。曾任新加坡同盟会会长的张永福对“华侨是革命之母”作过这样的解释：“他（孙中山）不过是勉励我们华侨，使华侨继续奋斗，完成革命的使命。这是真。我们不要误会他说我们是革命之母，就居然以革命之母自豪，这样就大错特错了。”③

---

① 陈瀚笙主编，卢文迪、彭家礼、陈泽宪编：《华工出国史料汇编》第 5 辑，中华书局 1984 版，第 318 页。

② 中国国民党中央委员会党史委员会编辑：《胡汉民先生文集》第 2 册，台北 1978 年版，第 480 页。

③ 张永福：《南洋与创立民国》，中华书局 1933 年版，第 1 页。

二、孙中山的努力与华侨社会的反应

既然华侨总的心理倾向是政治参与意识和民族意识淡薄，而封建意识和落后保守心态占上风，那么，南洋华侨为什么又给孙中山及其领导的革命斗争予以极大的支持和援助呢？南洋华侨革命态度的转变意味着什么呢？它与孙中山的宣传、组织活动以及个人魅力是否存在着一定的关系？

在孙中山推翻清专制统治、建立民主共和国的持久的革命活动中为了寻求广泛的革命支援，足迹踏遍全球。而其中最引起孙中山注意的是南洋华侨社会，他到达南洋的次数也最多；据统计，自1900年夏至1911年的12年里，孙中山到达过的南洋的地区，有当时法属越南河内、海防、西贡、堤岸、美萩、沙的等地；当时英属马来半岛的星洲、芙蓉、吉隆坡、怡保、太平、槟榔屿等地，以及泰国的曼谷。其中曾两至河内，四至海防，十一次去西贡、堤岸，一次至美萩、沙的；九次去星洲，两次至芙蓉、吉隆坡，一次到怡保、太平，三次至槟榔屿，两至泰国。[①]至于南洋其他地区，如当时英属缅甸、荷属印尼以及美属菲律宾等地，孙中山虽不曾至，却有他的代理人或革命党人不断往来活动。他的六七十次公开演讲，十余篇专文以及无数次的小规模口头宣传，大部分是发表于南洋地区。在他发动或主持的十次武装起义中，就有八次是以南洋为根据地或为依托而发动组织的。可见，孙中山对南洋特别重视。

但是，如前所述，南洋华侨总的心理倾向并不是思变、造反和革命。相反地，求稳、求实、求安逸的心理在华侨社会中占了上风，再加上康梁保皇派的种种诱惑和多年的影响，孙中山的革

① 参见蒋永敬编：《华侨开国革命史料》，台北正中书局1977年版，第257—259页。

命活动起初并不是很顺利的。一开始，孙中山就面临着多方面的挑战和重重阻力。首先是华侨社会中对革命的抵抗情结和保守落后心理的障碍。华侨社会表面是一个开放的群体，但实际上是一个封闭自持的社会群落，他们与祖国封建文化保持千丝万缕的联系，按照中国传统的宗法制度在南洋各地重组富有中国特色的社会组织和家庭。宗法思想、封建迷信、皇权崇拜和儒家思想依然主宰华人社会，“宁做太平犬，不作乱离人”和对政治漠不关心的心理倾向依然左右着南洋华侨。保守落后的文化心理和急功近利的实用理性，使华侨更易于接受康梁保皇派的君主立宪和渐进改良主义主张。直到 1909 年，保皇党在华侨中仍然很有市场。康有为及保皇党人在南洋长时期四处游说，妖言惑众，许多华侨深受蒙蔽。所以，孙中山等革命党人在南洋华侨界社会中举步维艰。另一方面，殖民当局和清政府对孙中山革命活动加以种种限制，使孙中山的许多行动计划因此落空。如 1910 年孙中山为广州起义筹集经费想遍游南洋各地，但当地殖民政府拒绝孙中山入境，孙中山不得不放弃计划离开南洋。

尽管如此，孙中山毕竟是一个坚强不屈、百折不挠的革命者和爱国者，他不会放弃对这个拥有世界华侨总数一半以上的华侨社会的争取，尽管殖民当局对孙中山的行动密切注视和予以种种限制，但 1900 年以后的 11 年中，孙中山毕竟踏遍了南洋各地，影响也与日俱增。他不仅以其特有的风度仪表、特殊的领袖品质、勇敢无畏的革命精神赢得了南洋华侨的崇敬和信任，而且以他的机警、灵活多样的宣传说服方式，不失时机地发出呼吁，争取了南洋华侨的热情支持和积极。经历伦敦蒙难，清政府的通缉和暗杀，殖民当局对孙中山革命活动的关注，以及种种关于孙中山的传闻，使孙中山以一种中国豪侠仗义传统中的自我牺牲的匡时救世者的形象出现在南洋华侨面前。这种以豪侠仗义、匡时救世者而不是以一个现代意义的革命家或造反者的形象出现，更有利于孙中山的宣传和发动武装起义，更容易吸引和打动华侨。因为当时南洋华侨的思想倾向由从前一味地崇拜清政府转而崇拜英雄豪杰。如越南华侨黄隆生，见到孙中山，“偶与攀谈，欢若平生，旋知为革命党领袖，坚求订盟，并次第介绍杨寿彭、罗缚、曾克齐、甄吉廷、张奂池等人入党。”[①] 马来亚的邓泽如与孙中山一见如故，受其影响，加盟革命。新加坡华侨黄乃裳、陈楚擒、张永福等与孙中山结识后，更是从保皇转向革命，成为孙中山在南洋从事革命活动的中坚人物。在一定程度上可以说，最初引起华侨注意和使他们接受的不是孙中山的革命主张，而是孙中山的肝胆侠义、光明磊落、宽厚豁达和富于冒险的特殊人格品质。

然而，要使华侨普通接受革命排满，建立共和国的思想和主张，孙中山的个性影响和人格魅力还不足以引起长期封闭、囿于传统的华侨社会思想的大变动。尽管 20 世纪初国际国内革命风暴激荡，“独立”、“自由”、“民主”、“平等”已成为亚洲各民族共同的呼声，推翻清政府专制统治、建立民主共和国是拯救中华民族的唯一出路；尽管少数华侨已向革命方向迈进了一步，但那些长期客居南洋的大多数准华侨对此仍然无动于衷。他们关心的与其说是祖国的强大昌盛，不如说是希望祖国振作起来，强大到足以保护他们的切身利益。他们既易被说服，又易被诱惑，康梁的保皇立宪既“稳妥”，又合华侨大多数人的口味，因此，华侨不假思索，趋之若鹜者不可胜数。孙中山的“排满”革命、建立新式的共和国主张，既冒风险，又遥遥无期，与华侨社会的心理习惯格格不入，所以，华侨们虽表同情却往往敬而远之。长期的海外生活和与华侨社会的频繁接触，使孙中山深知海外华侨的矛盾心态，要说服华侨出钱出力，支持革命，就必须使他们明白：

① 冯自由：《华侨革命开国史》，台北商务印书馆 1975 年版，第 49 页。

他们在海外的遭遇与清政府的专制、腐败和卖国有关，保皇派主张不足以救中国于危亡和保护侨民的安全与利益，唯有推翻清朝的专制统治，像美国和法国那样组建新的共和国，才能使中国摆脱贫弱的可悲境地，才能使海外华侨的地位得到提高和各种权益得到保障。因此，孙中山在南洋华侨当中宣传的不是“三民主义”和革命的大道理，而是进行民族主义的启蒙和激发，以及向华侨们表示革命成功后建立的新政权如何保护华侨的切身利益和满足华侨的种种要求。孙中山不仅以其丰富的想象力和引人入胜的表达能力，向华侨描述共和国的蓝图，以此来激发和鼓励他的听众，而且真心实意地给华侨以种种特殊的荣誉和权益的许诺，借此来打动华侨资产阶级上层人物。孙中山的慷慨陈词，坚韧不拔和真诚坦率，的确使不少华侨为之感奋，踊跃捐款者不可胜数。“海防一埠，华侨工商不过三千人，一晚捐资得万余元。河内一埠，华侨不满千人，所捐亦人千余元。……彼一闻义师之起，则争先恐后，从军者有人，出钱者有人。”[①] 真是“精诚所至，金石为开”，孙中山的宣传鼓动和南洋各地同盟会骨干分子们的积极活动，加上东京留学界及内地革命风潮之影响，南洋华侨社会风气渐开，以致孙中山漫游所到，“凡有华侨之处，莫不表示欢迎，较之往昔大不同矣”。[②]

但是，南洋华侨社会那种复杂矛盾的社会心理，千差万别的态度和认识，使孙中山等的革命活动常常受到挫折。应当说孙中山等革命党人在南洋建立组织、宣传鼓动等方面是卓有成效的。如在建立组织上，自同盟会在东京设立本部后其分会以南洋地区会员为最多，缅甸一处在 1908 年 3 月到 1911 年内加入同盟会的就有 2343 人。在宣传方面，南洋地区华人革命报纸之多，亦为

① 《孙中山全集》第 1 卷，中华书局 1981 年版，第 343 页。

② 《孙中山全集》第 6 卷，中华书局 1981 年版，第 236 页。

其他地区所不及，仅荷属东印度就有书报社50个以上。[①] 在起义方面，孙中山发动10次起义中，同盟会时期8次起义经费来自南洋华侨的捐助。但是，革命受到的阻力和挫折也是明显的。就华侨参加革命的人数来看，无论是与整个南洋华侨的总数相比，还是与世界其他地区华侨加入同盟会的比率相比，都不会令人太乐观。缅甸华侨约有270万，会员2343人，仅占总数的万分之八。而且加入同盟会和对革命表同情的人大都是工人、店员、伙计、手工业者等中下层华侨，华侨资产阶级中上层支持革命的是少数。[②] 直到1911年10月起义显示出成功的征兆之前，他们之中几乎没有人作出任何实质性的捐助。[③] 当时尽管有的华侨拥资千万，"肯拔一毛者如凤毛麟角，少少点缀，聊以应酬劝募之人情面，已觉难得"。[④] 更有甚者"且出恶语"。[⑤] 胡汉民在日后谈到捐款的痛苦经历时亦每每不能自抑。[⑥] 甚至孙中山几乎无法获得足够的盘缠离开新加坡去缅甸。可见，孙中山在南洋活动并不是很顺利和十分成功的，南洋华侨也并不是全体一致地赞成革命和支持孙中山；影响的范围和反应的程度都存在明显的局限性。

但不管怎样，南洋华侨由保守到激进，由保皇到革命这一思

---

① 参见冯自由：《华侨革命开国史》，台北商务印书馆1975年版，第89—93页。

② 参见孔立等：《华侨与辛亥革命》，载《纪念辛亥革命七十周年学术讨论会论文集》，中华书局1983年版。

③ 参见陈树强：《辛亥革命时期南洋华人支援起义经费之研究》，载《辛亥革命与南洋华人研讨会论文集》，台湾政治大学国际关系研究中心1980年印行。

④ 《南洋华侨与革命中之努力》，载《南洋研究》第3卷第1期。

⑤ 《邹鲁全集》，台北1976年版，第9页。

⑥ 参见中国国民党中央委员会党史委员会编辑：《胡汉民先生文集》第2册，台北1978年版，第58—74页。

想认识的转变，孙中山的个性影响和革命活动的作用是不可忽视的。孙中山利用了华侨的某些心理特点，灵活地运用多种多样的宣传、鼓动和组织方式，唤起了华侨们的民族意识，激发了华侨的革命热情，赢得了南洋华侨的大力支持，从而为华侨是“中国革命之母”提供了有力的历史见证。没有孙中山等人的不懈努力，就不可能有华侨的革命参与。正如有人所指出的：“华侨之所以能毁家输财，舍身效命于革命者，类皆受国父伟大革命精神之所启发感召，国父尽得华侨之心，华侨对国父之崇敬景仰，尤过于儿女之于父母。故凡为国父之所号召，华侨无不矢志相从。”① 孙中山对南洋华侨之影响由此可见一斑。

三、南洋华侨对孙中山的影响

马克思指出：“在大多数生产劳动中，单是社会接触，就能引起竞争心和特有的精神振奋，从而提高每个人的个人工作效率。”② 处在一定人际关系中的人们，必然会表现出各种不同形式的相互作用，这种相互作用既包括心理方面的活动，也包括行动方面的表现。孙中山与南洋华侨的交往活动亦是如此。一方面，孙中山以其个人特殊品质和革命实践活动等强烈地影响着南洋华侨的社会知觉、社会情感和社会态度，最终改变了华侨的社会行为，即引导他们走上反满革命的道路；另一方面，南洋华侨民族意识的觉醒，革命热情的迸发以及对孙中山革命事业的人力、物力和财力等方面的支持，又使孙中山深受影响。那么，孙中山在与南洋华侨的频繁的交往和接触过程中，在哪些方面受到南洋华

---

① 黄珍吾：《国父与华侨》，载《国父百年诞辰纪念论文集》第 1 册，台北 1965 年版。

② 《马克思恩格斯全集》第 23 卷，人民出版社 1971 年版，第 362—363 页。

侨社会的作用和影响呢？

孙中山最初的革命活动是在远离祖国的海外华侨当中开始的。孙中山的革命主张最初在国内虽然打动不了深受封建剥削和压迫的劳苦大众，在海外却激发了无数华侨的爱国热情和民族意识。在孙中山整个革命活动过程中，华侨的支持和帮助是巨大的，正如孙中山所言："我海外同志，昔与文艰苦相共，或输财以充军实，或奋袂而杀国贼，其对革命之奋斗，历十余年如一日。故革命史上，无不有'华侨'二字，以长留于国人之脑海。"[①] 但是，在孙中山革命活动的最初阶级，他的注意力主要集中在美洲和日本两处华侨社会上，他所依靠的对象也不外乎这两地的华侨。美洲特别是檀香山岛上的华侨，以及日本横滨的华侨，以广东籍居多，无论是在语言、风俗、习惯、生活方式上，还是在社会认识和思想情感上，孙中山和他们有许多相同相似之处，易于与他们接触和交往，易于得到他们的理解和支持。再加上早期在这里的生活经历和几年的海外流浪生活，使孙中山更加了解华侨的那种矛盾心态。情感因素和客观条件促成孙中山与这两个地区华侨社会的最早沟通和联系。尽管当时"华侨风气尚极闭塞，闻总理有作乱谋反言论，咸谓足以破家灭族，虽亲戚故旧亦多掩耳却走"。[②] 但孙中山的革命主张毕竟得到了他们中部分人的支持和拥护，虽然不是很有力的和持续不断的支持，但毕竟使孙中山迈出了反清革命的最艰难的一步。孙中山不仅很快地在檀香山建立了第一个革命组织——兴中会，而且在他们的支持下，先后发动了广州起义和惠州起义。由于当时在华侨中风气未开，对革命心存戒备，经济力量和社会力量单薄，对孙中山的支持极其有限，孙中山的行动计划往往显得被动、盲目和零乱，两次本

① 《孙中山全集》第6卷，中华书局1981年版，第52页。

② 冯自由：《革命逸史》第4集，中华书局1981年版，第3页。

来规模不大的军事行动因财源和人力不济而归于流产，孙中山本人也不得不流亡海外，寻求新的更广泛的支持。不过，直到同盟会成立之时，孙中山仍没有放弃对这两地华侨的争取和革命领导。如果说与欧美和日本等地华侨社会的接触奠定了孙中山革命事业的基础，那么，与南洋华侨社会的交往，不仅为革命活动找到了广泛的财源，而且为革命武装斗争开辟了新的根据地。虽然同盟会成立之前，孙中山与南洋华侨社会已有过几次短暂的接触和交往，但孙中山与南洋华侨的广泛的频繁接触还过在同盟会成立之后开始的。同盟会成立之后，孙中山便把注意力和活动中心转移到南洋，仅同盟会成立以后他便五下南洋，在他亲自发动的10次起义当中有8次就是以南洋为根据地进行的。1907年由于同盟会内部的纷争，孙中山从此更是以南洋为依托来实施他的雄心勃勃的革命计划。南洋华侨也逐渐取代了其他地区华侨在孙中山心目中的位置，并成为“革命军之大本营”和“中国政治人物的避难地”。在同盟会成立至武昌起义胜利这短短的几年里，孙中山的革命事业与南洋华侨结下了不解之缘。

首先，南洋华侨逐渐倾向革命和对孙中山的革命事业慷慨解囊，不仅为孙中山的武装斗争奠定了物质基础和群众基础，而且事实上也改变了孙中山武装斗争的策略。正像大多数人总结的那样，孙中山的武装斗争策略的一个基本特点是：在国内发动会党，策反新军，召集同盟会骨干，组成起义的基本队伍；在国外发动华侨，呼吁各国政府及友好人士，以解决起义的军械、经费等问题；选择便于这种内外结合的中国南部边境省份为起义的突破口，先雄踞一省，然后挥师北上，推翻清朝统治，建立共和国。从具体情况看，过去孙中山的注意力主要集中于广东沿海地区的重要城市和战略要地，在他领导的10次武装起义中的7次就是在广东省内发动的，但在1907年至1908年孙中山因受越南、缅甸等地华侨的影响曾一度把注意力移到广西、云南边境。在给何佩琼和邓泽如二人的函件中，孙中山就表明了自己的心迹，他说："今者革命军起，自七月二十六日一举破防城后，已进入广西，尽据南宁、百色一带之大山险隘，有众二万余人，枪械精利，其势可以长驱进取；继以长江、两湖、东三省之同志方预响应，拟一齐并进。"① "若于此时广西能大活动，以为钦廉义师之声援，则西路大局可定，而东路惠潮亦可预备再举矣。云南之局亦有布置，广西得手，则云南之师亦可随之而动。如此则两广、云、贵可期恢复，而革命军之根本巩固矣。"② 而且"军需既裕，则兵精粮足，必能打破此胜败关头；虏兵既破，南宁既得，则两广指日可定。有两广以为根本，治军北上，长江南北及黄河南北诸同志必齐起响应，成恢复之大功，立文明之政体，在此一举。"③ 显然，孙中山是想以广东、广西和云南为起义的突破口和革命根据地，然后，再北上推翻清朝统治。而这一计划的实施关键又在于"筹款之成否"，④ 经济问题一解决，其他问题也就迎刃而解了。孙中山这一革命方略的制定，也正是建立在对南洋华侨的经济支持抱着乐观态度的基础上，这一点可以从孙中山写给南洋革命同志的信中得到适当的说明。在 1907 年至 1911 年，孙中山发动的每一次武装起义，都把筹足起义经费的希望寄托在南洋华侨身上，而正是南洋华侨接连不断地在人力、物力，特别是财力上的支持，才使孙中山的计划得以实施。张永福就认为，革命党人"有越地供给之后援，足食而进兵，则所至所向，能战能攻"⑤；尽管连续的军事行动都归于失败，但它毕竟"为影响于全

---

① 《孙中山全集》第 1 卷，中华书局 1981 年版，第 344 页。

② 《孙中山全集》第 1 卷，中华书局 1981 年版，第 364 页。

③ 《孙中山全集》第 1 卷，中华书局 1981 年版，第 347 页。

④ 《孙中山全集》第 1 卷，中华书局 1981 年版，第 364 页。

⑤ 张永福：《南洋与创立民国》，第 45 页，载陈丁辉主编：《南洋革命史料汇编丛书》之《晚清园——孙中山南洋纪念馆》，2013 年版。

世界及海外华侨实非常之大，由此所得之效果亦不可胜量”。[①]

然而，孙中山战略重点的转变和活动中心的南移，局限性也是不言而喻的。一方面，孙中山放弃了对东京同盟会本部的直接领导，对其发展听之任之，不仅造成了内部的矛盾纷争，而且也影响了革命党人的革命情绪，谭人凤就不无遗憾地说：“缘总理一去三年杳无音，人心一去团体分。”[②] 另一方面，孙中山过分地把注意力和希望都集中在南洋华侨身上，不仅忽视了其他地区华侨和革命者的积极性和影响力，而且也限制了孙中山本人的活动范围、依靠力量。尽管他所主持的几次起义在推动革命向深广的方向发展起了一定的作用，但他所依托的社会力量过于狭窄，使他的战略目标和革命期望与军事力量和经济实力之间存在着相当大的距离。主观愿望与客观条件相背离，孙中山的几次军事行动因而显得冒险和盲动。

其次，尽管南洋华侨在孙中山主持的几次武装起义过程中，“捐助军饷者，络绎不绝”，但是，南洋华侨的财力支持毕竟有限，孙中山对南洋华侨的革命热情和可能给予革命事业的经济捐助估计太高，不仅超出了华侨的实际财力，而且也超出了他们对革命所拥有热情。南洋华侨不少人“倾其一生之积蓄”，毁家输财，以助革命的情形，使孙中山为之鼓舞，甚至产生一种错觉，即认为南洋华侨的革命积极性已充分调动起来和南洋华侨具有雄厚的经济实力。事实上并非如此。如前所述，南洋华侨散居各地，社会成分复杂，思想认识并非单一，支持革命的态度因时、因地、因人、因事而不断改变。华侨当中赤诚爱国，忠于革命，勇于献身者固然不胜枚举，然而那种在革命过程中首鼠两端、畏首畏尾和对革命抱有不良动机者亦大有人在。同时，南洋华侨的

---

① 《孙中山全集》第 1 卷，中华书局 1981 年版，第 525 页。

② 谭人凤：《石叟牌词》，甘肃人民出版社 1983 年版，第 68 页。

财力并非雄厚，孙中山频频发动起义，部分华侨屡屡捐助，已是难能可贵。能捐者，财力有限；拥有巨资者，却又不愿解囊。孙中山对此并不留意，不仅把筹款工作委之于南洋同志，而且有时天真地把决定起义成败所需费用系于某一华侨巨商身上。在云南河口起义过程中，孙中山就寄希望于吉隆坡华侨巨商陆佑（弼臣），“惟此十万大数，将从何得？其能为力者，舍弼翁，实无其人”。“此翁一诺，则大事成矣。”[①] 可是事与愿违，这位华侨巨商不为孙中山等的诚意所动，结果“云南军事，以人多饷少，不能进步”。孙中山本人也因此扼腕叹息：“今事已如此，不禁为之痛惜。夫以十万元便能取得云南全省，吾人之力犹不能办，此尚复何言?！今后之计，惟有各埠合力另创善法，先集各大款，然后举事，乃可乘胜趋利；若如此前举事后方筹款接济，莫讲筹不得，即使筹得，亦多迟延失机也。……夫当吾军大胜之时，筹款已如此其艰，今事不成则必更难矣。”[②] “南洋近况如此，真为大事进行之大阻滞也。”[③] 在筹款不得，义军屡起屡败的情况下，孙中山“不能不思图远举，欲往运动于欧美之大资本家”。[④]

在革命条件还没完全成熟，华侨财力有限以及思想觉悟尚待提高的情况下，孙中山过多的要求自然得不到满意的答复。把武装起义所需的经费完全寄托在南洋华侨的捐款上，不仅片面也过于冒险。连续不断地组织军事行动，毫无把握地在南洋四处筹款，失败在所难免，一次又一次地功亏一篑，不仅大伤革命元气、劳而无功，而且也挫伤了华侨们的革命积极性和革命党人的斗志。

---

① 《孙中山全集》第 1 卷，中华书局 1981 年版，第 367 页。

② 《孙中山全集》第 1 卷，中华书局 1981 年版，第 373—374 页。

③ 《孙中山全集》第 1 卷，中华书局 1981 年版，第 410 页。

④ 《孙中山全集》第 1 卷，中华书局 1981 年版，第 411 页。

总而言之，在辛亥革命时期，孙中山在与南洋华侨接触和交往过程中，双方都受到影响。一方面，孙中山以自己鲜明的个性和独具的魅力，唤起了南洋华侨的民族爱国主义意识，调动了广大爱国华侨的革命积极性，为“华侨是革命之母”提供了令人叹服的历史见证；另一方面，南洋华侨革命态度之转变和思想觉悟之提高，以及对孙中山革命事业的积极支持，使孙中山从中受到启发和鼓舞，以至于孙中山在辛亥革命后期改变了起义活动的计划、转移了同盟会活动中心和筹款依靠的对象，使南洋一度成为革命的大本营和策源地。对南洋华侨的积极争取，无疑地给孙中山的革命事业奠定了物质基础和群众基础。但孙中山在唤起华侨民族意识、激发华侨革命热情的过程中，过高地估计了南洋华侨的革命力量，不切实际地向南洋华侨提出过多的经济等方面的要求和持续不断地组织军事行动，在一定程度上不仅影响了华侨和革命党人的积极性，而且客观上也影响了辛亥革命的进程。如果说没有孙中山等革命党人在南洋的积极宣传、组织活动，就不会有“华侨是革命之母”的殊荣，那么，也可以说没有南洋华侨的人力、物力和财力等方面的热情支持，孙中山的革命主张、行动计划就可能成为一纸空文。因此，无论是研究“孙中山与辛亥革命”，还是探究华侨革命历史，孙中山与南洋华侨之间的关系都是不可忽视的重要环节。

第十二讲　文化交汇下的中学与西学之争

——以陈兰彬、容闳和留美幼童为中心

1881年6月8日，清廷下令全部撤回留美幼童，经营了大约10年的出洋肄业局尚未完成它的使命，就在国内保守派的批评指责下夭折了。对于中道撤回留美幼童，包括容闳本人在内的大多数人认为主要是陈兰彬之过。容闳就说："陈的决定是：留学生在美国学习时间已经够长，理应撤回。"① 郑观应等洋务分子因此亦对陈兰彬等破坏留美事业极为不满，在《赠美国肄业诸生并容沅浦、邝容阶两教习》中郑观应写道："文章机杼自专家，译象千言点不加。爱国无殊林友植，上书共比贾长沙。诸生游学将成业，公使何因促返槎。翻羡东瀛佳子弟，日新月盛愧吾华。"② 并认为："全数撤回，甚为可惜。既已肄业八九年，算学文理俱佳，当时应择其品学兼优者，分别入大学堂，名习一艺，不过加四年工夫，必有可观。何至浅尝辄止，贻讥中外。日本肄业英、美、德、俄之学生，至今尚络绎不绝。"③ 这种对留美幼童中途全数撤回的惋惜和对陈兰彬等力主全数撤回留美幼童言行的指责，使为

---

① 容闳著，王蓁译：《我在美国和在中国生活的追忆》，中华书局1991年版，第118—119页。

② 夏东元编：《郑观应集》（下册），上海人民出版社1988年版，第1254—1255页。

③ 夏东元编：《郑观应集》（下册），人民出版社1988年版，第1255页。

曾国藩看好的“具有任重致远之志”、“熟悉夷情”的翰林陈兰彬，一直被视为负面的“保守派”代表人物。

这种对陈兰彬“负面形象”的界定，直接导致后世对陈兰彬其人其事的研究和评价。如石霓在《观念与悲剧：晚清留美幼童命运剖析》一书里，就认为陈兰彬从一开始就以敌视的态度对待留美幼童。① 黄晓东、刘中国在《容闳传》中也指出陈兰彬、吴子登（嘉善）与国内守旧势力遥相呼应，紧紧抓住时机，将出洋肄业局所谓“流弊”上奏朝廷，坚决要求予以裁撤，并认为他们的言行不仅加速了清政府撤销肄业局的速度，而且成为清政府撤回留美幼童的决定性因素。② 但梁碧莹教授根据她新近发现的材料考证，认为尽管陈兰彬、容闳两人在对留美幼童的目的的看法和管理上存在着矛盾，但陈兰彬并未由此萌发撤回幼童的想法，真正首先提出撤回留学生的是吴嘉善（子登），而不是陈兰彬。③

这里姑且不论陈兰彬是否是撤回留美幼童的始作俑者，仅从其与容闳在留美幼童以学“中”为主还是以学“西”为重的分歧和争论上，就可以想象到19世纪中后期中国人的人才观、文化观、价值观和世界观是何状况，就可以窥测到留美幼童全数撤回和出洋肄业局裁撤背后复杂的文化和心理方面的原因，甚至因此对陈兰彬与容闳的矛盾分歧有一个较为清晰的认识和理解。

一、缘起与初衷上的默契

近代中国官费选派幼童赴美留学，与容闳的孜孜以求、丁日

① 参见石霓：《观念与悲剧：晚清留美幼童命运剖析》，上海人民出版社2000年版，第163页。

② 参见黄晓东、刘中国：《容闳传》，珠海出版社2003年版，第348—349页。

③ 参见梁碧莹：《陈兰彬与晚清外交》，广东人民出版社2011年版，第209页。

昌的引荐、曾国藩的首肯和李鸿章的支持有关。而丁日昌、曾国藩和李鸿章对选派幼童赴美留学持积极和支持的态度，又与晚清“师夷长技以制夷”、“制器练兵”、自强求富的洋务思潮以及外部世界的压力等因素有着密切的联系。正如有的学者所言“派遣留学生已成为洋务事业发展的客观需要，容闳个人努力则成为强力催化剂，大大缩短清政府派遣留学生的进程”。[①]

在经历了两次鸦片战争和太平天国农民起义的血与火的冲击后，清政府中的明智官员和社会上的有识之士，都深切地感到无论是制器练兵还是对外交涉，都离不开西学人才。李鸿章就深有感触地说：“遇中外大臣会商之事，皆先外国翻译官传达，亦难保无偏袒捏架情弊。中国能通洋语者仅恃通事，凡关局营交涉事务，无非雇觅通事往来传话，而其人遂为洋务之大害。”[②] 并认为“练兵、简器、造船、筹饷、用人、持久六条均救时要务”，[③] 而“尤以人才为急要”。[④] 奕䜣也指出：“查西人长技在于制器，而其大要皆本于算法。现欲取彼所长，补我所短，自非选材前往学习未易得其要领。”[⑤] 不过，最早提出派遣留学生想法的是一位名叫桂文灿的位卑职低的小官，他于1863年奏陈：“闻日本近遣幼童分往俄、美两国，学习制造船炮、铅药及一切军器之法，期以

---

① 石霓：《观念与悲剧：晚清留美幼童命运剖析》，上海人民出版社2000年版，第79页。

② 《同治二年二月初十日，江苏巡抚李鸿章奏》，载中国史学会主编：《洋务运动》（二），上海人民出版社1961年版，第139页。

③ 吴汝伦编：《李文忠公全书》国史本传，卷首，台北文海出版社有限公司1984年版，第23页。

④ 吴汝伦编：《李文忠公全书》奏稿，卷24，台北文海出版社有限公司1984年版，第12页。

⑤ 《同治十一年四月十一日奕䜣等奏》，载中国史学会主编：《洋务运动》（二），上海人民出版社1961年版，第160页。

十年而回。此事如确，日本必强，有明倭患，可为预虑，学习制造船炮等法，我国家亦宜引之。纵不必遣人远到外国，亦可在内地学习讲求。”[①] 奕䜣对此甚表赞同，并强调指出：“购买外国船炮，由外国派员前来教习，若各省督抚处置不当，流弊原多，诚不若派员分往外国学习之便。”只是“惟此项人员，急切实难其选，”而且“尚未尽合机宜”。[②] 1865 年，李鸿章在与奕䜣密商派旗兵赴外国学习机器制造技术之事时，也再次表示派人出国学习，“以理与势观之，亦为将来必有之举，鸿章盖尝默存此见未敢倡为是论”，“窃谓此事若行，似不至于流弊之太多”。[③] 曾国藩甚至明确指出：“必须选聪颖幼童，送赴泰西各国书院学习军政、船政、步算、制造诸学，约计十余年业成而归，使西人擅长之技中国皆能谙悉，然后可以渐图自强。”[④]

由此可见，向清政府提出派遣留学生这一想法的，在容闳之前已有多人，但具体建议向美国派遣留美学生的应该是香山人容闳。尤其是容闳率先提出“选派颖秀青年，送之出洋留学，以为国家储蓄人才”的建议和“派遣之法，初次可先定一百二十名学额以试行之。此百二十人中，又分为四批，按年递次，每年派选三十人。留学期限定为十五年。学生年龄须以十二岁至十四岁为度。视第一、第二批学生出洋留学皆有成效，则以后即永定为例，每年派出此数。派出时并须以汉文教习同往，庶幼年学生在

---

① 宝鋆等编：《筹办夷务始末》（同治朝）卷 15，故宫博物院 1930 年影印，第 32 页。

② 宝鋆等编：《筹办夷务始末》（同治朝）卷 15，故宫博物院 1930 年影印，第 32 页。

③ 《李鸿章致总署函》，载《海防档·机器局》（二），台湾“中研院”研究所 1957 年版，第 13 页。

④ 《同治十年七月十九日大学士西江总督曾国藩等奏》：载中国史学会主编：《洋务运动》（二），上海人民出版社 1961 年版，第 153 页。

美，仍可兼习汉文。至学生在外国膳宿入学等事，当另设留学监督以管理之。此项留学经费，可于上海关税项下，提拨数成以充之”[①] 的具体办法，不仅与奕䜣、曾国藩、李鸿章的意图相吻合，而且也在根本上解除了他们在“选材”和“筹费”上的困难和顾虑。事实上，也正是容闳的周密计划和颇具操作性的建议，打消了奕䜣、曾国藩、李鸿章等洋务官僚的顾虑，坚定了选派幼童赴美留学的决心。

尽管当时从事洋务的中国人相信西学教育的优越性，看到西学教育更能使人学到真实功夫，如祁兆熙在他的《游美洲日记》中就认为：“中土庠序之设，惜少真实功夫。西法：子弟六七岁入小学，犹中土读四书也；十岁后开经书，换一大学堂，至舞象之年，譬之中土开笔之时，期间本人愿习何事。于是，读书、兵法、机器、贸易等，各分门类，各立大书院。送进再学几年，自然成就，法尽善已。”[②] 但也有不少人担心幼童出洋留学，容易脱离中国文化传统而被彻底西化，变成“非中国人”或“非文明人”。清政府决定派遣留学生的初衷也是为了学习西方的“技艺”，即有用之学，而非西学的全部。这与容闳在美国学成回国时的想法大致吻合。在自传中，容闳就说：“予既远涉重洋，身受文明之教育，且以辛勤刻苦，奉遂予求学之志，虽未能事事如愿以偿，然律以普通教育之资格，予固大可自命为已受教育之人矣。既自命为已受教育之人，则当日夕图雄，以冀生平所学得以见诸实用。此种观念，予无时不耿耿于心。盖当第四学年中尚未毕业时，已预计将来应行之事，规画大略于胸中矣。予意以为予

① 转引黄晓东、刘中国：《容闳传》，珠海出版社 2003 年版，第 201 页。

② 祁兆熙：《游美洲日记》，载钟叔河主编：《走向世界丛书》，岳麓书社 1985 年版，第 228 页。

之一身，既受此文明之教育，则当使后予之人，亦享此同等之利益。以西方之学术，灌输于中国，使中国日趋于文明富强之境。予后来之事业，盖皆以此为标准，专心致志以为之”。[①] 虽然容闳所说的“西方之学术”与清政府及其有识之士所说的“西学”之间在内涵上并非完全一致，但以西方有用之学，尤其是科学技术来补救中国之短，使中国日益趋于文明富强，则应当是彼此之间的共识和心理上的默契。

二、教学与管理上的纷争

派遣幼童赴美留学，在今天并非难事，在当时的中国真是不易。虽然在派遣幼童赴美留学，造就洋务急需人才，增强国家御侮图强的实力等方面，容闳与洋务官僚奕䜣、曾国藩、李鸿章等有着相同的愿景，但是在关于幼童在美国的教学和管理上，容闳与陈兰彬、吴嘉善之间却产生了不少误解和矛盾，甚至直接影响了留美幼童后来的命运。

选择 12 岁至 16 岁之间的学生赴美留学，在当时极端封闭和相当保守的社会文化环境里，实在会面临许多意想不到的困难。尽管奕䜣、曾国藩、李鸿章等人在制定留学方案时，明确规定在上海、宁波、福建、广东等沿海地区推选聪慧的幼童，但结果首批 30 名幼童还是迟迟未能招满，以致容闳不得不南下香港，在英国政府所设学校中遴选一些学生以足其数。在四批 120 名留美幼童中，广东籍 84 人，江苏籍 21 人，浙江籍 8 人，安徽籍 4 人，福建籍 2 人，山东籍 1 人，其中最大的年龄 16 岁，最小年龄 10 岁，且 11 岁至 14 岁者居多，平均年龄为 12 岁半。在他们看来，年龄愈小，愈容易学习外语及科学技术知识，而且年龄小出洋留学，不受家庭所累，后顾之忧较少，有益于专心学习，即所谓

① 容闳：《西学东渐记》，湖南人民出版社 1980 年版，第 23 页。

"盖聪颖子弟不可必得，必其志趣远大，品质朴实，不牵于家累，不役于纷华者，方能远游异国，安心学习"。[①]

在留美幼童的学习内容上，曾国藩和李鸿章早在《派员携带幼童出洋并应办事宜疏中》，就明确指出中学与西学并重："推选幼童不分满汉子弟，俱以年十二岁至二十岁为率收录入局，由沪局委员会查考，中学、西学分别教导，将来出洋后，肄习西学，仍兼讲中学，课以孝经，小学五经，及国朝律例等书，随资高下，循序渐进。每遇房虚昴星等日，正副二委员传集各童，宣讲圣谕，广训示以尊君亲上之义，庶不至囿于异学。"[②] 中国驻美出洋肄业局还告谕留学生："但要思出洋本意，是令尔等学外国功夫，不是令尔等忘本国规矩，是以功夫要上紧学习，规矩不可变更。……至洋文汉文，更要融合贯通，方为有用。"[③] 也就是说，留美幼童既要努力学习西文西器西学，又要严格遵守朝廷的定制，勤奋研习汉文汉字中学。但是，1871 年 4 月 20 日曾国藩在给陈兰彬的信中指出："幼童赴洋学习须通汉文，阁下定课经史为主，旁及会典律例，求为有用之学，每日习夷技后酉戌之间即礼拜日另为督课汉文，自是善策。第以西法精奥，必须专心致志，始克有成。汉文之通否，重点挑选之际先行面试一二，以决去留，此后只宜专学洋学。耳不两听而聪，目不两视而明，未可因兼课汉文而转荒洋业也。"[④] 这就表明，曾国藩派遣幼童赴美留学的目的和要求是在国内应先有好的中学基础，出国后只宜专攻

---

① 《同治十年七月十九日大学士西江总督曾国藩等奏》：载中国史学会主编：《洋务运动》（二），上海人民出版社 1961 年版，第 154 页。

② 《李鸿章全集》第 2 册，安徽教育出版社 2008 年版，第 851—852 页。

③ 宋晞：《中国早期留美学生史略》，载《旅美论丛》，台北国防研究所 1965 年印行，第 36 页。

④ 《曾国藩全集》书信（十），岳麓书社 1994 年版，第 7362 页。

洋学，不能因兼习汉文而荒废西学这个主业。

遗憾的是，无论是陈兰彬、吴嘉善，还是容闳等人，都未能悉心领会奕䜣、曾国藩、李鸿章派遣幼童赴美留学时的嘱咐和忠告。作为幼童出洋肄业局的监督，陈兰彬虽然老成端谨，中学较深，“夙抱伟志，以用世自命”，“绝不矜才使气”，与之讨论时事，“皆能洞烛机微，盖有远略而具内心者”，但是一到了美国这个与中国完全不同的社会环境里，因语言和文化方面的障碍，难免有些紧张和焦虑。尤其是在临行前，好友薛福成告诫他时所说的“童子志识未定，去中国礼义之乡，远适海外饕利朋淫腥膻之地，岁月渐渍，将与俱化。归而挟其所有以夸耀中国，则弊博而用鲜”，[①] 更令他在美任出洋肄业局监督时，如履薄冰，处处谨小慎微，时时以督促幼童学习中文为要务，事事以中国文化价值标准为依据，训诫幼童不忘根本，既要懂得洋务，熟悉西器西艺，又要效忠皇帝，报效国家。而受过正规美国高等教育的容闳，同样“志趣深远”，且“不为习俗所囿”，熟悉和了解西洋文化，懂洋务和外交，到了生活学习多年的美国，自然如鱼得水，再加上亲身经历和清政府的信任，更是春风得意，相信西学才能解中国燃眉之急。因此，他在担任出洋肄业局副监督职务时，于要求幼童学习中文的同时，还特别强调“中国政府要求我们完成的使命是他们（幼童）将来要学习军事、海军、医学、法律及土木工程，以便进入政府服务时，他们充分具有对化学、物理、地质及天文的知识”。[②] 而他所要求的学习西器西艺，也符合清政府派遣留学生的初衷，更合曾国藩、李鸿章的心意。1877 年第一批幼童

---

① 丁凤麟、王欣之编：《薛福成选集》，上海人民出版社 1987 年版，第 46—47 页。

② 容闳于 1872 年 2 月 17 日给耶鲁大学校长（Noah Porter）函，未刊稿，转引自石霓：《观念与悲剧：晚清留美幼童命运剖析》，上海人民出版社 2000 年版，第 137 页。

留美五年，即将进入大学学习时，李鸿章就在给区谔良、容闳的信中指示："近来学生造诣，有储君认真督率，自当进而益上。其选入大书院者，能否会其各习一艺？中国所亟宜讲求者，煤铁五金之矿，未得洋法，则地宝不出，既在台湾、湖北等处开煤，所请英人，高下不等；所用机器，原委难明，其余各省因无人指授，不免观望。如出洋学生内有颖异可造之材，望送入矿物学堂，先穷究其理器，一二年后再令游览美国五金矿所，或暂充工役，或随同研究，必自能辨识地产之有无厚薄，机器之如何用法，融会贯通，可得上等考单，确又把握，然后遣回，再发往各省矿局试用，庶于国计有裨，千祈留意。"① 由此可见，在幼童学习的内容和专业方向上，容闳比陈兰彬更能体察曾国藩、李鸿章的真实意图。

尤其是作为正职的陈兰彬重任在肩，自然不敢掉以轻心。在他的心目中，政治正确和循规蹈矩，也许比方向明确和专业优劣更为重要。因为政治正确就不会因与朝廷背道而驰而获罪，循规蹈矩就不会因离经叛道而遭国人唾骂。因此，在幼童学习的内容上尤其强调"中学"的重要，在生活和言行举止上按中国的规范严格要求，"揣度物情，评衡事理，其心中所依据为标准者，仍完全为中国人见解"。② 不同的文化价值观和不同的评价标准，自然诱发了陈兰彬与容闳之间的矛盾，凡容闳认为是正当的事情，到了陈兰彬那里一切都目为不正当。如容闳所言："每遇极正当之事，大可著为定律，以期永久遵行者，陈辄故为反对以阻挠之。例如学生在校中或假期中之正杂各费，又如学生寄居美人寓

① 《复区海峰、容纯甫》，光绪三年正月二十二日，载吴汝伦编：《李文忠公全书》，朋僚函稿卷17，台北文海出版社有限公司1984年版，第1—2页。

② 容闳：《西学东渐记》，湖南人民出版社1980年版，第102页。

中随美人而同为祈祷之事，或是星期日至教堂瞻礼，以及平日之游戏、运动、改装等问题，凡此琐烦细事，随时发生。每值解决此等问题时，陈与学生常生冲突，予恒居间为调停人。但遇学生为正当之请求，而陈故靳不允，则予每代学生略为辩护。以是陈疑予为偏袒学生，不无怏怏。虽未至形诸词色，而芥蒂之见，固所不免。”[①] 曾任肄业局帮办翻译的黄大权（容闳同学黄胜），陈兰彬“虑及该同知洋习太重，在局究不相宜”，后改派他为金山总领事公署翻译，“以金山相距一万四千里，可免其沾染局事也。”在肄业局里，亦如陈兰彬所言：“各员皆不崇尚洋教，察出各学生弊窦，亦节次撤遣回华，不肯姑息。”[②]

对于陈兰彬和容闳二人在留美幼童的教学和管理上出现的分歧和矛盾，李鸿章的态度不太明确，措制也是优柔寡断的。一方面批评容闳“偏重西学，致幼童中学荒疏”，另一方面又认为陈兰彬“对幼童绳之过严，致滋对抗之心”，批评他们不能各执一端，希望他们二人和舟共济，但并没有从思想认识和原则目标上对他们做明确而坚决的指示，结果不但没有让他们在思想认识上达成共识，相反地加深了陈兰彬和容闳之间在教学目标和管理方式上的分歧。而陈兰彬与容闳之间的意见分歧和矛盾冲突，恰恰成为留学生提前撤回的诱因。

三、职责与权限上的纠结

本来，容闳是幼童赴美留学的始作俑者，也是最适合的“出洋肄业局”负责人的不二人选，但容闳始终是以“出洋肄业局”的副职在岗任事的。尽管容闳本人并不在意其职务高低和权责多

① 容闳：《西学东渐记》，湖南人民出版社 1980 年版，第 102 页。

② 《光绪七年二月初六日出使美国秘国大臣陈兰彬折》，载中国史学会主编：《洋务运动》（二），上海人民出版社 1961 年版，第 164 页。

少，但清政府在出洋肄业局的人事安排上，并未给首倡者容闳更多的权责和自由发挥的空间，甚至怀疑他的“忠诚”和“热情”。光绪帝的老师翁同龢甚至视容闳为“洋人”。①

陈兰彬和容闳被委以“选举幼童出洋肄业局”正副委员，对于这样的人事安排，李鸿章是这样解释的：“从前曾文正公创办之初，奏派陈荔秋（兰彬）、容纯甫（闳）为正副总办，盖以容纯甫熟谙西事，才干较优；荔秋老成端谨，中学较深，欲使相济为公也。”② 在李鸿章看来，容闳固然熟悉洋情，热心洋务，但毕竟缺乏中学的根底，难以为国内多数人接受，“宜得志正体直者赞助，则流弊较少”。③ 而举荐容闳的丁日昌的解释更道出了真实原因：“君所主张，与中国旧学说显然反对。时政府又甚宋旧，以个人身当其中，恐怕不足以抵抗反动力，或竟事败于垂成。故欲利用陈之翰林资格，得旧学派人共事，可以稍杀阻力也。”④ 事实上，幼童赴美留学，本身就受到当时一些保守派和清议派的质疑。曾国藩的儿子曾纪泽从一开始就反对派遣幼童出国留学，他说：“昔年陈荔秋、容纯甫率幼童出洋，纪泽侍先太傅前，陈说利弊，亦与张君之意略同。当时言美国君臣上下不分等差，幼童未读中国圣贤书，遽令远赴异域专事西学，上之不过为美邦增添士民，下之为各埠洋行增添通事买办之属耳，于国家无大益也。”⑤ 曾纪泽在当时还算是思想开明、熟悉洋务的先进人士，他

---

① 1896年光绪帝师翁同龢在日记中就有“江苏候补容闳，号纯甫，久住美国，居然洋人矣！”

② 光绪七年二月三十日，《论出洋肄业学生分别撤留》，载中国史学会主编：《洋务运动》（二），上海人民出版社1961年版，第178页。

③ 吴汝伦编：《李文忠公全书》奏稿，卷11，台北文海出版社有限公司1984年版，第31页。

④ 容闳：《西学东渐记》，湖南人民出版社1980年版，第91页。

⑤ 曾纪泽：《使西日记》，湖南人民出版社1981年版，第29页。

的态度恰恰表明，清政府在“出洋肄业局”的人事安排上表现出的审慎和机巧背后，潜伏着强大的社会舆论压力和文化心理上的阻力。

不过，李鸿章深知在办理洋务方面，容闳的才干远远强于翰林出身的陈兰彬，他甚至认为“陈主事带学生赴美国，若无容丞闳为之先导，必致迷于所往，寸步难行”。[①] 因此，总理衙门同意曾国藩等人的倡议和出洋肄业局的人事安排，由陈兰彬、容闳分任正、副委员，“常川驻扎美国，经理一切事宜”，并强调“所选学生，年皆幼稚，自须委员常川约束，在沪挑选，分批送往外洋，亦须有人经理，所有清派委员陈兰彬、容闳、刘翰清等分别常驻美国及在沪设局，互相商办各专责出，应如所议办理”。[②] 在奏折中，李鸿章一再强调“所有驻洋及在沪两局，中外大小事件，内陈兰彬等互相商办，各专责成”。[③] 安排陈兰彬、容闳为正副使，既赋予出洋肄业局以新的使命，又明确了陈兰彬和容闳各自的职责和权限。

但是，作为正职、负全责的陈兰彬，在实际运作过程中，并没有在权责上根据朝廷定制而自我约束，而是大事小事较少与他的副手容闳等相互沟通，共同协商，不仅偏执地要求幼童学习中学，而且在服装、辫发、信教以及礼俗等问题上过分苛刻。[④] 在制定“留学局谕告”时他就特别强调：“期望尔等学业有成，上可报国临民，下可光宗耀祖，而尔等终身之计。……但要思出洋

---

① 《条议三事》，同治十二年十二月二十一日，载吴汝伦编：《李文忠公全书》译署函稿，卷2，台北文海出版社有限公司1984年版，第18页。

② 中国史学会主编：《洋务运动》第二册，上海人民出版社1961年版，第160页。

③ 《李鸿章全集》第2册，安徽教育出版社2008年版，第851页。

④ 参见梁碧莹：《陈兰彬与晚清外交》，广东人民出版社2011年版，第183—200页。

本意，是令尔等学外国工夫，不是令尔等忘本国规矩。是以功夫要上等学习，规矩要不可变更。若尔等不上等学习，将来考试，岂能争先胜人？若任意将规矩变更，将来到家如何处群和众？尔等既在外国学馆，功夫有洋师指授，不虑开悟无方，惟到局时候甚少，规矩日久生疏，深恐渐濡莫抛。是以谕示尔等，要将前后思量，立定主义。究竟在外国日少，居中国日长。莫待彼时改变不来，后悔莫及也。至洋文汉文，更要融会贯通，方为有用。"①

作为副职的容闳，在任职出洋肄业局期间，也可谓尽心尽力地督促幼童完成学业，但他过于强调学生要研习西学，了解美国人的文化习俗和生活方式，对幼童在学习和生活、思想和观念等方面的变化，也未能根据朝廷定制及时地加以引导和教育，更未主动地与陈兰彬交流和沟通，常常坚持己见，在一些细小问题上与陈兰彬相抵牾，甚至认为陈兰彬为人过于圆滑，"生平胆小如鼠，即极细微之事，亦不敢担负丝毫责任"。② 在出洋肄业局的去留问题上，容闳又过多地指责陈兰彬，甚至把对吴嘉善的怨气也发泄在陈兰彬身上，认为"陈兰彬仍荐此性情怪僻者以继任，李文忠公亦贸然允陈之请，于是留学界之大敌至矣。吴子登（嘉善）本为反对党之一派，其视中国学生之留学外洋，素目离经叛道之举"，③ 并以此认为陈兰彬是留学生被撤回国的罪魁祸首。其实，举荐吴子登的不是陈兰彬，而是容闳。1881 年 3 月 29 日，李鸿章在给总署的信中就说："吴乃纯甫所推荐，而荔秋所奏调者也。"④ 而且容闳认为"其平素对于留学事务所感情极恶。即彼

---

① 张海林：《王韬评传附容闳评传》，南京大学出版社 1993 年版，第 431 页。

② 容闳《西学东渐记》，湖南人民出版社 1980 年版，第 104 页。

③ 容闳：《西学东渐记》，湖南人民出版社 1980 年版，第 101 页。

④ 容闳：《西学东渐记》，湖南人民出版社 1980 年版，第 137 页。

身所曾任之监督职务，亦久存厌恶之心”，[①] 对陈兰彬在出洋肄业局任上的言行颇不以为然。事实上，陈兰彬在任职期间还是尽职尽责，颇有作为的，并非容闳所言乃平庸之辈。虽然早期在刑部工作平淡无奇，但自从进入曾国藩幕府后，便深得曾国藩的信任和赏识，认为他“胆识俱优”，有“任重致远之志”；李鸿章也说他对时事皆能“洞烛机微”，“有远略而具内心”，薛福成更称其“兼文武才”和“识闳气沉”，有为“中国建无穷之业”的志气和才能。

容闳与陈兰彬在留美幼童是学“中”还是学“西”上相互较劲，并在出洋肄业局裁撤问题上也彼此不能见谅，甚至相互怀疑和指责，究其原因，既与他们在教学目标和管理上持不同的看法有关，也与他们在各自的职责和权限上的自我认识和角色认定有着密切的关系。一方面，容闳声称自己在留美幼童的教学和管理上履行了自己的职责，但因权力有限，不敢固执己见，他说：“此时反对党中有一御史，因美国华工禁约之举，遂乘机上一封奏，请即解散留学事务所，撤回留学生，以报复美人之恶感。政府阅之，亦未敢贸然准其所奏。乃以此事质之总督李文忠、公使陈兰彬与监督吴子登三人，询其意见。李文忠此时不愿为学生援手，即顺反对党之意，而赞成其议。陈兰彬因曾任留学生监督，此中真相理应洞彻，故政府亦垂询及之。陈乃以极圆滑之词答政府，谓学生居美已久，在理亦当召回，其措词之妙，可谓至极。吴子登则更无犹豫之词，直接痛快以告政府，谓此等学生当立即撤回，归国后并须交地方官严加管束云。此三人各陈所见，初无一语询予。予于此事，已无发言之权。盖彼等咸疑予怀私见，即

① 李鸿章：《论出洋肄业学生分别撤留》，载中国史学会主编：《洋务运动》（二），上海人民出版社1961年版，第177页。

有所言，亦不足信也。”① 事实上，李鸿章也并不信任容闳，责备他“勿固执己见”，并在《复陈荔秋星使》一函中表示：“令其不必多管，应由子登大史设法整顿，以一事权。”② 另一方面，陈兰彬对容闳的偏执也颇有意见而无法隐忍。在与容闳意见相左的情况下，“每有老倦思归之意”，常以“目眵耳鸣，眠食减损”，“言语健忘”，“举止蹇缓，精力有减无增”等“心力不足”而希望“得年富力强之人，肯来经办”，其倦怠之情绪溢于言表，真的没有当初出洋时的那种自信与乐观。

应该说，容闳因过分着意于留美幼童在学业上的西学造诣而宽容或原谅了幼童的西化倾向，这自然与朝廷的定制和陈兰彬的权责发生冲突；而陈兰彬身负重任，却未能正确处理他与容闳之间的矛盾，甚至有意回避或推卸责任，主观和客观上都辜负了曾国藩、李鸿章对他的期望。容闳也因自身性格上的缺陷和文化上的偏执，使自己苦苦追求的事业在内外纷争的压力下半途而废。

四、文化与个性上的偏执

陈兰彬与容闳二人出任出洋肄业局的正、副委员，应该说这是曾国藩、李鸿章深思熟虑、精心安排的。“老成端谨，中学较深”的陈兰彬与“熟谙西事，才干较优”的容闳二者的结合，本来可以相互平衡，互相牵制，甚至相得益彰，但事与愿违。其结果是留美幼童中道撤回，出洋肄业局也半途而废，陈兰彬与容闳两人更是不欢而散，容闳本人甚至对陈兰彬一直耿耿于怀。

其实，陈兰彬与容闳二人最初接触时彼此都有好感。容闳在天津与陈兰彬见面交谈后，对陈兰彬的印象不错，“我和他素昧

① 容闳：《西学东渐记》，湖南人民出版社 1980 年版，第 107 页。

② 《复陈荔秋星使》，光绪六年四月初二日，载吴汝伦主编：《李文忠公全书》朋僚函稿，卷 19，台北文海出版社有限公司 1984 年版，第 21 页。

平生，而今后将是推行教育计划的合作者，显然他是乐于离开北京的，他沉抑于刑部主事已二十年，终身未得升迁，在其他方面也没有任何成就，更不精于世道。他为人谦恭和蔼，颇有书生气，只是过于谨小慎微，缺乏责任感。”① 而陈兰彬的好友李兴锐在日记中却认为容闳不如陈兰彬那么好相处。② 陈兰彬的另一位朋友薛福成也说：“同治十一年春，相国毅勇侯曾工、肃毅侯李公，奏遣刑部主事陈先生兰彬荔秋率童子若干人，出赴亚墨利加，究习西学，期以十九年旋。先生年已逾艾，毅然无难色。盖先生兼文武才，而识闳气沉，欲为中国建无穷之业，其素志也。”③ 当时的陈兰彬已是五十六岁的“老人”，洋语洋文一无所知，但他在给朋友李兴锐的信中，仍然表示“弟此行非有所乐而为之，亦非有所有利而为之，第如尝胆枕戈，以期庶几一当”。④ 事实上，陈兰彬在率幼童出洋的航路上，一直怀揣着激动快乐和热切期待的心情。所谓“翩翩群小尽英髦，域外驰观兴倍豪。须织百般工艺术，根源还在读书高”。就袒露了他对幼童赴美留学的殷切期望。

难得的是，作为翰林出身，长期在刑部任职，又被朝廷委以“出洋肄业局”之正职的陈兰彬，虽然在与容闳共事期间，曾因意见相左而相抵牾，但他在1873年给上海出洋局刘翰清的信中，仍高度评价容闳为创建出洋肄业局所付出的辛劳。他说：“纯翁

① 容闳著，王蓁译：《我在美国和在中国生活的追忆》，中华书局1991年版，第103页。

② 参见廖一中、罗真容整理：《李兴锐日记》，中华书局1987年版，第52页。

③ 丁凤麟、王欣之编：《薛福成选集》，上海人民出版社1987年版，第46页。

④ 梁碧莹：《陈兰彬与晚清外交》，广东人民出版社2011年版，第149页。

在此料理幼童，稽查洋馆，事事仗其出力，本难分身，兹以去岁奉伯相面谕查化矿变钢卷铁等机器，纯翁到美后，奔走核考，绘图译说，实费数月苦心，而图说仍有未能详尽者，自非亲赍面禀，不克洞达，是以商会暂时回华，禀明公事，即须旋返愈早愈妙，难待第三批幼童结伴同行。"[1] 尽管容闳对陈兰彬颇有成见，甚至认为他"圆滑"，"胆小如鼠"，"不敢担丝毫责任"，是"怯懦鄙夫"，但陈兰彬仍能忠于职守，表示"若无接替，亦必法鞠躬尽瘁之义，始终不渝。至于捷径之嘲，谪戍之诮，所谓不入耳之言，早已一笑置之"。[2] 虽然他与容闳在留美教育方法和教育内容等方面持不同意见，但在任何文件和信函中，并没有直接说容闳一个"不"字，表现出一派儒者君子之风。而且还略带欣赏之情，不厌其烦地向朋友介绍容闳"因求熔铸铜铁图说，闻有新式，即趋往观，所画图有未了了者，再三复视，路途来回，动以千百里计。"[3] 又说："弟于机器虽不甚明了，月来见纯甫所译熔铁变钢等图说，似已得其要领。特利愈大则本愈重，不识能有此力量开办否？纯甫屡谓，以江海地势而论，于江西立局为宜。弟于江西情形向不熟悉，不识品翁在彼能为访察，看有人可任此事否？想中国煤铁同产之地甚多，亦不仅江西也。"[4] 对容闳及其倾心的西学西艺表现出浓厚兴趣，并没有像容闳所说的那样过于偏袒，于西学持抵触态度。

---

① 梁碧莹：《陈兰彬与晚清外交》，广东人民出版社 2011 年版，第 175 页。

② 梁碧莹：《陈兰彬与晚清外交》，广东人民出版社 2011 年版，第 149 页。

③ 梁碧莹：《陈兰彬与晚清外交》，广东人民出版社 2011 年版，第 512 页。

④ 梁碧莹：《陈兰彬与晚清外交》，广东人民出版社 2011 年版，第 514 页。

相对具有二十余年行政经验的翰林陈兰彬而言，容闳缺乏中国传统文化应有的熏陶和行政工作的历练，他满脑子是西洋文化知识和社会文明进步的事实，对中国复杂的人际关系和官场生态缺乏深入了解和体认。在写给美国卫三畏牧师的信中，容闳认为“中国人充满偏见，他们无法如您或其他开明人士来观察事物，他们反对受教育的好处，他们脑海中满是迷信和无知”。[①] 因从小就体验到学习西学具有实用性，因此对西方近代文明充满好感，对封建专制和贫穷落后的中国感到忧虑。在美国耶鲁大学毕业后，他选择了回国，希望“以西学之学术，灌输于中国，使中国日趋于文明富强之境”。其“后来之事业，盖皆以此为标准，专心致志以为之”。[②] 但是，他毕竟是一个“西化”了的中国人，尽管他具有强烈的中国人意识和民族精神，然而“一个像他这样的‘西化’的人，在本国人当中不可能不受到歧视、猜疑和敌对”，[③] 对此，容闳有自己的看法，在自传中他就表示：“一向被当做西方文明表征的西方教育，如果不能使一个东方人变化其内在的气质，使他在面对感情和举止截然不同的人时，觉得自己倒像来自另一个世界似的，那不就可怪了吗？我的情况正好如此。然而，我的爱国精神和对同胞的热爱都不曾衰减；正好相反，这些都由于同情心而更加强了。因此……我苦心孤诣地完成派遣留学生的计划，这是我对中国的永恒热爱的表现，也是我认为改革和复兴中国的最为切实可行的办法。”[④] 正是基于文化教育和生活阅历的自信，容闳在为实现幼童留美学习的计划和目标的过程

---

① 石霓：《观念与悲剧：晚清留美幼童命运剖析》，上海人民出版社 2000 年版，第 47 页。

② 容闳：《西学东渐记》，湖南人民出版社 1980 年版，第 23 页。

③ 容闳：《西学东渐记》附录“代跋”，湖南人民出版社 1980 年版，第 7 页。

④ 容闳：《西学东渐记》自序，湖南人民出版社 1980 年版。

中，过多地强调了自己目标、方向和方法的正确，忽视了具有强大生命力的中国文化和长期以来形成的文化优越感的中国人群的巨大存在，有时为达到目的而不计方式方法，不考虑周遭的意见和态度，甚至一意孤行，使气任性，结果与陈兰彬、吴嘉善等正统文人官员之间频发矛盾。就连对他曾有好评的李鸿章也批评容闳“偏重西学，致幼童中学荒疏”，认为他“意见偏执”，劝他“勿固执已见”，并要求陈兰彬“便中劝勉，令其不必多管”，其对容闳的态度可谓又爱又怨，无可奈何。

其实，无论是作为正职的陈兰彬，还是身为副手的容闳，他们都有一颗爱国报国、勇于任事、希望有所作为之心，但是他们也都没有意识到自己在文化和个性上的自然印记，更没有意识到对方与自己在文化和个性上的差别。双方在问题的解决和彼此关系的处理上都没有做到“了解之同情”，误会、歧见和矛盾自然难以避免。应该说，文化上的偏见和个性上的缺陷，是陈兰彬、容闳在学“中”和学“西”问题上产生分歧，导致留美幼童中道夭折的重要原因。

五、总结与思考下的迷惑

历史往往是喜剧开场而悲剧结尾，又常常是悲剧刚刚落幕而喜剧又重新上演。

近代中国官派幼童赴美留学，在奕䜣、曾国藩、李鸿章等洋务派的期望和支持下，于 1872 年率先启动，却在幼童尚未完成全部学业时于 1881 年全部撤回。有意思的是，事隔 10 余年后，清政府又再次选派学生出国留学，甚至在清末出现了出国留学的热潮。历史仿佛就是在这种悲喜剧轮番上演的过程中，才能显示出自己存在的价值与意义。

不管怎么说，晚清留美幼童的命运还是充满了时代的悲剧色彩。但他们最初起航时，个个都满怀希望。遗憾的是，他们最初的希望来自于西方工业文明的成就和思想文化的激发，而非中国本土的文化传统和生活经验。因此有不少研究者认为："造成留美幼童命运的悲剧性的根源与中国早期现代化的失败根源是同一的，就是那数千年不变的根深蒂固的中国传统文化世界观。"① 也有学者认为，留学生提前撤回的因素是多方面的，其中包括"清政府保守势力对新生事物的阻挠和破坏，留美幼童出现的问题，留学事务所内人事的矛盾，美国排华运动的蔓延，以及顽固观念和思想"② 等等，也有学者更进一步指出："容闳出于个人喜好以及职业需要的做法，验证了保守派最坏的偏见。当容闳还在马萨诸塞州孟松学校学习时，他就皈依了基督教。"后来又于1852年获得美国国籍。1875年，在管理留学事务期间，他与哈特福当地名医之女玛丽·L·克洛结婚。容闳强调西学，忽视中学的做法，引起了官员们的不满。虽然他的目的是想培养孩子们"有广阔视野的国际化世界观"，但这和朝廷培养技术人才，加强军事力量的目标背道而驰。无论孩子们对环境的迅速适应是与美国家庭的孩子共同生活的结果，还是出于容闳对西学的强调，结果是他们都已经变得十分"西化"，而这正是当时的朝廷最害怕的事情。③

同样的，素有中学修养的陈兰彬及其继任者吴子登（嘉善）虽然置身美国，但对影响留学生思想观念变化的美国教育环境概然无知，不理解不容忍留学生身心上所发生的变化，而统统视之为"流弊"、"恶习"或"离经叛道"，最后因恐惧将来对留学生日趋西化的事实可能承担责任，而宁愿同意裁撤出洋肄业局，中

---

① 石霓：《观念与悲剧：晚清留美幼童命运剖析》前言，上海人民出版社2000年版，第5页。

② 梁碧莹：《陈兰彬和晚清外交》，广东人民出版社2011年版，第220—221页。

③ 参见［美］史黛西·比勒著，张艳译，张猛校订：《中国留美学生史》，生活·读书·新知三联书店2010年版，第11页。

止幼童在美国学习的计划。这种简单粗暴而又极不负责任的做法，既是陈兰彬、吴子登等个人性格驱使的结果，又是晚清社会政治及文化生态发展的必然。

陈兰彬与容闳之间，其实并无根本性的矛盾，更无利益方面的冲突，只是他们身处中西文化交织的环境之中，却缺乏足够的经验和智慧，在不断变化的时代，自然显得无所适从；在不得不面对现实时，对他人和自己又缺乏必要的了解和同情。相对说来，容闳比陈兰彬更相信西学是富国强兵的不二法门，在心理上偏爱于西方近代的科技和人文；而陈兰彬始终对中国文化保持强烈的自信，固执地坚持“中学为体，西学为用”，在情感上更倾向于中国的文化传统。因此，他与容闳之间的矛盾和分歧，不是权力和职责之争，而是文化心理和个性殊异所致。

第十三讲　梁发及岭南基督教的传播[①]

梁发其人，由于中国史籍对他并没有留下多少直接的记录，因而鲜为人知。知之者，亦多有误解，当人们偶尔提起他的时候，这位曾对太平天国革命领袖洪秀全有过深刻、积极的影响，并在中国基督教发展史上占有重要地位的虔诚信徒，竟往往被视为“叛逆者”。因为他所作出的人生抉择，以及为传播基督福音所作的种种努力，在他生活的那个时代，显得那么不合时宜，因而梁发和他抛诸身后的一切，就不得不充当历史运动的不自觉的工具，并在不同程度上影响着历史事变。对于这位有过种种非难的人物，要真正认识他、理解他固然困难，恰如其分地评价他更非易事。本讲从文化学、心理学和社会学的角度，拟对梁发及其在岭南传播基督教的影响，作一次历史的检视，并对 19 世纪中西文化的撞击作一次文化上的反思。

一、传教·信教·禁教

梁发是一个虔诚的基督教徒，是中国历史上第一位华人牧师，在中国基督教发展史上占有重要的地位，因而要谈论梁发，首先离不开从中国的国情出发，去探讨诸如传教、信教、禁教这样的一个大背景。众所周知，中国历来是一个多神教的国家，历代封建王朝对于形形色色的宗教，大多采取过“兼容并包”的宽

---

① 发表时与关汉华合著。

松政策。虽然在历史上不乏所谓“华夷之辨”、“夷夏之防”的义理名教论争和“三武灭佛”之类的教案，然而中国人民对异教的宽容态度却大体保持着，只是在外来宗教触犯了中国人的利益、传统的观念或“天朝”的尊严时，为了维护其统治秩序和道德规范，才会作出一些自我防卫式的反击。正如孟德斯鸠所指出的：“那里的人首先是容忍外国人的，因为那些看来不会损害君主权力的东西并不引起他们的注意。……一个欧洲人可以用他所得到的某些知识使他们欢迎他。这在开始的时候是好的。但是，当他得到一些成功的时候，纠纷发生了，有些利益关系的人们也知道警惕了，由于这种国家在性质上特别需要安宁，最微小的纷扰就有可能把它推翻掉，所以，他们立即禁止这种新来的宗教以及宣传它的人。”①

诚然，早期基督教的传教士们，如利玛窦、汤若望、南怀仁等人在中国的传教活动，曾经风光过一阵子，并异乎寻常地受到朝廷的重视，但这并不等于说中国政府从根本上接受了基督教，而是由于传教士们以他们所掌握的天文、历法、数学、舆地等有关新科学技术知识暂时满足了中国朝野人士的好奇心和求知欲，以及传教士们采取了较为委婉的传教方式，想方设法地去迎合中国固有的风俗民情。他们“为了防止新宗教引起中国人疑心，神父们在公开场合对宗教事务缄口不言。……把剩下的时间都用于学习汉语、书法和了解中国的习俗。他们努力以身教感化异教国民，就是说，他们是用自己的榜样力量和生活的圣洁赢得人心。”② 然而这只能是短暂的，因为基督教不像佛教和伊斯兰教那

---

① ［法］孟德斯鸠：《论法的精神》（下册），商务印书馆 1987 年版，第 172—173 页。

② ［美］乔纳森·斯潘塞著，曹德骏等译：《改变中国》，生活·读书·新知三联书店 1990 年版，第 5 页。

样与中国固有的儒家和道家文化有着许多共同点，它本身所具有的排他性，即强调一神信仰和教会绝对纯粹性，必然与中国人的多神崇拜和尊孔敬祖观念格格不入，它既不承认儒家学说的地位，也不承认王权的绝对尊严，又常常介入世俗事务，所以，它与中国社会和中国文化间的冲突就不可避免。

还在西方人为死去的利玛窦大唱赞歌的时候，历史上著名的“南京教案”却在中国爆发了。理由是教士们违反了中国朝廷的禁令和“煽惑愚民”。随后又发生了攻击汤若望及其教义的“历狱”事件。又由于“礼仪之争”，康熙皇帝便一改过去的容教态度，开始采取部分禁教政策。到雍正时便实行全面禁教，对于华人信教则更是严加取缔。谕令指出：“澳夷原属教门，多习天主教，但不许招授华人，勾引入教，致为人心风俗之害。……倘敢故违设教从教，与保甲夷目一并究处，分别驱逐出澳。”① 到了乾嘉时期，由于清王朝的外部形势更为严峻，因而禁教更加严厉。1811 年，嘉庆出于防微杜渐的考虑，根据御史甘家斌的建议，命刑部议定并颁布了《西洋人传教治罪条例》，将基督教与“左道异端”等同治罪，规定：“嗣后西洋人有私自刊刻经卷，倡立讲会，蛊惑多人并旗民人等向西洋人转为传习，诵经立会，煽惑及众，确有指实者，为首律拟绞监候；为从及被诱入教之人，照煽惑为从例发黑龙江给索伦达呼尔为奴，旗人销除旗档。”② 嘉庆还发出上谕：“如地方官办理不力，致令传教惑众，照新定条例，严参重处。若内地人民私习其教，复影射传惑者，著地方官一律查拿，按律治罪。”③ 可见，在当时，清政府对基督教的取缔是十

① （清）印光任、张汝霖著，赵春晨点校：《澳门纪略》卷上《官守篇》，广东高等教育出版社 1988 年版。

② 《清嘉庆朝外交史料》（三），故宫博物院 1932 年版，第 45 页。

③ 《清仁宗实录》，华文书局 1985 年版，第 526 页。

分严厉的。

如果说，朝廷的取缔政策和禁教措施大多是出于稳定国家统治和纯化民心的考虑，那么，民间之排斥基督教，憎恶传教士和教民，则大多出于传统习俗，尤其注重道德伦理和文化价值观念。“用夏变夷，未闻变于夏”的自尊心态，以及注重群体生活的文化传统，决定了他们不可能对主张“除上帝外不得崇拜别神”、反对祭祖的外来宗教——基督教有太多的好感和礼遇，更谈不上改信基督，崇敬上帝了。积习相沿的生活方式和年深日久的传统文化观念，以及朝廷的种种禁令，有形无形地使他们与基督教传教士之间构成了一道壁垒森严的防线。普通民众那种害怕被社会和群体视作“越轨者”而受到排挤，以及对官府的严厉惩罚感到恐惧的心理，更加遏制着人们的入教。而梁发却异乎寻常地成为西方宗教界所称道的第一位华人牧师，而且自始至终都是一个自觉的虔诚的基督信徒，是当时民众信教入教人数不太多中的一个例外。

二、阅历·信念·事功

梁发为什么会崇信基督教？为什么会至死不渝地为传播基督福音而尽力？这显然不是三言两语所能解释清楚的。其实，一个人是否信教，往往是以个人的命运、素质、机遇和环境等等主客观因素为转移的。

1789 年，梁发出生于广东省高明县的一个偏僻的农村（三洲司古劳村），世本农家，家境贫寒，曾参加过农业劳动。幼年时期的梁发，压根儿就不知道基督、耶稣为何方神圣。他和中国亿万的老百姓一样，自幼即接受儒家的传统教育，尽管他是到了 11 岁时才进村塾念书。但他十分珍惜这个难得的机会，刻苦地攻读儒家经典，对儒家的伦理观念最为崇信，然而梁发的生活道路以及他所向往的仕途并不通畅。艰苦的攻读并未能改变他多舛的命运，更未能成为他青云直上的阶梯。幼年时所向往的儒家梦，随着时光的流逝，不得不在严酷的现实面前彻底地破灭了。1804年，梁发年满15岁，由于家境的每况愈下，不得不辍学离开父母去省城广州谋生。初学造笔工艺，后转习雕版印刷技术，四年师满后，便到一间离洋行街（十三行）不远的印刷厂当上一名雕版印刷工。

青少年时期的环境和经历，对梁发的影响无疑是深刻的。当他刚刚接触基督教及其教义时，也是以传统的眼光看待这一“新奇宗教”，并抱有怀疑的态度。但他最终选择基督教作为自己的精神家园，很重要的一点可能既与他生活环境的变化而出现的机遇有关，又与他接受马礼逊、米怜牧师以及基督教方面的书籍有关。他长期受雇于传教士，常到他们家中作客，“每日参加那所有家人仆役都参加的家庭礼拜，听那属神之人祈祷讲道”，① 在耳濡目染中自然会受其影响。为了寻求对“罪过”的解脱，他便在闲暇之时察阅《圣经》，认为“此是一部劝人离恶之好书”。当他从耶稣之异迹中获得证明时，便“决志为耶稣之门徒而求受洗”，② 做了一名基督教徒。梁发于1815年在马六甲入教，三年后回到家乡，不久就因刊刻传教书籍，被当地官吏拿获，多次遭受笞刑的厄运，甚至妻儿也受到牵连。但梁发仍然对基督教笃信不移，并以“我无所夸，惟夸我主耶稣基督之十字架耳”自勉自慰。

宗教既是麻醉剂，又是兴奋剂。梁发入教后，便过着严格的基督徒生活，学道至勤，热心布道。他成功地使他的妻子成为

---

① 麦沾恩著，胡簪云译，上海广学会重译：《中华最早的布道者梁发》，载《近代史资料》总39号，中华书局1979年版。

② 麦沾恩著，胡簪云译，上海广学会重译：《中华最早的布道者梁发》，载《近代史资料》总39号，中华书局1979年版。

"中国第一个信奉改正教的妇人"。以后他的儿子和父亲、媳妇以及其他一二亲属，也在他的影响下加入了基督教，从而使他的家庭成为第一个华人基督化家庭。① 1847 年，梁发将他在岭南地区传教的进展作了一个粗略的统计，在福音堂中曾先后向 180 人宣道，分送《圣经》68 份、小书 218 本。他曾为 4 个妇人和孩子参洗。在医院里，他的听众共有男子 2487 人、妇女和小孩 550 人，并先后分送给他们 812 份《圣经》和小书 1568 本。② 而这在当时是极不容易的事情。当他与古天青合办私塾，以便利用中国历来尊师重道的传统进行传教时，他就曾被指责为"宣传迷信"与"卖国"。他的学塾被解散，"而他自己有性命之危，不得已而逃至澳门"。③ 其后他虽避居广州南郊江岸的新沙，但仍然未能避免被攻击的厄运，他住所内的陈设被尽行捣毁或被抢走。有意思的是，梁发对于外界的干扰和阻力仍然义无反顾。在他风烛残年之时，儿子劝他不要劳作，他却认为：作为一个中国人更有责任向华人宣播福音。由此不难看出，基督教对于梁发不啻是一种最好的兴奋剂。

其次，梁发为了更好地在岭南地区传播基督教义，除了自身努力"精研真道"外，还"决意著作布道小书，分与国人，觉得这是传扬圣道最能实行的方法"。④ 他一生撰写了不少传教专书，主要有《劝世良言》《救世录撮要略解》《熟学圣理略论》《真道

① 参见汤清：《中国基督教百年史》，第 119 页，香港道声出版社 1987 年版。

② 参见麦沾恩著，胡簪云译，上海广学会重译：《中华最早的布道者梁发》，载《近代史资料》总 39 号，中华书局 1979 年版。

③ 麦沾恩著，胡簪云译，上海广学会重译：《中华最早的布道者梁发》，载《近代史资料》总 39 号，中华书局 1979 年版。

④ 麦沾恩著，胡簪云译，上海广学会重译：《中华最早的布道者梁发》，载《近代史资料》总 39 号，中华书局 1979 年版。

问答浅解》《真道寻源》《灵魂篇》《异端论》《圣经日课初学使用》《祈祷文赞神诗》《救世之神谕》等。[①] 为了获得更好的效应，梁发在解释“基督真理”时，还特别注重自己的文风，他指出：“现在《圣经》译文所采用之文体与本土方言相差太远，译者有时用字太多，有时用倒装之句法及不通用之词语，以致意义晦暗不明。《圣经》教训之本身已属深奥神秘，如再加以文体之晦涩，则人自更难明了其意义矣。……虽然读者信仰《圣经》或反对《圣经》系另一问题，初与文体之晦明无关，但吾人总应竭吾人之力使《圣经》文字易于通晓。”[②] 应该说，梁发是了解自己的民族和文化的，也是了解西方的民族和文化的，因此他的宣教比起西方传教士的宣教更切近于中国的实际。

梁发在岭南的传教活动，除了以自己的言行进行感化外，还特别注重在知识阶层中宣教和布道。对于知识界他虽然很难获得公开演讲的机会，但通过派送书籍对他们进行传道，则不失为当时所能用的好办法。他到高州去，目的就是要把基督教书籍分派给由各县来城投考的生童。这种布道小书，仅高州一城，便派送了七百多本。回广州后，他们继续在学院前派送有关布道的书籍，这些士子来自全省各地，梁发正是利用了这三年一次的乡试机会，发送他亲自撰写、亲自印刷的宗教小书，而这些应试士子亦“甚欲得之，且有看过内容之后，再不定期讨取者”。[③] 太平天国的领导者洪秀全，就是在应试时得到了这些布道小册子的。不管其作用是直接的还是间接的，它毕竟与中国近代史上一场伟大

① 参见麦沾恩著，胡簪云译，上海广学会重译：《中华最早的布道者梁发》，载《近代史资料》总39号，中华书局1979年版。

② 麦沾恩著，胡簪云译，上海广学会重译：《中华最早的布道者梁发》，载《近代史资料》总39号，中华书局1979年版。

③ 麦沾恩著，胡簪云译，上海广学会重译：《中华最早的布道者梁发》，载《近代史资料》总39号，中华书局1979年版。

的革命运动联系在一起，其影响显然是不可低估的。

三、效果·影响·评价

历史有其自身的内在规律，它不以人们的意志为转移。“即使在这一领域内，尽管个人都有自觉期望的目的，在表面上，总的说来好像也是偶然性在支配着。人们所期望的东西很少如愿以偿，许多预期的目的在大多数场合都彼此冲突，互相矛盾，或者是这些目的本身一开始就是实现不了的，或者是缺乏实现的手段的。”① 主观愿望与客观实际间的差距，客观效果与主观努力间的背离，就在梁发身上错综复杂地糅合在一起了。

梁发为传教而殚心竭虑，“为天国而忘私家”，不以丧明之痛而障碍其布道之精神，足迹遍于澳门、南洋一带，并随考而遍走省府州县。虽因布道派书印书而屡被凌辱窘逐，屡遭鞭挞与幽囚，但他毫不畏缩。就其主观意识来说，不可谓不坚。但他所能影响并使其信教入教的人数毕竟不多，因为在当时的反教氛围下，梁发的活动在人们看来，不啻是对祖宗、神灵和传统伦理道德观念的一种背叛。致使教会同工也认为：“他是一个忠心的宣教士，却并不是一个成功的宣教士。”②

的确，从传教布道的直接效果上看，梁发始终没有太多的自信。他没法使更多的乡亲抛弃偶像改信福音，敬仰上帝，甚至无法使人们相信他的真诚和纯正。鸦片战争后，传教士并没有享有为所欲为的特权，相反，人们对基督教和传教士的敌视态度却由此而越发激愤。梁发在其有生之年，仅凭一腔宗教热情，是无法

---

① 黑格尔：《历史哲学》，生活·读书·新知三联书店 1956 年版，第 72 页。

② 麦沾恩著，胡簪云译，上海广学会重译：《中华最早的布道者梁发》，载《近代史资料》总 39 号，中华书局 1979 年版。

弄明白这种复杂的、微妙的时代和文化背景的，也无法检视自己一生信教传教的得失，但平心而论，梁发之信教与传教固然越出了传统的轨道，然而梁发出自内心的爱国热情也常常溢于言表。如果说他襄助美国公理会牧师翻译《新加坡栽种会敬告中国务农之人》小书，以促进中国农业的发展，还只是他对农事稍有兴趣的话，那么，他为劝人戒除吸食鸦片的恶习而写的《鸦片速改文》；以及力图以在华传教的利害关系去阻止中英战争的爆发，为此，他怀着真诚的愿望去拜访英国驻广州领事马儒翰先生，敦请他用他的能力去阻止战争，[①] 就不能不说是一种真诚的爱国热忱。

黑格尔说过："在历史里，人类行动除了产生旨在取得的结果——即他们认识并欲求的结果之外，通常又产生一种附加的结果。他们满足了他们自己的利益，但并不是现在他们意识中也不包含在他们的企图中的某种东西，却潜伏在这行动中一起完成了。"[②] 梁发的信教与布道，表面上看是他个人的信仰和追求，他对偶像迷信和祖宗崇拜的否定，似乎是基督教排他性在他身上的一种表现，但是信教、传教活动本身就是对中国传统的封建文化的一种否定和对主体自我人格理想的重构。他经常劝乡亲们不要崇拜鬼神和崇拜偶像，迷信风水，尽管当时响应者寥寥无几，但他的言行毕竟会引起人们对社会历史文化进行检视和再认识。从这个意义上看，梁发所做的工作，实际上是不自觉地使人们从过去闭塞的环境里打开一条缝隙，去开眼看世界。梁发之编写《劝世良言》，就是"甚愿中华大国之人，观此书者，勿徒恃礼仪之邦，文华之国，必要虚心理会，忘乎国之礼义文华，泯于道之传

---

① 参见麦沾恩著，胡簪云译，上海广学会重译：《中华最早的布道者梁发》，载《近代史资料》总39号，中华书局出版1979年版。

② 《马克思恩格斯全集》第21卷，人民出版社1964年版，第341页。

自何方，准情度理，只思神天上帝生我为人，而人所以为人者，真经圣道福音之理也”。[①] 诚然，梁发要人们虚心学习的不过是西方基督教教义，但他敢于批评国人故步自封、抱残守缺、骄傲自大等病根，在当时是需要胆量的。由自身的局限看到民族整体所存在的弊端，由外在的感触回归到内在的精神铸塑，这种由内向外，再由外向内的心路历程，既是中国士人主体自觉的一种心理建构模式，又是先行者感觉到孤独后的一种情感“升华”。对现实生活的敏锐直觉和对理想人生的探索追求，使梁发迫切地感到了自身的责任和某种应尽的义务。当然，他不可能看到现实生活背后的阶级对立和社会冲突的根源，也没有像历次农民起义的英雄那样充当旧王朝和旧体制的掘墓人，而是企求借助外来的基督教这个所谓的精神武器，指向他所不能赞成的东西。毫无疑问，这既不现实，也决非是一种彻底的革命方式。不过，能够正视自己和民族文化的缺陷，在当时无疑是可贵的。因此，有人断言：“他作《劝世良言》，在1830年代，可谓是中国人向西方寻找真理最早者之一，早于魏默深、林则徐等人。”

梁发的布道所产生的影响并不局限于此，他那有形无形、直接间接的影响在后来的历史发展中亦时隐时现地现出来。他所撰写的布道小书，对于孕育人们的怀疑和批判精神曾起过积极作用，特别是《功世良言》，对洪秀全的宗教知识和革命思想的影响是不容否认的。有的学者认为《劝世良言》至少在十个方面影响了洪秀全：即弃除偶像，施用洗礼而拜一神；创立“拜上帝会”和定名“太平天国”，天堂地狱、天下一家的观念之确立；十款天条和礼拜祷告仪式的制定；以及太平天国领导人的言行

① 梁发：《劝世良言》，载《近代史资料》总39号，中华书局1979年版。

等，大都来源于《劝世良言》中的说教。[①] 也就是说，洪秀全及其所领导的太平天国革命运动，在思想上、组织上、纲领条例上以及言行举止，都从梁发的《劝世良言》中获得了启迪，并且是比较全面地予以借鉴。当然，严格地说，洪秀全的革命，并不只是因读了《劝世良言》后才突然撸袖而起，发动武装起义的，这里还应有更多的历史、社会、文化诸方面的原因。事实上，《劝世良言》之本意也并非教人起来“造反闹事”、反抗朝廷官府，梁发本人也从来没有闪动过以武力反抗或诅咒官府朝廷的念头。不过，梁发在《劝世良言》中所阐发的思想，无疑孕育了洪秀全的反叛意识和怀疑批判精神。列宁说过：“历史喜欢作弄人，喜欢同人们开玩笑。本来要到这个房间，结果却走进了另一个房间。在历史上凡是不懂得、不认识自己真正的实质，即不了解自己实际上（而不是凭自己的想象）倾向于哪些阶级的人们、集团和派别，经常会遇到这样的事情。”[②] “鸦片没有起催眠作用，反而起了惊醒作用”。[③] 宗教没有麻醉人们的政治神经，相反却唤醒了人民，这是梁发所未料到的。

或许还有一种历史后果，梁发自始至终都没有意识到，即他所作的布道小册子和宣教布道工作，本身就具有文化传播的意义。且不说他协助马礼逊、米怜雕刻出版《华华字典》《圣经》中文本、创办英华书院和《察世俗每月统纪传》等中文报刊所具有的文化传播意义，就是他自己编辑撰写的布道小书和劝人毁弃偶像、信奉基督教的种种言行，也不能说它不具有文化传播的价值。在文化传播史上，可以说是他把上帝才是“真神”，余“皆

① 参见邓嗣禹：《〈劝世良言〉与太平天国革命之关系》，载吴相湘主编：《中国史学丛书》第2册，台北学生书局1965年版，第9—16页。

② 《列宁全集》第1卷，人民出版社1979年版，第459页。

③ 《马克思恩格斯全集》第16卷，人民出版社1964年版，第545页。

非神”的学说以及天堂之说，“天下多男子，尽是兄弟，天下多女子，尽是姐妹”的“平等”，“博爱”观念较通俗易懂地传入了中国。

宗教是一种哲学，它不同于封建迷信，它有其对人生、社会和世界的独特看法。基督教的传入无疑对中国传统文化、传统体制、文化心理以及过于保守的禁教政策都是一大冲击。同时，宗教也是一种文化，基督教的兴起与发展与整个西方世界文化的兴起与发展有着密切的联系，它代表了一种与中国文化不同特质的西方文化模式。尽管西方近代文化最初是以宗教的形式传入中国，但它的实质和特征我们仍然可以在基督教教义和传教士身上得到体认。所以当梁发津津乐道于基督教并不失时机地发送他所撰写的种种布道小书时，事实上他是在宣传一种不同于中国传统的世界观、人生观、道德观、宗教观和价值观，起着文化传播和文化交流的作用。尤其是在当时清朝政府严厉禁教和实行闭关政策的情况下，梁发这种布道工作所具有的文化传播和文化交流的意义与作用，就更为突出、更为重要了。因此在对梁发作出历史评价的时候，对于他在 19 世纪的中国传播西方文化、促进中西文化交流和改变中国人的文化心理等方面所起的作用，同样是不应予以忽视的。

第十四讲　雷沛鸿人格简论

在现代中国的教育史上，陶行知的“生活教育”，黄炎培的“职业教育”、晏阳初的“平民教育”、梁漱溟的“乡村教育”和陈鹤琴的“活教育”，曾有力地推动了现代教育的发展和社会进步，对于他们的生平业绩、教育思想、精神品质、作用影响等，学术界早已有了深入细致的研究和比较客观的评价。但是，相对说来，对曾在推进普及“国民基础教育”和教育改革等方面作出过重大贡献的教育家雷沛鸿，无论是研究还是宣传，都欠深入和全面。目前，学术界研究和讨论较多的是雷沛鸿的教育思想和教育实践两个方面的问题，较少触及雷沛鸿的内心世界和日常生活层面，也较少注意探究雷沛鸿言行背后的精神品质和文化性格。其实，作为一个人，雷沛鸿有他自己的情和欲、爱和恨；作为一个教育家，雷沛鸿有他自己的理想和追求，目标和愿望；作为现实生活中的雷沛鸿，他有自己辽阔而又复杂的内心世界，有自己独特的人生观、世界观以及个人的生活方式和行为方式，而这些又总是以各种各样的方式影响和制约着雷沛鸿的思想和社会活动。因此，从更广泛更深层研究雷沛鸿的内心世界，就显得格外重要。本讲试图从心理学、文化学和社会学的角度对雷沛鸿的人格作一次全方位的透视。

一、表象

人格这个概念人们并不陌生，但正如黑格尔所言，熟知的东西并非就是真知的东西，对人格的理解亦是如此。

在心理学上，人格就是个性，是指一个人在人生舞台上所扮演角色的种种心理活动的总体。在日常生活中我们使用人格主要是从伦理道德观点出发对人的行为进行评价，它不是从人的全部行为的心理方面说明人的个性特点的。[①] 我们认为：人格包含着两层意思：其一，人格乃是内在与外在、意识与无意识、观念与行为的统一体，它只与自我发生纯粹的关系，因而本质上是一种精神性的东西，是人之为“这个人”的根本标志或象征；其二，人格是有限性与无限性、普遍性与自由之间的统一。一个人的精神愈是进入到对无限性、普遍性和自由的追求之中，这个人的人格就愈高尚、愈伟大，愈是有持久的魅力。[②]

在对人格的含义和实质有了一个比较确定的认识后，我们就有可能在限定的范围内来探索雷沛鸿的人格了。我们先看雷沛鸿人格中有限的、与他接触的人较易观察到的一面。从这方面看，雷沛鸿给人留下的印象是：

一是博学。

展读《雷沛鸿文集》和有关著述，印象最深的是他渊博的学识和旺盛的求知欲。雷沛鸿从小就特别喜欢阅读，对中国历史有着浓厚的兴趣。他说：“我对于本国史，从稗官小说以至历代史乘，自幼时便喜欢阅读，如《资治通鉴》《了凡纲鉴》《通鉴记事本末》等书，尤喜细心磋读，计日程功。在其中，我的一颗幼稚心灵，对于春秋战国的文化演变，以至宋末元初和明末清初的

① 参见高玉祥：《个性心理学》，北京师范大学出版社 1991 年版，第 6 页。

② 参见俞吾金；《毛泽东智慧》，上海人民出版社 1993 年版，第 45 页。

史事，尤受感动。”[1]“辛亥革命后，我不满于革命党人的官僚化及鲁莽决裂的革命论调，决意出国求知。……到英国西南乡间，入克理福学校，仍准备专攻应用化学。……一年以后，我到美国中部入欧柏林大学，以三年半时间，修完四年学程，所习以政治学为主系，教育学为副系。……在教育理论的学习方面，我用了很多时间，研究近代世界成人教育运动，对于英国、丹麦、苏联三国的成人教育，尤三致意焉。”[2] 又说：“对于西洋历史，在此地，我愿意专就法兰西革命史讨论。辛亥革命后，一部分革命党人摆脱不了读书人习气，以为革命成功，民国成立，万事无忧，颇为乐观，倾心势利，大有‘昨日革命党，今日新贵人’之慨。此外更有少数人坚持武力革命的论调，以为一次革命不成功，不妨二次、三次，而多次革命，并引法兰西革命为证。在当时，我对于这种态度与论调深为怀疑。后来出国游学，乃于工读之余重新考究法国革命史。”[3] 在1913年至1921年近8年的欧美留学期间，他系统学习了西方资产阶级的政治、哲学、法律、教育方面的知识，研究了西方资本主义各国的历史和宪法，留心于“今世平民政治的韬略”，“常好读关于政治的著述，每逢这些文章发刊，就要把他们来寻玩”，[4] 并细心选译其中一些名著，如戴雪（Albert Vern Dicey）的《英宪精义》、庞德的《法学肆言》及《社会科学大纲》等书。甚至对英国苏格兰诗人布恩士的作品进

---

① 陈友松：《雷沛鸿教育论著选》，人民教育出版社1992年版，第385页。

② 陈友松：《雷沛鸿教育论著选》，人民教育出版社1992年版，第387—388页。

③ 陈友松：《雷沛鸿教育论著选》，人民教育出版社1992年版，第386页。

④ 雷沛鸿：《工读主义与教育普及》，载《工读杂志》第一卷第一期。

行过认真的研读和翻译。①

还在广州求学期间（1903—1910），雷沛鸿受当时资产阶级民主革命思潮的影响，如饥似渴地阅读了大量的进步书刊和西方资产阶级民主革命的理论书籍。几十年过去后，他在回忆这段经历时，对自己曾经涉猎过的书报仍然记忆犹新。他说："回想1903年、1904年之间，可以说是我国鼓吹革命最热烈的时期，全国出版的书刊很多，有时人写作的新书、有重版的旧书、还有翻译的外国书，其中最风行一时的有邹容的《革命军》、章炳麟的《驳康有为论革命书》、陈天华的《猛回头》《警世钟》等等，此外还有反清朝的禁书如《扬州十日记》《嘉定屠城记》等等。那时广州学派林立，有些书在国内不能出版或不易见着的、又很容易从香港方面得到。当时香港有两种报纸，是我经常而又喜欢看的，一种是革命党人陈少白编的《中国日报》，一种是保皇党人徐勤主编的《商报》。"②

虽然在整个求学阶段，雷沛鸿的阅读和研究的兴趣主要倾向于西方资产阶级关于政治、经济、文化、社会等方面的理论书籍，以及中国几千年的历史和革命派编辑出版的书报，但是，对于中国的古典文学，他也有着深厚的基础。在小时还未进大馆学习之前，私塾就提供了他大量的阅读资料。他说"那时科举正在将废未废之际；所以我的先父一开始就叫我读'策论'和'诗赋'，可是却没有机会做到八股……那时风气趋向于做札记，搜集古典，读《故事琼林》等，并且依韵作骈偶文，要一比一典，二比二典，这种搜集历史事实的工作，做了许久。待后来稍为大

① 参见雷沛鸿：《一个拿锄头的诗人》，载韦善美、马清和主编：《雷沛鸿文集》续编，广西教育出版社1993年版，第29—58页。

② 韦善美、马清和主编：《雷沛鸿文集》下册，广西教育出版社1990年版，第599—600页。

一点，就做诗赋，于是寻求古典工作；稍进一步，仿《辞类通编》，译成小本；再进一步读《佩文韵府》，找自己所需要的典故。到十一二岁的时候，关于历史小说像《东周列国志》《三国演义》等，已经看完，开始看《通鉴易知录》等。到进大馆，我喜欢读纪事本末通鉴，一直到《明史》，我都把它统统读过了，这许多就是我在没有进学校以前的修养”。[①]

早期所受的教育和出洋留学的经历，不仅使雷沛鸿的知识结构不断调整，眼界不断提升，而且也使他养成了孜孜以求、好学不倦、活到老学到老的研读习惯，打下了坚实的中西文化知识的基础。这从他的著述中旁征《诗经》《论语》《中庸》《孟子》等古典文献，博引西方各国的名家名著名言，评点人物，议论事件，就可以看出他对中西文化了如指掌。

二是勤劳。

给我们的第二印象是，雷沛鸿是一个格外勤劳的人。

他一生虽然有从学、从教和从政的不同经历，但无论是从学从教还是从政，他都是勤勤恳恳、任劳任怨，一往无前。他常对同事和学生们说：“我们要善用我们的生命，我决不愿虚度此生。”[②]“本人受广西省政府的委托夜以继日地黾勉从事，寝食不依时，无定量，所以如此辛苦，如此忙碌。”[③]“世界正在不断地变，预想在最近二三十年内，全世界正在准备天翻地覆的变动，而这种变动除非我人努力，在于我不利。我人生逢斯世，确非偶然。我们要如何利用我们的生命，庶几才能不负此生，不虚此

---

① 陈友松编：《雷沛鸿教育论著选》，人民教育出版社 1992 年版，第 199 页。

② 韦善美、马清和主编：《雷沛鸿文集》续编，广西教育出版社 1993 年版，第 231 页。

③ 韦善美、马清和主编：《雷沛鸿文集》续编，广西教育出版社 1993 年版，第 231 页。

世！所以虽然一生一世地为民众服务，为国家尽力，恐尚不能做完我们应负的使命！"[1] 雷沛鸿的这种不敢虚度光阴的强烈使命感，使他对当时青年人懒惰不勤的特点表现出了极大的忧虑。他说："广西文化受着马来文化的影响，懒惰是一个很大的缺点。这表现在青年学子以至知识分子方面，正如罗素在《中国问题》一书中所指责的，是不肯用心力于学问思想。在学校求学的青年，以受这种文化传统限制之故，有意无意地倾向于怠惰、懒惰，而缺乏一种活活泼泼的自律，向上进取的朝气，这是当前我们教育上所感受的一大困扰。"[2]

雷沛鸿是一个严于律己、事必躬亲的人。在《我的最近生活的回顾与前瞻》一文里，就可以看到这一点。他说："我每日早晨五时半便开始在国民基础教育暑期讲习会演讲国民基础教育概况，有时因处理事情没有上课，亦要在朝会上补上，有时因为在外面，起身太早了，不愿打扰司机等人，总是独自步行回院。张家成先生往往是当我未坐定的时候，便进来商办各种事情，这件事那件事，总得花若干时间，同时，又有很多人来见我，把早上的一个钟头就这样的耗费去掉了，直到上课了为止。下课后又接着升旗，升了旗了，又要开朝会，有时开会开了一半，外面有电话来，有事情待处理，便又匆匆忙忙出去了。没有时间进早餐，我个人对于早餐是成了习惯，很需要的，每日若进一次早餐，何时再进午餐都不要紧，甚至全日没有饭吃，都是常事。我自院来省政府后，真好像在大海波涛里旋转着一样，这里、那里、这件事、那件事，包围着震荡着，自己都不能自主。……每天都是这

① 韦善美、马清和主编：《雷沛鸿文集》续编，广西教育出版社 1993 年版，第 211 页。

② 韦善美、马清和主编：《雷沛鸿文集》上册，广西教育出版社 1993 年版，第 513—514 页。

样的繁忙，没有一刻休息。”① 在这里我们姑且不论雷沛鸿忙碌的效率，仅就其工作紧张的程度看，就足以说明他是一个不折不扣的勤劳者。

三是执著。

辛亥革命以后，雷沛鸿不满于革命党人的官僚化及鲁莽决裂的革命论调，出国求学，寻找救国救民的真理和办法。当他意识到“中国革命建国要成功，必须力谋教育大众化”后，就立下了要“在教育方面为此一代，后一代，后数代国民身心的发展而尽其绵力”，“为穷而失教之劳苦大众教育事业而奋斗”② 的宏大理想和志愿，并表示“此一心愿，为海外十年工读生活之结束，又为回国以后二十多年学问与事业之开端”。③ 回国后，他先后执教于暨南大学、中央大学、浙江大学、中山大学、江苏省立教育学院，并历任广西省长公署教育科长、广西省政府委员兼教育厅长、广西大学校长、西江学院院长等职，为教育大众化、国民基础教育普及运动、中高等教育改革耗尽了心血。尤其难能可贵的是，他曾长时期在他的穷困而又闭塞的家乡广西，积极从事教育改革的实验和研究，并取得了相当惊人的成绩。据记载，发动国民基础教育运动的当年，即 1933 年，共成立国民基础学校（含中心校）14837 所，在校学生 705853 人，而到 1937 年时，国民基础学校已发展为 21865 所，全省 85% 以上的村镇都有了学校，学生增加到 2581431 人；1939 年举办成人教育年，集中人力财力，扫除了成人文盲 155 万；1942 年，全省已有国民中学 80 所

① 韦善美、马清和主编：《雷沛鸿文集》续编，广西教育出版社 1993 年版，第 290—291 页。

② 《我的自由》，载韦善美编：《雷沛鸿文选》，广西师范大学出版社 1998 年版，第 526—527 页。

③ 《我的自由》，载韦善美编：《雷沛鸿文选》，广西师范大学出版社 1998 年版，第 526—527 页。

左右，基本上做到了县县有中学；后来还成立了西江学院。当时，在国民基础学校、国民中学和西江学院学习的学生占到全省人口的1/5。①

尽管这些成就并非雷沛鸿一人所造，但雷沛鸿锲而不舍、不折不挠的执著追求和忘我的工作精神，在广西教育发展过程中，的确起了牵引和促进作用。因为在当时的广西，既缺乏教育改革的经济社会条件，又缺乏教育改革所需的政治文化氛围。对此，雷沛鸿就有深切的体会："第一，在教育行政方面，国民基础教育运动，如何认识我们所生长的时代，如何运用广西以至全国的自然环境与社会环境，此中煞费思量，又煞费许多惨淡经营的功夫。第二，在学术研究方面，国民基础教育运动如何改造，又如何建设教育的内容。教育的材料，教育的方法，教育的工具，以至教育的制度，煞费苦心孤诣，不折不挠……第三，国民基础教育运动，既不要脱离现实政治，又不要脱离现实社会。在复杂变幻的广西所有历史地理及人事当中，历尽苦楚艰难，继续奋斗，渐次成功把学问与劳动合作，学问劳动又与政治合作，正非偶然。第四，国民基础教育运动既不要隔绝社会的生活，更不要隔绝劳苦大众的生活。在这样贫苦的中国，尤其是这样贫苦的广西，我们要在六年之内，扫除文字盲，到了现在我们已有相当的成功。但是，这样成功，却非容易得来，不知道费尽了几许脑力，几许心力，几许精力，几许时力，几许体力。"② 试想，在那个内忧外患、动荡不安的年代里，能够几十年持续不断地倡导国民基础教育运动，大刀阔斧地进行教育改革，逐渐完善有民族特

① 参见宋荐戈：《试论雷沛鸿主持下的广西教育改革》，载《雷沛鸿教育思想研究文集》（二），广西教育教育出版社 1995 年版，第 233 页。

② 韦善美、马清和主编：《雷沛鸿文集》续编，广西教育出版社 1993 年版，第 400 页。

色的教育体系，显然与雷沛鸿本人对理想、事业、人生的执著追求有关。

四是务实。

务实也许是雷沛鸿人格中最明显的表现。这首先表现在教育改革和教育思想主张方面。他特别强调注重实际，坚持实事求是的原则。他在反省过去中国教育时指出：“其一，现代中国教育，太过形式化，专工表面敷衍，对于社会实际需要，无大帮助，对于广大民众生活，尤其漠视。……其二，我国四十年来，教育上一味盲目抄袭外国，高等教育，也是依样画葫芦，模仿外国成法，未能面对现实，把握现实，作适应国情的变革，而发挥教育的创造功能。”① 认为“知识和科学固然没有国界，然而一国教育制度却不可不由自己从实际做出而建立起来”。因此，他强调“要以‘到民间去’来替代‘到外国去’而求出整个教育的政策；又要以‘在本国调查’替代‘往外国考察’而搜求思考材料，更要以‘到田间去，到市井中去，到工肆中去’替代到欧洲去、到美国去或到日本去’，而作设计研究”。相信“诚能如是，我们的教育假设才有实际，然后任何一种假设才具有试用价值。”②

雷沛鸿就是在认真比较研究了各国的教育发展史和现状以及深入中国社会基层进行调查研究之后，才提出了适合中国国情，尤其是当时广西的社会实际情况的一整套教育改革思想。如他提倡的国民基础教育运动，就是一种务实的表现。因为国民基础教育既是中国社会发展的内在要求，又是切合中国实际的一种明智

① 韦善美、马清和主编：《雷沛鸿文集》下册，广西教育出版社 1990 年版，第 453 页。

② 韦善美、马清和主编：《雷沛鸿文集》下册，广西教育出版社 1990 年版，第 70—71 页。

选择。胡适对雷沛鸿所开创的事业，开始表示怀疑，后来还是作了充分的肯定。他说："广西是一个贫穷的省份，不容易担负新式的建设，所以主持建设的领袖应该注意人民的经济负担的能力，即如教育岂不是好事，但办教育的人和视学的人眼一错，动机一错，注意点若在堂皇的校舍、冬夏的换衣等等，那样的教育在内地，就都可以害人扰民了。……广西教育厅长雷沛鸿先生正在执行全省普及教育的计划，请了几位专家在这研究院里研究实行的步骤和国民基础教育的内容。他们的计划是要做到全省每村至少有一个国民基础学校，要使8岁至12岁的儿童都能受两年的基础教育。我看了那些破衣赤脚的小学生，很相信广西的普及教育是容易成功的，这样的学堂是广西人民负担得起的，这样的学生是能够回到农村生活里去的。"①

在学术研究和做人两个方面，雷沛鸿也格外推崇实事求是，他反对投机取巧，反对务虚和脱离实际。他时常说："学问事业不能侥幸成功。学问的花果，必须辛勤地用心思行动去操作培成，偷惰随便，决不能成功济世受用的学问。真实的学问知识，必须日积月累，融会贯通，不是一蹴而就。""学问知识，有它的真实性；做学问，必须求取真知灼见，而且只有脚踏实地，不避艰苦，实事求是，才能获得渊博贯通的造诣。这是每个人应有的警觉，每个人应有的要求，并且要以实际的行动去培养这种要求。"② 他自己就认为正是由于自己平日做事并不辜负别人，"一向不做从中取巧的事，事事都是'实事求是'。因此，在社会上

① 韦善美、马清和主编：《雷沛鸿文集》续编，广西教育出版社1993年版，第300—301页。

② 韦善美、马清和主编：《雷沛鸿文集》下册，广西教育出版社1990年版，第495—496页。

还有相当信用，还得到许多好感、许多朋友，都乐于帮助”。[①] 应该说，这是他的经验之谈，也是成功之道。

二、本质

在考察了雷沛鸿人格中的有限的、易观察到的一面后，我们再进一步来探讨他人格中导向无限性和普遍性的一面。从这方面看，雷沛鸿的人格主要表现出如下的特征。

一是深沉的忧患意识

像大多数爱国的知识分子一样，在国难当头、民族受辱的年代里，雷沛鸿也同样对国家和民族的历史命运，表示了深深的忧虑。还在幼小的时候，他就对种族兴亡之事特别敏感。他说：“本来，我对于朝代更替，在中国史上已属司空见惯，不以为意：但对于种族兴亡，则甚严华夷之辨。在此际，每读及昏君、奸商、暴君、污吏的恶行，我的孩童稚气时常深恶痛绝；对于历代忠臣节士的壮烈事迹，则寄与无限同情，甚至泪涔涔下。迨至年纪渐长，知识渐开，我乃开始怀疑：为什么有些士人尽了愚忠愚孝，仍不能出众于水火，一任暴君污吏为所欲为？忠臣孝子固然是读书人，奸臣佞相亦不少是读书人，这是何故？在比较研究之余，我得到两点很深刻的认识：其一，在中国历史上，读书人、士人或知识分子本来占有重要的地位。而且有些读书人抱负不凡，富有血气，迨其发为爱国文章，见诸行事，令人可歌可泣。……但这种读书人犯了一极大巨病：这就是只知向上仰攀，忘却向下俯视。……这是中国读书人的极大缺点……其二，是中国读书人往往来自民间，而离开民众，甚至背叛民众。他们以读书为‘吃得苦中苦，方为人上人’的手段，所谓‘三年不窥园’、‘十

---

① 韦善美、马清和主编：《雷沛鸿文集》续编，广西教育出版社 1993 年版，第 520 页。

载寒窗’的攻读，无非要‘一旦闻名天下知’以‘朝为田舍郎，暮登天子堂’同期，一心只为功名利禄，跳不出读书、享高名、受厚禄、发大财的迷圈。这种士风，比之西方希腊罗马的自由人的作风，相去何啻天壤！”[①] 这既是对士林学风和社会风气的一种忧患，又是对中国历史文化发展和中华民族命运的一种担忧。

雷沛鸿的这种忧患意识在教育思想和教育实践中也得到了充分的体现。他在《工读主义与普及教育》一文中就流露出了这种情绪，他说：“吾国有人口四万万人，而此四万万人之中，其不读书识字之人数，应占全国人口百分之几。以无确实统计可以稽考之故，吾诚不敢逞臆而断其确数，然而读书识字者比不读书识字者属其极少的少数，盖可知也。而此少数人之中，有能诵悉吾国之《临时约法》，复能执笔以道达其所思者，又属少数中之少数，亦可知也。有是哉，吾国教育程度之分量！夫民主国之有需于教育者既大如此，而吾国教育之差分其小又如彼；由今之道，无变令之伪，而欲得吾国与世界民主国如法如美者并驾齐驱焉，是犹缘木求鱼也，能乎不能？”[②] 正是出于对民族和国家前途命运的忧患，雷沛鸿深感到加强国民基础教育，提高中华民族整体素质的重要和急迫。他说，“其一，我们首先要认识世变的局势在未来中国内，诚为十分严重，于是，忧者深恨民众教育还未能从速尽量发展，以应急需；其二，我们又要承认我们所有力量诚为十分绵薄，随之，只得从切迫处做起，复尽力做去。诸葛亮有言‘鞠躬尽瘁，死而后已，至于成败利钝，非所逆睹’。这样就是民众教育者所应有的决心。唯其如此。事不怕小，我们总要做出一

① 陈友松编：《雷沛鸿教育论著选》，人民教育出版社 1992 年版，第 385—386 页。

② 陈友松编：《雷沛鸿教育论著选》，人民教育出版社 1992 年版，第 1—2 页。

件教育民众的实事来；做事复不怕失败，我们总要对于改善民众生活的实施，加以尝试及实心研究。”① 并指出：“中国人一向过的是糊涂生活，虽经岁勤劳仍难温饱，现在我们提倡国民基础教育是要使他们能过一点有意识的生活，不再像过去，一天忙到夜、一生忙到死，不知所为何事。童年为游戏而忙、少年为婚姻而忙、壮年为儿女而忙。老时为疾病而忙，一生忙苦，最后盖棺论定，却与猪狗同其价值，岂不辜负此圆颅方趾的人形？所以我们必须自己觉悟，自己操作。庶几才能扫除外人对我们的侮辱。否则外侮日甚一日，异族要我们死，我们便没有法子生：要我们在鸭绿江里自亡灭绝，便只好整千整万同为波臣；以后倘使他要我们全体民众一齐死绝，我们也无丝毫办法，只好听其宰割。这种民族，纵能自甘贫穷，纵能日夜辛苦，也决不能生存于世界，在今日的人类世界中求继续生存。”②

在深刻地意识到教育关系国家和民族的生死存亡的同时，雷沛鸿还进一步地意识到教育改造所面临的阻力，在一定程度上有可能断送教育改造的前途。他说：“抗战建国之关键，是在于教育。但综览七年间抗战经验，吾人在一方面既感社会之腐败，其结果使军事与政治无从进展，于是，在别方面复感现行教育所费人力财力已不少，但所有成就，尚不足以应付抗战建国之需求。而且此项感觉，在教育同志中以学而知不足、教而知困之故，特为锐敏。于是，教育改造运动，在现代中国至为热烈。不过教育原为社会机能之一，其事业概寄托于社会，社会本身既欠健全，则教育改造之工程，无疑地终难推行顺利。换言之，教育改造与

① 陈友松编：《雷沛鸿教育论著选》，人民教育出版社 1992 年版，第 22 页。

② 韦善美、马清和主编：《雷沛鸿文集》续编，广西教育出版社 1993 年版，第 272 页。

社会改造必须互相依倚，互相渗透，始免顾此失彼，而相得益彰。”① 难能可贵的是，雷沛鸿在意识到教育改造与社会改造相互依存、互为表里的内在联系时，明智地作出了教育改造与社会改造同时进行的抉择。

二是强烈的使命感。

使命感源于人对自己的深刻认识，和对现实世界变化发展趋势的自察。雷沛鸿就是如此。他说：“‘我生不辰！’只此短短二十年间，便遭遇两次世界大战。这是何等的不幸！其实这是任何一个人的不幸，而且是全世界全人类的大不幸。所以当世界大战第一次爆发，有识者莫不惊心动魄，淡然无所措手足，甚至惶凝地以为世界末日将至。……于是检讨过去，策划未来，务求对于现代物质文明，有所认识。就以我自己而论，1914 年前，我是由北京出发，过东三省、西伯利亚而入欧洲，以留学于英国；1914 年以后，我横渡大西洋，由欧而美，一面做工，一面求学。十年在外，离乡别井。……我自己孑然一身，远适欧美，当这样创巨痛深的第一次大战前后，实念念不敢忘故国。我不但将自己的学问事业视同一种探险，而且将自己的生命，亦视同一种探险。随时随地，我自己都要对于环境的变异，加以调整、再调整而不断地调整。于是，我对于西方文明的体认以至时代的体察，实不敢不加工努力。”② 最后还强调：“本院（指他本人创立的西江学院）实体察两次世界大战的痛苦经验而创设，在世界文化潮流激荡之下，吾人痛定思痛，愈觉社会的民主、人类的自由、世界的和平为难能可贵，愈坚信教育对于新中华文明乃至新世界文明的

① 韦善美、马清和主编：《雷沛鸿文集》下册，广西教育出版社 1990 年版，第 438 页。

② 韦善美、马清和主编：《雷沛鸿文集》下册，广西教育出版社 1990 年版，第 475 页。

缔造，自属责无旁贷，义不容辞。随之，对于劫后的世界文化，教育不但应与灾祸竞赛，而且更应急起直追。本院创设伊始，力量有限，但无论如何，必须谋有以负荷大学教育的社会责任。”①

正是因为具有强烈的使命感，所以雷沛鸿才立志出国求学，才立志回国从事国民基础教育工作，才敢于在艰苦的环境下埋头致力于自己的事业。他常劝导人们“在穷的环境中，我们来作普及国民基础教育这一活动，只有穷干。大家认清楚我们的环境来苦干穷干，新广西还有许多地方要我们大家努力，如乡村的环境的确处处显得穷困，要使国民基础学校在这穷困中去干出一番事业，唯有穷干苦干才有出路。所以我们只有希望愿意回乡村的有志青年，大家一起努力。”② 强烈的使命感，使雷沛鸿深感到时间的稍纵即逝，生命何其短暂，因此更应在有限的生命内做出无限的事业。他在广西推行国民基础教育运动和教育改革的历史事实，实际上可以说就是雷沛鸿人格从有限性向无限性过渡的具体体现。

三是远大的理想。

一个人不可能没有理想，因为理想常常是人前进的动力。但是，正如人们常说的那样“无志之人常立志，有志之人志不移”，一个人不仅要有远大的理想，而且还必须矢志不移地去实现自己的理想。雷沛鸿自从立下要为后数代国民身心发展而尽力的远大志向后，几十年始终如一地追求这一目标。他一生先后执教大学多年，并四度出任广西省教育厅厅长，多次赴南洋群岛及欧美等地考察教育，表面上行政和社会活动多于教育工作，但实际上他

---

① 韦善美、马清和主编：《雷沛鸿文集》下册，广西教育出版社 1990 年版，第 482 页。

② 韦善美、马清和主编：《雷沛鸿文集》续编，广西教育出版社 1993 年版，第 301 页。

始终没有脱离实现“国民身心发展”这一主题。

为了实现自己的志愿和理想，雷沛鸿不仅注意学习和研究外国的一些好的教育理论和制度，而且特别强调教育制度的中国化和“本土化”。在介绍西方教育思想和制度以及教育经验的过程中，雷沛鸿做了大量的评介工作。在几十年的不断探索中，雷沛鸿积累了大量的教育改造经验，提出了一套教育改革的模式，形成了具有特色的民族教育体系。

雷沛鸿立志教育事业的目的之一就是要使国民身心都得到发展。他认为中国民众受教育的程度不高，缺乏基本的政治参与意识，对民族和国家的前途与命运也没有清醒的认识，因此要注意培养民众的政治兴趣，帮助他们认识自己、了解社会和世界发展趋势。他自己就说：“我在过去二十五年间，对于如何培植民众的兴趣，建立民众的政治习惯，至今未尝忘怀。因此之故，我相信唯有教育、唯有生活的教育，才可以达到此项目的。”①

为了达到这一目的，他在美国留学的时候就许下了心愿，即“第一，我愿意尽能力所及，设法使一个理想的学术制度及早成立；第二，在其中集中人才，从事于救国爱民的学术之研究；第三，抓着中国问题的重心，设法攻打，及分析事实，以寻出困难；第四，制定工作方案，以资试用；第五，继续地工作，又继续地研究，工作与研究互为表里，互为体用。”② 但是，由于多方面的原因而迟迟未能如愿，15 年后他回广西任职时，才将自己的理想付诸实施。在筹办西江学院时，雷沛鸿就特别强调大学的主要功能是：一为研究高深学术，二为培养专门学术及技术专才，

① 韦善美、马清和主编：《雷沛鸿文集》下册，广西教育出版社 1990 年版，第 133 页。

② 韦善美、马清和主编：《雷沛鸿文集》续编，广西教育出版社 1993 年版，第 131 页。

三为传播智慧，传播技术和生产技术。并明确提出了大学三个要素：尊重自由思考，以促进学术造诣；运用科学方法自由思考，以追求科学真理；与民众结合，以改造社会。其目的就是要“推进知识领域，造就专门人才”，“把学术成果表达于民间，感应到每个老百姓的身心，进而改善他们的生活，统而言之，大学最终要通过造就公忠体国的政治家，养成意志坚强而又智勇双全的民族战士和具有专门知识、思维能力、审美能力、同情心的学者以及能为民前锋、卓然有所树立的人物。”①

雷沛鸿的立志表面上看，仅仅是为了改革中国的教育体制，建立民族教育体系，但实际上是为了爱国救国、爱民救民和振兴中华，弘扬祖国的历史文化，使她真正成为东方的巨人。从这个意义上来说，雷沛鸿的立志是立利国利民和振兴中华的大志。在当时，大多数国民还处在浑浑噩噩的情况下，他的理想和抱负的确是难能可贵的。

三、成因

探究了雷沛鸿人格的表象和实质后，我们不禁要问：是什么因缘造就了雷沛鸿这样特殊的人格？对这一问题的回答，事实上又反过来强化了我们对雷沛鸿人格的认识。

马克思和恩格斯指出：“一个人的发展取决于和他直接或间接进行交往的其他一切人的发展；彼此发生关系的个人的世世代代是相互联系的，后代的肉体存在是由他们的前代决定的，后代继承着前代积累起来的生产力和交往形式，这就决定了他们这一代的相互关系。总之，我们可以看到发展不断地前进着，单个人的历史决不能脱离他们以前的或同时代的个人的历史，而是由这

---

① 韦善美、马清和主编：《雷沛鸿文集》下册，广西教育出版社 1990 年版，第 480 页。

种历史决定的。"[①] 又同时强调"既然人天生就是社会的生物，那他就只有在社会中才能发展自己的真正的天性，而对于他的天性的力量的判断，也不应当以单个个人的力量为准绳，而应当以整个社会的力量为准绳。"[②] 马克思、恩格斯的论断对我们研究雷沛鸿人格的成因也同样适用。

大致说来，雷沛鸿人格形成过程中受到以下几种因素的影响：

其一是广西文化。广西文化渊源于中原文化、高原文化和低地文化或海洋文化，因此它具有强大的同化力，明显的包容融汇性、质朴性和未成熟性，以及所谓的女性主义四大特征。[③] 这四大特征具体体现在广西人身上就是勤俭朴实、融汇开通、务实进取、尊长爱幼和注重家庭生活。

受广西这种文化的浸润熏染，雷沛鸿从小就养成了一种吃苦耐劳、积极向上、宽厚仁慈的精神品格。雷沛鸿出生在一个工商业者的家庭，他的父亲蒸酒养猪，兼做油糖豆米生意。由于勤劳俭朴，到雷沛鸿出生的时候，家庭生活步入了小康。但是，家庭的社会地位并没有因生活的改变而有所提高，所以他的父亲对他以后参加科举考试、博取功名寄予了很大的希望。后来受新思潮的影响，雷沛鸿走上了革命的道路，违背了父辈的愿望和要求。表面上看，雷沛鸿并没有从家庭教育和父辈的培养中得到什么收获，但实际上他继承了父母对生活、人生的热爱和执著追求的精神品质。事实上，雷沛鸿的父母对雷沛鸿后来人生的选择还是表示了一定的理解和支持，也正是这样在有形无形之中影响了雷沛

---

① 《马克思恩格斯全集》第 3 卷，人民出版社 1976 年版，第 515 页。

② 《马克思恩格斯全集》第 2 卷，人民出版社 1976 年版，第 166 页。

③ 参见《广西地方文化的研究一得》，载韦善美、马清和主编：《雷沛鸿文集》下册，广西教育出版社 1990 年版，第 531—558 页。

鸿的人生路向和事业旨趣。

其二，西方近代文化。雷沛鸿在欧美各国学习生活了大约 10 年的时间。10 年在人生中虽是短暂，但这 10 年对于雷沛鸿来说却是极其关键的阶段。因为 1913 年他出国留学时，已经有了丰实的人生阅历，有了自己观察社会看待人生的独特视角，有了比较系统的中国传统文化修养，因此当他走出国门去面对新的文化新的社会时，他的思想观念和行为方式毫无疑问地发生了相应的转换。而促成这种转换的外因是欧美近代文明的强大冲击力和吸引力，内因则是广西文化赋予他的包容融汇和积极进取的以及爱国爱乡爱民的心理品质。欧美文化教育在雷沛鸿身上也无疑地打下了深深的烙印。雷沛鸿身上的那种开放、浪漫和执著地追求民主、平等、自由的精神气质，难道不是在中西文化对比产生强烈反差的情况下，雷沛鸿在文化选择上所作的一种积极反应的体现吗？

其三，近现代特殊的历史条件和文化氛围。雷沛鸿开蒙不久，康梁维新变法思潮就勃然兴起。受改良主义思潮的影响，雷沛鸿开始热心谈论西学、议论时政，逐渐淡化了功名意识。1903 年入广州求学后，思想又为之一变，由推崇康梁而转为追随孙中山。辛亥革命后又不满于革命党人“以为革命成功，民国成立，万事无忧，倾向势利”的态度，决定再出国求学。到了国外，受西方近代物质文明和精神文化方面的影响，又迅速转向以教育救国和教育立国的立场，开始了新的探索。可以说，中国近现代特殊的历史环境和时代条件，最终影响了雷沛鸿的人格修养和基本特征。

虽然，雷沛鸿人格的定型受多种因素的影响，但是，雷沛鸿个人主观上的自觉和努力也是一个十分关键因素。没有主体的能动性，就决没有高尚完整人格的诞生。

第十五讲　被扭曲的灵魂

——太监心理研究

太监，这个听起来就觉得恶心的名词，却在亚洲各国、尤其是在中国历史上投下了恐怖的阴影。尤其是联想到《武则天》《垂帘听政》等现代宫廷影视剧中的太监那种一副妇人面孔，没胡须，毛发很少，喉头小，皮下脂肪多，声音尖细，在主子身边窜前窜后，点头哈腰，总是一幅小人嘴脸的模样，更使人对其缺乏好感和同情。

在古代埃及、希腊、罗马、土耳其、朝鲜，乃至整个亚洲国家里，“太监”、“宦官”、“阉奴”这些称呼不同而又共同所指的正是那些在宫廷内外上下来回活动的不阴不阳、似男非男的人。对于这样一个特殊的群体，清代唐甄在《潜书·下篇》中从人身、人面、人声、人情四个方面对宦官做了生动的描绘：“彼奴也，望之不似人身，相之不似人面，听之不似人声，察之不似人情。臃然磊然，如瘿如鬼魋，盘然鼻及然，如牛如，不似人身也。有须非男，无须非媪，虽少美如玉，索无声气，不似人面也。其声似童，不颖；似女，不媚；似哑，成声；似理，成语；不似人声也。煦煦爱人，亦复毒人，悯之则，流涕成雨，恶之则斩杀如草，不似人情也。四不似，人见之无不憎者。”①

---

① 唐甄：《潜书》，转引自王华文：《中国阉人》，甘肃人民出版社1997年版，第30页。

虽然世界上一些国家在历史上也有太监（宦官）的存在，孟德斯鸠在《波斯人信札》中也不厌其烦地揭示了“阉奴”的专横、狡诈、阴险毒辣的心理和怪异行为带来的种种弊端，但在其他国家里，“阉奴”在历史上始终没有获得中国宦官那样特殊的地位。[①] 在漫长的中国历史中，太监们不仅涉足于王公贵族、高官显爵的生活，而且还常常卷入或参与宫廷复杂的政治斗争。生理上的残缺，引起了心理上的扭曲和变态。太监往往性格怪僻，心胸狭隘，阴匿冷酷，兴风作浪，甚至成了罪恶的渊薮。尽管他们之中也不乏为社会为历史留下了闪光的业绩和宝贵精神财富的杰出人物，但作为一个特殊群体，他们的人格，他们的行为，他们的生活，他们的历史，仍为人们所不容。

作为中国历史上的一个特殊的群体，太监的活动与生活，毕竟在漫长的人类社会发展史上留下了他们的足迹，尤其在中国，他们在历史运动中充当的角色总是令人难以忘却。可以说，太监是中国历史的投影，不了解太监，就难以对中国漫长的封建社会史有一个深刻和全面的认识。诚如日本学者寺尾善雄所言：“中国的宦官及宦官制度在其中得到了特殊的发展，在漫长的中国史中，宦官与众多王朝复杂的政治斗争及腐败王侯贵族或高官的生活纠葛着，留下了巨大的印记。”[②] 太监是暗藏在中国封建社会政治深处的阴影，因此了解太监的历史和文化，对于全面了解中国封建社会是很有好处的。

---

① 参见［法］孟德斯鸠：《波斯人信札》，人民文学出版社 1984 年版。施特劳斯在他的书里也指出：“阉奴是没有爱的，那些女人爱郁斯贝克，但却不爱这些阉奴。阉奴不被任何人所爱，这是阉奴的特征。”（施特劳斯：《女人、阉奴与政制——孟德斯鸠〈波斯人信札〉讲疏》，华东师范大学出版社 2016 年版，第 29 页）

② ［日］寺尾善雄著，王仲涛译：《宦官史话》，商务印书馆 2011 年版，第 1 页。

关于太监或宦官的研究，中外学术界也曾作了许多有益的探讨，如王玉德就曾撰写了《中国宦官史》和《奴性与病态：宦竖人格》等专著，对太监或宦官进行了较系统和深入的研究；于云瀚在《阉宦》中对中国历代宦官的产生、形成、消亡的原因，以及宦官制度和宦官与政治的相互关系等均进行了较深入的分析，尤其是对宦官的情感世界和日常生活的评述颇有新意；汪靖中在《无根之根——中国宦官史话》中对宦官在各个历史时期的状况作了全面的历史考察；王文华在《中国阉人》一书里从生理、心理、社会和文化的角度，集中分析和评述了阉人的历史变化和性格特征；马陌上的《身体的沦陷——帝国阉官简史》和任洪的《中国古代的宦官》，也简明扼要地介绍了宦官的历史；叶舒宪的《阉割与狂猖》和彭卫的《另一个世界——中国历史上的变态行为考察》，运用福柯的文化文明研究方法和弗洛伊德的精神分析方法，对宦官的生理和心理均进行了独特的分析，使人们对阉割的"后遗症"有了更加深入的了解。日本学者寺尾善雄的《宦官史话》在知识性、趣味性中也较生动全面地介绍了宦官的历史与社会影响。[①] 但是，对太监心理和太监文化似乎还没有太多的关注，而这恰恰是我们了解太监和中国历史文化所不可忽视的重要

---

① 王玉德：《中国宦官史》、《奴性与病态：宦竖人格》，东方出版社 2009 年版；于云瀚：《阉宦》，百花文艺出版社 2005 年版；汪靖中：《无根之根——中国宦官史话》，东方出版社 2009 年版；王文华：《中国阉人》，甘肃人民出版社 1997 年版；马陌上：《身体的沦陷——帝国阉官简史》，敦煌文艺出版社 2006 年版；任洪：《中国古代的宦官》，商务印书馆国际有限公司 1997 年版；叶舒宪：《阉割与狂猖》，上海文艺出版社 1999 年版；彭卫：《另一个世界——中国历史上的变态行为考察》，陕西人民教育出版社 1993 年版；［日］寺尾善雄：《宦官史话》，商务印书馆 2011 年版；王春瑜、杜婉言：《明朝宦官》，商务印书馆 2016 年版；余华青：《中国宦官制度史》，上海人民出版社 2006 年版。

环节。

一、性与爱：心理失调

太监，乃不阴不阳之人，在他们身上，既有男性的体质，又有女性的特征。生理上的不男不女，必然导致心理上的失调和性格上的怪异。虽然他们的生殖器官已被阉割，男女之大欲表面上也被取缔，社会地位极其低下和人格上的备受鄙视，已经是做人的大不幸，但使他们最痛苦的莫过于心灵受到的伤害和扭曲。“一个人很可以被阉割，但不会失去他对于性的感觉”。本来可以具备正常人的人格特征，因性能力的丧失和性欲望的存在导致心理和人格的变态。在现实社会生活中，由于制度和文化的压制，使他们常常处于身体与心理分裂的矛盾冲突之中。

如前所述，太监虽然因阉割而失去了正常人的性能力，但不可否认他们仍有一定的性需求。从生理的角度看，太监的阳具虽被阉割，但性腺犹在，性激素仍在分泌，这就可能导致性要求的存在；从心理角度讲，宫廷内皇帝与后妃之间的性事因太监的特殊身份而不回避，有时还让他们直接参与其中，这也可能对他们形成强烈刺激，进而诱发他们对性生活的欲望，甚至从某种意义上讲，这种心理的畸形发展反而会使其产生较常人更强烈的性欲望，所谓“聋者偏欲听声，盲者偏欲见光”，亦在此理。

性爱，是人的最基本的需要，也是生命本能之一。然而，太监们虽然有爱和性的渴望，却没有性满足的能力，享受不到普通人性爱生活的乐趣，感受不到由于性爱而得到的温馨和幸福。他们是人，却得不到做人的欢乐，他们有七情六欲，却无法通过直接的肉体接触和性生活来达到满足。诚如他们内心的独白：“人家在我身上灭绝了情欲之果，而没有消除情欲之因；于是，远远不曾使我减轻情欲的负荷，周围的一切，反而不断地刺激我的情欲。”在他们心中，“燃烧着无可奈何的狂怒，灵魂充满可怕的绝望”。[①] 正是他们那充满性爱欲望的心理得不到满足，才使他们总是逃不了性爱的纠缠和痛苦。

为了求得内心的平衡，他们一方面去寻求情欲发泄的替代物，或是娶婢女为妻，或是与宫中女官成双作对，组成家庭，有时甚至在欲火中烧时失去理智，“竟敢用手接触某一可怕的地方”。[②] 另一方面，他们把不能满足的情欲转移到妇人和其他人身上，试图从报复中得到间接的性的满足。《波斯人信札》中的阉奴总管就是这样，他说：“我老了，在这方面（指性欲）进入平静的境界；我用漠不关心的眼光看那些女人；过去她们鄙视我，折磨我，使我痛苦，现在我以同样待遇，好生回敬他们。我永远记得，我是为了指挥她们而生存在世上的，遇到对她们发号施令的机会，我仿佛觉得自己重新成了男子汉。自从我用冷静的头脑观察她们，并且通过我的理智发现她们的全部弱点以后，她们就成了我憎恨的对象。虽然我替别人看守她们，但是她们唯唯听命，对于我不但是一种乐趣，而且是暗暗的欢喜；我剥夺她们的一切，仿佛她们为我而受罪，因而我总能得到间接的满足。”[③] 然而，这种满足毕竟是极其有限的，并且是悲哀和苦涩的，是对性爱绝望后的生灵的自我安慰。从严格意义上讲，他们的性爱心理永远是空虚的、不现实的。生理上人为的缺陷决定了他们永远是一个心理变态的，尤其是性心理变态的畸形人格。

从史料记载来看，太监性欲的宣泄对象主要有三类：一是教

---

① ［法］孟德斯鸠：《波斯人信札》，人民文学出版社 1984 年版，第 12 页。

② ［法］孟德斯鸠：《波斯人信札》，人民文学出版社 1984 年版，第 13 页。

③ ［法］孟德斯鸠：《波斯人信札》，人民文学出版社 1984 年版，第 13 页。

坊歌妓；二是宫女；三是奸掠他人妻女。《万历野获编·宦寺宣淫》记载："比来宦寺多蓄姬妾，以余所识三数人，至纳平康歌妓。今京师坊所谓西院者，专作宦者外宅，以故同类俱贱也。""及见《石允常传》，则国初更有异者。允常为浙之宁海人，举进士，为河南按察佥事，微行民间，闻哭声甚悲，廉知其女为阉宦逼奸而死。因闻之朝，捕宦抵罪。此洪武末年事。"①

明代太监中有不少人与娼妓成为至交，甚至干脆娶娼妓为妻妾。深宫中压抑而孤寂的宫女也是太监重要的性伙伴。客观地说，宫廷中那些年轻貌美的宫女，虽然衣食无忧，服役事苦，既不能与父母、兄弟姐妹们相见，身边又没有知心人儿排解内心郁闷，与性饥渴的太监结为伙伴，相互慰藉也在情理之中。隋唐五代时期的《宫词》有云："莫怪宫人夸对食，尚衣多半状元郎"，就反映了宫中太监与宫女结成临时伴侣的现象。明代史籍也有记载："宫人无子者，各择内监为侣，谓为菜户。其财产相通如一家，相爱如夫妇。既而嫔妃以下，亦颇有之，虽天子亦不之禁，以其宦者，不之嫌也。"② 可以说，心理上的慰藉和潜在的性要求，是太监娶妻成家的两大动力。

弗洛伊德曾认为，人格的所有方面都是由生物本能所推动的。对人来说，主要的动机是达到一个"稳定的状态"，即个人所有生理需要都得到满足。当然，"人格的所有方面都是由生物本能所推动的"这种说法有些武断，但人的活动动机就是需要达到一个稳定的状态，即心理上的满足都不失其道理。弗洛伊德通过"本能"概念，探讨了心身关系问题，即生理和心理如何相互联系的问题，他认为当一种生理上的不平衡产生时，"本我"总是想通过某种方式来消除它所带来的紧张。而"本我"消除紧张

① （明）沈德符：《万历野获编·宦寺宣淫》，中华书局 1989 年版。

② （清）张廷玉等：《明史·懿安后传》，中华书局 1974 年版。

的主要方式之一，就是想象一种能满足生理需要的对象，从而在想象中得到一定程度的满足。但是，这些在生理上人为的缺陷带来的不平衡，使性欲本能得不到实现的太监们，为了达到内心的稳态，便很自然地求之于“自我”。“自我”是为“本我”服务的，它的出现使生理需要与能满足需要的现实物之间发生联系成为可能。这样，原始的精神发泄方式被新的发泄方式所取代，生理需要与能满足它的现实物之间直接发生联系，无需通过想象之物。因为需要与其满足物之间的联系很容易变化，即一种满足物常常被另一种满足物所取代。“自我”所找到的，能满足“本我”欲求的活动，往往是各种替代物即非直接满足物，而是间接的满足物。通过它，“本我”的欲求可以得到间接的满足或发泄。所以，这些太监“有时会无缘无故地哭泣，会为一点小事发无名之火，发怒时又会突然火气全消、喜怒无常。他们看到比自己强的人便摇尾乞怜，卑躬屈膝地去迎合，表现出自卑感和软弱性。他们还会对小孩和女性有爱情表示，也会变态地迷恋着饲养的小狗”等等。这都是寻求心理平衡的一种情感的外在表现。他们“替别人看管妇女，引以为荣；执行人间最卑贱的役使，引为骄傲；正因为他忠心耿耿，所以益发可鄙，因为他之所以忠心，实乃出于羡慕、妒忌与绝望；身为两性之渣滓，向两性报复之心，急如烈火，低头受强者虐待，但愿有弱者供他欺弄；以残缺不全、丑陋畸形，作为自身的特殊光彩；正因根本不值得重视，才为人另眼相看，”他们“负担着主人的嫉妒，施尽卑贱的伎俩，”为此而“洋洋自得”。[①] 其实，这不仅是性生理和性心理失衡后的情感转移和性欲发泄，也是性本能受到阻碍后的自我调节。

---

① ［法］孟德斯鸠：《波斯人信札》，人民文学出版社 1984 年版，第 56—57 页。

二、情与理：人格扭曲

在古代中国社会，也许没有哪一个阶层像太监那样感受到巨大的自卑与自尊的对立与冲突。这种对立与冲突交织的情绪所导致的后果，必然表现出过分的敏感、喜怒无常、行事偏激和心理阴暗的行为倾向，容易形成偏执型、无情或爆发型人格障碍。

严格说来，太监是从肉体到灵魂都被扭曲了的畸形人格的人。在他们的内心深处，那种灵与肉的搏斗，情与理的冲突，人的自然属性与文化价值之间的矛盾，时时刻刻地困扰着他们。一方面，性功能的丧失，情欲受到压抑，造成人性的严重变态。如同鲁迅在《寡妇主义》一文中所指出的："至于因为不得已而过着独身生活者，则无论男女，精神上常不免发生变化，有着执拗猜疑阴险的性质者居多。欧洲中世纪的教士，日本维新前的御殿女中（女内侍），中国历代的宦官，那冷酷险狠，都超出了常人许多倍。别的独身者也一样，生活既不合自然，心状也就大变，觉得世事都无味，人物都可憎，看见有些天真欢乐的人，便生恨恶。尤其是因为压抑性欲之故，所以于别人的性底事件就敏感、多疑；欣羡，因而嫉妒。其实这也是势所必至的事：为社会所逼迫，表面上固不能不装作纯洁，但内心却终于逃不掉本能之力的牵掣；不自主地蠢动着缺憾之感的。"① 另一方面，人除了生物性需求外，还有更多的需求，如安全的需求、归属需求、尊重需求和自我实现需求等。马克思说过：吃、喝、性行为等等，固然也是真正的人的机能。但是如果使这些机能脱离了人的其他活动，并使他们成为最后的唯一的终极目的，那么，在这种抽象中，它们就是动物的机能。事实上，人的欲求是多方面的，如荣格所说的那样：人有两个目的：头一个是自然目的，即生育子女以及保

① 《鲁迅全集》第1卷，人民文学出版社1989年版，第264—265页。

护孩子的种种职责，这个时期是为了挣钱和获得社会地位。当这个目的已经达到，就开始了另一方面，即文化方面。①

鲁迅先生也曾呼喊，人一要生存，二要繁衍，三要发展。虽然马斯洛把人的需要分为五个层次，但强调的仍是人的自然目的和文化目的。正是这两种欲求，形成人的心理世界的两种内驱力，这两种内驱力构成一种合力，推动着人的性格形成和变化，但这两种力不是直线运动的，而是互相碰击又不断趋向统一的双向逆反运动。这种双重欲求在人的心理世界中总是要展开搏斗的。厨川白村在《苦闷的象征》中指出："人类是在自己这本身中，就已经有着两个矛盾的要求的。譬如我们一面有着要彻底地以个人而生活的欲望，而同时又有着人类既然是社会的存在物了，那就也就和什么家族呀、社会呀、国家呀等等调和一些的欲望。一面既有自由地使自己的本能得到满足这一种欲求，而人类的本性既然是道德的存在物，则另一方面就该又有一种欲求，要将这样的本能压抑下去。即使不被外来的法则和因袭所束缚，然而却想用自己的道德，来抑制管束自己的要求的是人类。我们有兽性和恶魔性，但一起也有着神性：有利己主义的欲求，但一起也有着爱他主义的欲求。如果称那一种为生命力，则这一种也确乎是生命力的发现。这样子，精神和物质、灵和肉、理想和现实之间，有着不绝的不调和，不断的冲突和纠葛。所以生命力愈旺盛，这种冲突这种纠葛就该愈激烈。"② 人是一个既有血肉之躯又有精神心智的统一体，因而他不仅是在思想上反映出自己生存的两重性，而且在整个生命过程、情感和行为中反映出自己生存的两重性。他不得不力求保持自己存在的各方面统一一致，以求得

① 参见兰德编：《西方心理学家文选》，人民教育出版社 1989 年版，第 417 页。

② 《鲁迅全集》第 13 卷，人民文学出版社 2005 年版，第 29 页。

新的平衡。

同样，情欲得不到满足的太监们的内心深处，也存在着自然目的和文化目的两种欲求的冲突与选择。他们除了性的诱惑与生理上的缺陷带来的痛苦外，还有更多的欲求与希望支撑着他们，因为人并不仅仅为了性冲动和面包而生活。人之为太监，动机和原因可谓人各殊异。除了那些因战被俘或掳掠贩卖为奴或犯罪而被迫成为太监外，更多的还是出于自愿。有的为了求官进仕和享受荣华富贵的生活而自行“净身”进入宫中，有的则是由于生活贫困潦倒而沦落为宦的。

《清稗类钞》曾记载了清末一位姓张的宦官。他原来是个屡试不第的秀才，因参加会试时被墨污了试卷而又一次落第。他苦思数日而无以遣解，最终愤而自宫，辗转入宫做了太监。康熙年间有一位唐姓宦官，原本是一个商人，而且已经娶妻生女，后因经商连连失败，遂气之下北走京师，自愿阉割后入宫做了一名太监。从清末一些宦官的回忆里就会发现，当时绝大多数的宦官来自京、津及河北、山东等地。其原因在于这里一直有不少太监发了大财，周围的人就在其影响下主动自宫当宦官。

由于成为太监的情形和动机不尽相同，必然在心智上也有不同的反映。大致说来，被迫成为太监的人，在心理上倾向于自卑，在行动上更多地趋于善，他们往往把这种自卑心理加以净化、过滤而达到升华，更多地从善的方面来达到超越自卑，实现自我的人生价值，如司马迁、蔡伦、郑和等。而那些一开始就带有不良动机甘为太监的，在心理上虽然倾向于自尊，但在他们深层心理上仍然悬浮着强烈的自卑情绪，强烈的自尊与实际上的自卑，导致他们的行动偏向恶，所以他们更热衷于权力争夺和利益获取，在历史上，他们干扰朝政，阻碍历史，成为历史的罪人。刘瑾、仇士良、魏忠贤、李莲英是也。虽然他们成为太监的情形和动机以及具体表现因人而异，但是一旦成为太监集团中的一员，他们在心理和性格上彼此之间却具有极大的相似性。

由于太监们在宫廷里供职，出入宫廷这个在大多数人看来是神秘威严的殿堂，与皇帝、皇室、外戚、臣僚百官等经常接触，所以他们又比常人有一种无限的优越感，自视高人一等；加上他们可以拥官护帝，“挟天子以令诸侯”，随时可以捞取政治大权和获得各种赏赐，因此他们的自尊心理又比常人更加强烈，更有自觉性。他们正是以自己的行动和享受的各种常人得不到的待遇来调节内心，达到心理上的平衡。但他们毕竟是受人鄙视的人，尤其在中国儒家传统伦理道德观念占优势的社会里，“不孝有三，无后为大”的思想根深蒂固，他们自然也难以逃避遵循这一“自然公理”的人们的唾弃和鄙夷。司马迁在《报任安书》中说：“昔卫灵公与雍渠同载，孔子适陈；商鞅因景监见，赵良寒心；同子参乘，袁丝变色；自古而耻之。”可见自古人们耻于与刑余之人为伍。而且历代朝政对太监的言行举止都有严格的规定，如凡阉人传命于朝，见宰相，跪而致言，跪而受言，不得立焉。遇百官于道，见而下马，过而上马，不得乘焉。抗公卿者斩，抗百官者流，大臣不言者死，小臣不言者黜等等，从而使太监在人臣面前极其自卑。但这些规定，并没有贯彻到底，也未能坚持长久，尤其是随着帝王的日益骄纵，宦官也就越来越有恃无恐，而且往往有意无意地欺侮大臣以泄其愤，表现出极强的报复心理。

正是这种政治、社会和文化等方面的原因，导致太监内心深处仍是极度的悲怆和痛苦，以及极度的自卑与仇恨。为了保持做人的尊严，弥补生理上的缺陷和心理上的沟壑，他们必然要寻求、要活动。权力、金钱便是最好的替代物，它不仅可以显示人的伟岸、高大、华贵、权威，而且它们本身就是人类所必不可少却又不易得到的东西。太监们在痛苦中寻到了安身立命的法宝，自然牢牢地抓住不放，企求在权力与利益角逐中实现情欲满足和感情发泄，求得身心平衡。他们一方面挖空心思、绞尽脑汁，千方百计地操纵君主，左右朝政；在主子面前，他们卑躬屈膝，媚态百出；而一旦得志，又狐假虎威、耍尽威风。因此，他们一朝掌权，由于变态心理驱使，报复心理更强，再加上他们本来就缺乏文化教育的知识和道德品行方面的修养，有时比他们的主子表现出来的丑态有过之而无不及。尽管如此，但因为太监毕竟不是一个完全的人，所以他们普遍都存在着自卑感，最明显的表现是在全体太监的利益与人格受到侵犯和威胁时，他们不自觉地表现出令人吃惊的凝聚力和归属感，不约而同地一致对外。据《万历野获编》载，1568 年，太监许议作人钱财，事发后被巡城御史李学道抓住，鞭打一顿。众太监十分生气，第二天守在左顺门，待李学道经过时，围上来打了他一顿。这事被皇帝知道后，将他们痛打百杖，为首的发配到边远之地戍守，其余的人都发到孝陵做净军。明明知道围攻朝臣将受重罚，但大小太监们还是不顾一切地寻求报复，可见他们内心有一股戾气和仇恨。

总之，太监失去的不仅仅是性爱，而更为重要的是他们在人为地丧失性器官的同时，失去了人的独立、尊严、完整。在心理上，他们是不健全的，变态的；在人格上，他们是被扭曲了的。所以他们的存在不但不被人理解，反而更多的是被误解和否定。作为社会的人来说，太监的形象是可悲的。

三、隐与显：太监文化

太监是君主专制时代的产物，也是人类文明史上的一块毒瘤。虽然在希腊、罗马、埃及和中东等许多文明古国的宫廷中都曾有过执役的阉人，但就役使阉人数量之众，持续时间之长，制度规范之完备，中国却堪称世界之最。

在中国，太监作为阉人，他们是具有不同于常人的生理特征；作为宦官，他们又具有不同于普通官员的特殊身份。他们生活在高墙之内的皇宫，终日侍奉着奄有四海的皇上和后妃、皇子、公主及其家属，与宫禁之外的民间社会生活处于相对隔绝的状态，因而成为中国古代宫廷中最神秘也最奇异的人群。

客观地说，无论是自愿还是被迫实施阉割，太监本身也是身与心的受害者，一方面他们惨遭阉割时的肉体之痛，另一方面又必须忍受一生的精神创伤。他们既丧失了做人的尊严，也永远地失去了婚媾天伦、生儿育女的能力和权力。他们人生经受的是身体上的痛苦与生理上的缺陷，面对的是家庭的排斥和社会的歧视，因此他们既屈辱又自卑。正如有的学者指出的那样："历史上的宦官也因惨遭阉割而深感屈辱和自卑。但也正是这种深重的屈辱感与自卑感，使之极易形成强烈的团体意识和可怕的报复心理，并以扭曲的形式滋生出种种残忍虐杀、贪婪无耻、恃强凌弱的变态行为。宦官身处君主与朝臣之间，玩弄权术、为祸宫廷。卑下时殷勤讨好，谄媚逢迎以求其威权；得势时贪赃枉法、淫威滥施以逞其私欲。他们谗毁构陷，拨弄是非而隔绝君臣，专擅朝政，甚至逼宫弑帝祸私天下，连而让人感受到他们作为一个整体在历史舞台上的可耻乃至可鄙。"①

不过，对于太监群体特性的评判，也不能一概而论，更不能完全否定。他们之中也有不少因遭身心创伤而发奋有为的人，如东汉改进造纸术的蔡伦，发明翻车、渴乌的毕岚以及率船队七下西洋的郑和，他们都是宦官，但他们忍辱负重，自励自强，奋发有为，用自己的聪明才智为历史的进步和人类社会的发展做出了重要贡献。尤其是司马迁，因为李陵事件辩护而受宫刑，但他在痛心疾首之余，发愤著书，撰写了名震中外的史学巨著，为世界人民留下了一笔珍贵的文化遗产。英国著名学者李约瑟在《中国科学技术史》总论中就指出："历史大都是由宦官的对头们写的，

① 参见于云瀚：《阉官》卷首语，百花文艺出版社 2005 年版，第 2 页。

结果很多替国家工作得很好的宦官都完全没有载入史册。因此，对于史官们所记述的有关宦官活动的阴暗面，应当采取保留的态度。”① 像司马迁、蔡伦、郑和这些被阉割了肉体，却保留了健全的灵魂和高尚的人格，在历史上庞大的宦官群体里毕竟不曾多见，更多的呈现出来的是一种自卑心理、极端性格和奴仆意识。太监心理的成因尽管有一定的生理因素，但更多的还是文化因素和社会因素。其自卑心理、极端性格和奴仆意识，在本质上是奴性的表现，是王权强制和文化驯化的结果。一方面统治者需要驯服听话而不作乱能做事的人，另一方面儒家又极力鼓吹尊卑有序、忠孝两全，提倡逆来顺受，俯首听耳。被阉割的宦官或太监，无论是生理还是心理，都很难像正常男人那样保持良好的状态，而他们的奴性人格恰恰满足了帝王的欲望，合乎统治者的要求。

如今，作为一种客观的显性的历史现象，太监的命运也随着皇权专制统治的灭亡而终结，但太监文化或太监奴性人格即奴才品性却依然隐性地存在着。梁启超在《中国积弱溯源论》中对奴才作了这样的界定：“夫奴性也，愚昧也，为我也，好伪也，怯懦也，无动也，皆天下最可耻之事也。”其特征是：“衣主人之衣，食主人之食，言主人之言，事主人之事。依赖之外无思想，服从之外无性质，谄媚之外无笑语，奔走之外无事业，侍候之外无精神。呼之不敢不来，麾之不敢不去，命之生而不敢不生，命之死亦无敢不死。得主人之一盼，博主人之一笑，则如获异宝，如膺九锡，如登天堂，嚣然夸耀侪辈，以为荣宠爰。及撄主人之怒，则俯首屈膝，气下股栗。虽极其凌蹴践踏，不敢有分毫抵忤之色，不敢生分毫愤怒之心。他人视为大耻奇辱，不能一刻忍

① ［英］李约瑟：《中国科学技术史》第1卷总论，中华书局1982年版，第225页。

受，即彼怡安然为本分，是即所谓奴性者也。”[①] 1903 年《国民时报》也有人撰文指出：“胎孕既久，而奴隶二字，遂成吾国人一般之公脑，驯服数千年来专制政体之下，相率而不敢动。每当承平既久，民气怡静之时代，乃实奴隶入神炉上纯青之时代也。易姓之交，天下扰扰，而奴隶失其主人，亦时骚动而不自安，是为奴隶之变相。时又有独夫民贼者出，复收此奴隶而聚于一圈。夫奴隶亦何尝之有，彼一主人，此亦一主人也。”[②] 也就是说，在中国，始终存在着太监文化成长的土壤，也总是有着奴性人格的市场。

太监是典型的奴性人格，心甘情愿地被人奴役，逆来顺受地任强者指使。他们宁愿放弃健康的人格，而选择卑躬屈膝的小人做派。他们喜欢投机钻营，欺上瞒下，不择手段，讨主子欢心，求自己私欲的满足。他们在主子面前总是卖乖讨巧，装聋作哑，阳奉阴违，皮笑肉不笑，想方设法使事情朝着有利于自己的方面发展，甚至不计后果。他们生是为了主子，死也是为了主子，做人没有原则。他们的哲学就是忍的哲学，变的哲学，软骨头的哲学，贪得无厌的哲学。总之，太监信奉的是奴性的哲学。他们的人生是讨好的人生。

---

① 夏晓红编：《梁启超文选》上册，中国广播电视出版社 1992 年版，第 71—73 页。

② 张枬、王忍之编：《辛亥革命前十年间时论选集》第 1 卷，下册，生活·读书·新知三联书店 1978 年版，第 703 页。

后　记

在我的已经出版的数十部论著中，这本小册子是写作时间跨度最长的一部，从1988年初在《学习与探索》杂志上首次发表的《试论历史心理学及其研究对象》，到2016年参加纪念陈兰彬诞辰200周年学术研讨会提交的论文，前后大约30年的光景。虽然是近30年内断断续续地撰写的专题论文，且无论是在观点、资料、论说还是行文叙事的风格上，都有明显的岁月痕迹，亦颇有沧桑之感，但是今天读来依然令我兴奋不已，甚至怀疑这些是否都是自己当年的“杰作!”

老实说，将近30年时间先后撰写的有关心理与历史的文章以讲义的形式结集出版，不是为了增加自己著作的数量和厚重，而是为了向更多的人表明：“心理与历史”这个问题不仅过去重要，而且在社会快速发展的今天仍然充满意义。尽管20世纪90年代以来，学术界已有不少人对“心理与历史”这一课题进行过多角度、多侧面、多层次的研讨，也出版或发表了许多具有开创性的论著，心态史学或心理历史学或历史心理学，都受到史学界的热情关注，最近几年还陆续译介了众多西方心理历史研究方面的人物传记和系列心理研究成果，但严格说来，中国学界在“心理与历史”问题上的研究远未达到理想的高度、应有的深度和必需的广度。

如前所述，收入本书的15个专题文章，并非有意为了出版而作，而是在近30年的学习和研究中，本人深感到心理因素在历史变革和历史发展以及历史认识中，均有着极其重要的作用和深远的影响。尽管历史唯物主义一直强调生产力、经济基础对于生产关系和上层建筑的决定作用，但人的情感、人的心理、人的精神、人的性格和气质等非物质因素的作用也是不可否认的历史事实，个人在历史变革和社会发展中的地位和作用也一再被历史所证明。即使是历史研究和历史叙述，同样也离不开人的热情和想象，离不开人的立场和方法。人类社会的历史往往因参与历史创造的个人禀赋和群体特性而精彩纷呈，历史事件也总是因历史叙述者个人的才学和风格而趣味盎然。因此，历史心理研究理所当然地应成为我们始终关心的问题，编辑出版《心理与历史十五讲》，既是本人对历史心理研究的一个阶段性的总结，也是对人们漠视心理在历史演变过程中的作用和影响的一次呐喊。

由于是近 30 年来先后撰写的文章，在选题取材、论证说明、立场观点和文字表述等方面难免有较大的差异，但也基本上反映了本人在不同阶段的问题关注和认识水平。其中《社会心理与历史研究》《历史心理学及其研究对象》《历史心理学的价值与意义》三讲，主要是阐明历史心理学的概念内涵、价值、意义，在理论上和方法上对历史心理研究进行全面的解说，从而增强人们对历史心理学、心理历史学、心态史学以及心理与历史相互关系的认识和理解；《民族心理定势与早期中西关系》《文化心态与辛亥革命时期的中英经济关系》《心理作用下的辛亥武昌起义》《心理学视野下的“二次革命”》　《清末民初社会心理与政治(1903—1913)》等五讲，主要以辛亥革命前后的中外文化心理为切入点，试图说明心理因素在重大历史转折和变革关头所起的推动或阻碍作用，从而深化人们对历史的认识；《岭南人的文化心理与有个性的岭南人》《孙中山的个性心理研究》《孙中山与南洋华侨（1900—1911)》《文化交汇下的中学与西学之争——以陈兰彬、容闳和留美幼童为中心》《梁发及岭南基督教的传播》《雷沛鸿人格简论》等六讲，主要以岭南文化区域内的特殊人物和群体为中心，说明一方水土一方人，地域文化直接或间接地决定或影响人的心理和行为；《被扭曲的灵魂——太监心理研究》一讲，主要是揭示历史上特殊的个体和群体的变态心理在历史进程中的各自表现以及作用影响，提醒人们不要忽视变态心理或病态心理的历史副作用。虽然十五讲的写作时间跨度较大，资料征引、理论体系、表现方式和叙述风格都不完全统一，深度和广度也各不相同，但是为了保持当年发表时的风貌，尊重历史，突出时代特点，因此在编辑整理这些文稿时，对文本未作过大的修改和补充，只是一些征引和参考文献因没有当年使用的版本而不得不采用新版本进行校对。故从征引书目文献的出版年月来看，读者也许会误以为这是本人的新作。

这本《心理与历史十五讲》实际上也是25年前出版的《历史心理学》的一个补充，更是一次历史心理学的理论和方法在史学研究中的初步尝试。近20年来，本人在研究对象、范围、路径、方法等方面均有了较大的转变，如孙中山与辛亥革命研究、民本思想与社会思潮研究、城市史与社会生活史研究、华侨与侨乡文化研究、商会与商帮文化研究、香山名人与香山文化研究，似乎都与曾经关注的历史心理问题没有太多的联系，但心理学和历史心理研究可以说始终是我的兴趣和关注点，在其他的历史专题研究中也时常自觉或不自觉地运用了历史心理学的理论和方法。因此，在我的其他论著中仍然能看到心理学的痕迹，也隐约地会感受到心理因素在历史中的作用和影响。

不过，本人的历史心理研究严格说来还只是一种简单的试验或粗浅的探索，谈不上有太多深刻独到的创新或发现。说实在的，能在原文基础上整理结集出版，应该感谢广东人民出版社副总编辑柏峰，她在编辑出版过程中提出了不少富有创见性的意见和建议，从而使本书能够顺利出版。同时也应感谢关海燕女士、叶权斌先生、李丹莹同事，他们在本书图文转换和资料核对过程中付出了艰巨而烦琐的劳动，而内人吴丽莉则一如既往地承担了文稿的文字输入和征引文献的文字核实等工作。可以说，没有他们的辛勤劳动和认真负责的态度，以及无私奉献的精神，绝不会有这样一部书稿的脱胎换骨。

2017 年 6 月